本书为国家社科基金一般项目"基于社会支持网络视角的农业转移人口市民化意愿研究"（项目号：15BRK016）结项成果

农业转移人口的
市民化意愿研究

——从社会支持网络视角出发

张超 等 ■ 著

A STUDY ON THE CITIZENIZATION
WILLINGNESS OF THE MIGRANT
AGRICULTURAL POPULATION

FROM THE PERSPECTIVE OF
SOCIAL SUPPORT NETWORK

中国社会科学出版社

图书在版编目（CIP）数据

农业转移人口的市民化意愿研究：从社会支持网络视角出发／张超等著 .
—北京：中国社会科学出版社，2021.6
ISBN 978 - 7 - 5203 - 8223 - 6

Ⅰ. ①农…　Ⅱ. ①张…　Ⅲ. ①农业人口—城市化—研究—中国
Ⅳ. ①C924. 24

中国版本图书馆 CIP 数据核字（2021）第 062391 号

出 版 人　赵剑英
责任编辑　杨晓芳
责任校对　王　良
责任印制　王　超

出　　版　中国社会科学出版社
社　　址　北京鼓楼西大街甲 158 号
邮　　编　100720
网　　址　http://www.csspw.cn
发 行 部　010 - 84083685
门 市 部　010 - 84029450
经　　销　新华书店及其他书店

印刷装订　三河弘翰印务有限公司
版　　次　2021 年 6 月第 1 版
印　　次　2021 年 6 月第 1 次印刷

开　　本　710×1000　1/16
印　　张　18.75
插　　页　2
字　　数　261 千字
定　　价　98.00 元

目　录

第一章　导论

第一节　研究背景

农业、农村、农民问题是关系国计民生的根本性问题。[①] 党中央始终坚持将解决好"三农"问题作为全党工作的重中之重。自 2004 年至今，因有助于农民增收、夯实农村建设经济基础、稳妥推进城镇化、缩小城乡发展差距，如何妥善解决农业转移人口的问题在历年的中央一号文件中均有安排。本课题以农业转移人口市民化意愿作为研究对象，主要基于以下背景。

一　城镇化率仍然较低

中国改革开放 42 年的历程也是城镇化不断深入推进的过程。城镇化率提高将带来技术进步与效率提升，更容易实现经济包容性、普惠性增长。然而，新型城镇化是"人"的城镇化，是以人力资源稳定供给为发展前提的城镇化。人从何处来，是否留得下，是城镇可持续发展必须高度关注的问题。2019 年，全国农业转移人口总量达到 2.87 亿，常住人口城镇化率为 60.60%[②]，户籍人口城镇化率为

[①]　2017 年 12 月 28 日，习近平总书记在中央农村工作会议上的讲话。

[②]　数据来源：《中华人民共和国 2018 年国民经济与社会发展统计公报》。

44.38%，6213万①农业转移人口成为城镇户籍居民。但是，这一情况与到2020年全国努力实现1亿左右农业转移人口在城镇定居落户的目标相比还存在一定的差距；与主要发达国家超过70%的城镇化率水平也还存在较大的差距。

二 收入差距依然存在

缩小收入差距、实现共同富裕是中国共产党执政的目标。近年来，城乡居民收入实现了与经济的同步增长。但受城乡二元经济结构以及长期受户籍限制的职业选择影响，城镇居民与农村居民之间、城镇居民内部以及农村居民内部之间的收入差距仍然存在。作为农村富余劳动力增加非农收入的手段，进城务工在缩小收入差距中发挥较大作用。但是，如何发动更多的农村富余劳动力进入城市，既取决于城镇不同于农村的资源与机会的吸引，更取决于农村富余劳动力自身的意愿。

三 乡村振兴亟待推进

实施乡村振兴战略，是党的十九大做出的重大决策部署。乡村振兴与新型城镇化是双轮驱动、互促共进的。由于农民适应生产力发展和市场竞争的能力不足，城乡之间要素合理流动机制亟待健全，乡村振兴急需一批懂农业、爱农村、爱农民的新型职业农民队伍来推动农业现代化发展。但是，当前个体职业多源自户籍身份而非基于自身能力与意愿的自我选择。因此，必须打破城乡壁垒，充分尊重城镇居民与农村居民的择业意愿，畅通城乡人力资源流动渠道，为乡村振兴与新型城镇化建设提供稳定的人力资源。

第二节 研究目的与意义

满足新型城镇化建设以及乡村振兴战略对稳定、适合的人力资源

---

① 数据来源：中华人民共和国人力资源和社会保障部网站。

供给的需求，缩小收入差距，共享改革红利，就需要拓展过去单纯由政府部门着力推动农业转移人口市民化工作的思路，通过系列制度良方，举全社会之力来引导农业转移人口市民化意愿，从而有效推动农业转移人口市民化的工作，实现 2020 年 1 亿左右农业转移人口在城镇定居落户的目标。

一　研究目的

课题研究的目的在于从人口学、社会学、经济学、统计学和心理学的角度对农业转移人口市民化意愿进行分析，进而，从社会支持网络构建的角度建立一个集政府部门、企业、社区、社会组织与社会工作者力量于一体的社会支持网络，并针对不同阶段的农业转移人口市民化意愿提出引导策略，为顺利实施新型城镇化战略、彰显社会公平、缩小城乡差距提出可行的思路与对策。具体来说，一是分析不同代际农业转移人口社会支持网络的特征，找出现有农业转移人口社会支持网络中存在的问题，为其后锁定农业转移人口社会支持网络中的短板弱项提供有针对性的支持政策奠定基础。二是验证影响农业转移人口市民化意愿的真实诱因并对其进行社会支持归因，剖析农业转移人口社会支持网络的构成主体在其市民化过程中的占优策略选择，提出分担共治的解决思路。三是就农业转移人口社会支持网络各构成主体对其市民化成本的分担以及在不同阶段引导农业转移人口市民化意愿提出相应对策。

二　研究意义

（一）理论意义

十九大报告明确指出"实施区域协调战略，加快农业转移人口市民化"，在此大背景下，从社会支持网络的视角，基于农业转移人口自身的意愿对其市民化决策行为进行探究，是对当代中国人口学重要研究主题的积极回应。本课题以多学科理论为基础，综合理性行为理论与个体认知理论，从社会支持网络视角入手，对农业转移人口市民化意愿加以分析，既是对社会建构理论框架的拓展，也是对新型城镇化建设背景下农业转移人口市民化理论内涵的丰富。在注重人际关系的中国，农业转移人口市民化的实现必然镶嵌于一个动态的社会支持网络之中：社会支持网络对农业转移人口市民化意愿的萌芽、市民化意愿的激发、市民化意愿的产生、市民化意愿的固化都有着较好的解释与运用。通过本课题的研究，从社会支持网络的视角来深化对农业转移人口的市民化意愿规律性的认识，为新型城镇化建设的稳步推进提供新的逻辑起点，也为相关的制度和政策设计提供确切有效的依据。

（二）现实意义

新型城镇化建设的关键是人口的城镇化，在不同阶段分类系统稳步地推进农业转移人口市民化工作，既有利于保障农业转移人口自身利益，又有利于新型城镇化的推进。在此进程中，农业转移人口的市民化意愿至关重要。随着我国市场经济的深化和个体自主意识的觉醒，农业转移人口对是否进城的行为决策已越来越趋于理性。因此，必须从人文思考的角度出发，站在微观层面，自下而上地深入研究农业转移人口的市民化意愿。本课题基于社会支持网络的视角，通过实证研究剖析农业转移人口市民化的意愿。系统分析农业转移人口所拥有的社会支持网络及对其市民化意愿产生影响的具体因素，帮助政府部门厘清农业转移人口市民化意愿的触发点。在充分尊重农业转移人口意愿的基础上，构建有利于农业转移人口市民化的完善的社会支持网络。通过政府部门、企业、社区、社会组织以及社会工作者的联动，引导农业转移人口的市民化意愿，促成农业转移人口的市民化行为。

第三节　研究内容及思路

一　研究内容

本课题基于社会支持网络视角，以农业转移人口为研究对象，以引导其市民化意愿为目标,研究内容主要包括以下八个部分。

第一章　导论。从选题的背景、目的和意义出发,指出现阶段农业转移人口市民化意愿引导的现实性、重要性和敏感性,指明课题研究的理论意义和现实意义,明确研究的目标任务、研究框架和方法及思路,同时,对数据采集、统计问卷等相关问题进行说明。

第二章　重要概念界定与文献综述。对本课题所涉及的重要概念内涵和外延进行界定。明确本文所使用的农业转移人口、农业转移人口市民化、社会支持网络等概念的界定。从国外农村剩余劳动力及人口迁移理论、国内农业转移人口市民化意愿影响因素及引导策略两个角度对前期研究进行较为系统的梳理和比较客观的评述,前期研究留出的研究空间正是本课题研究的方向。

第三章　农业转移人口市民化现状。在整理深度访谈与问卷调查所获取数据的基础上,分析当前农业转移人口的个人统计特征、社会支持网络构成情况、进城后成本收益状况、城市生存状态以及农业转移人口留城意愿,对农业转移人口的生活状态、心理感受、行动策略做总体性概括。

第四章　农业转移人口社会支持网络的构成与规模。对农业转移人口按照社会变迁节奏来进行代际划分。研究农业转移人口的社会支持网络所包含的维度(物质支持网络、就业支持网络、情感支持网络与社交支持网络)的规模与构成及代际差异,并对其所呈现出的态势进行区分,以明晰引导农业转移人口市民化意愿的社会支持网络中不同维度的薄弱环节。

第五章　农业转移人口市民化意愿影响因素的社会支持归因。以理性行为理论为基础构建实证理论模型,通过深度访谈、大规模访谈以及问卷调查获取基础数据,探索农业转移人口个人统计特征、主观意向与客观条件对农业转移人口市民化意愿的影响。对影响农业转移人口市民化的诱因排序,对隐含于各显著影响因素后的社会支持进行归因分析。根据结构化方程研究结论为后续对策提供实证支撑。

第六章　农业转移人口市民化意愿博弈分析。农业转移人口市民化的意愿取决于六方力量之间的博弈：中央政府、地方政府、企业、社会组织、城镇居民与农业转移人口。博弈策略体现为组织之间的鼓励与阻碍、改进与反抗，组织与个体之间的给予与接受、扶持与市民化，个体与个体之间的共享与市民化。明确农业转移人口市民化社会支持网络各构成主体在两两博弈中所选择的占优策略点，找出前期政策施行效果不彰的原因，并指明未来分担共治的农业转移人口市民化意愿引导方向。

第七章　农业转移人口市民化成本测度与分担。进城成本是影响农业转移人口市民化意愿的重要因素，通过对 32 省市自治区（台湾省、香港特别行政区、澳门特别行政区不在此研究范围内）的市民化成本测度的研究成果进行梳理，明确农业转移人口市民化成本构成。运用统计年鉴数据对农业转移人口成本进行测算，明确社会支持网络不同构成主体在农业转移人口市民化过程中应分担的成本。

第八章　多主体共治引导农业转移人口市民化意愿的有效推进路径。在退出农村、进入城镇、融入城镇，与城镇融合四个阶段，农业转移人口市民化意愿会由弱变强。因此，应构建集政府部门、企业、社区、社会组织与社会工作者力量于一体的社会支持网络，在不同阶段为农业转移人口提供安居乐业、平权与增权等支持内容，针对不同阶段农业转移人口的特征提出具有可操作性的对策，以引导农业转移人口市民化意愿。

第九章　研究总结与展望。在前八章研究的基础上，对引导农业转移人口市民化意愿思路框架提出的原因进行梳理，对引导农业转移人口市民化意愿的对策进行系统总结。同时，对后续研究提出展望。

二　研究思路

本课题基于行为科学理论外部刺激评价—意愿—行为的理论脉络，以强调外部刺激的理性行为理论构建本课题的基本理论框架，同时从认知理论角度将研究重心聚焦于农业转移人口自身意愿，从内外两个层面探析农业转移人口市民化意愿，从而形成拓展型的理论建构模型：从社会支持网络的视角分析农业转移人口市民化意愿。本课题按照发现问题—解决问题的一般规律，遵循理论研究指导、实践问题导向、政策建议提出的逻辑范式，对农业转移人口社会支持网络的规模和构成进行分析，实证探索归因于社会支持网络的不同诱因及其对不同代际农业转移人口市民化的影响程度，并找出主导诱因。分析社会支持网络各构成主体在两两博弈中的占优策略选择，寻找引导农业转移人口市民化意愿多方选择的驱动点：分担共治。对农业转移人口市民化意愿敏感的市民化成本进行测度，在社会支持网络不同构成主体间进行分担。在此基础上，构建集政府部门、企业、社区、社会组织与社会工作者力量于一体的完善的社会支持网络，提出在不同阶段引导农业转移人口市民化意愿的相应对策。

第四节　研究方法及创新点

一　研究方法

（一）文献梳理与调查研究相结合。为保障理论研究与实践调查相结合，一方面，课题组对前期与农业转移人口市民化相关的政策、研究成果进行梳理，归纳整理出推动农业转移人口市民化的相关因素，为验证已有理论与找出新的突破点提供重要支撑。另一方面，课题组多次深入农村社区、农业转移人口聚居区以及城镇社区了解农业转移人口真实情况，总结各地分担农业转移人口市民化成本的做法，为全面深入研究农业转移人口市民化意愿问题打下坚实基础。

（二）定性研究与定量研究相结合。引导农业转移人口市民化意愿是一个系统工程，涉及不同主体，因此，本课题主要采用逻辑归纳和演绎分析的定性方法对农业转移人口按时代变迁划分代际并探索社会支持网络规模与构成。定量研究主要通过构建结构方程模型，对农

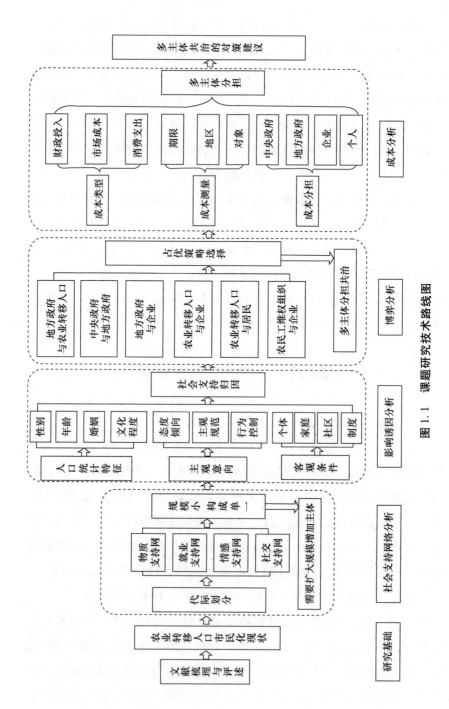

图 1.1　课题研究技术路线图

业转移人口市民化意愿的影响因素进行社会支持归因并排序。基于理性经济人的选择，运用博弈分析方法剖析农业转移人口社会支持网络各构成主体的占优策略选择。实证分析农业转移人口市民化的成本构成及测算，为找准突破点通过多方分担共治引导农业转移人口市民化意愿提供了依据。

（三）系统分析与综合分析相结合。本课题运用系统分析方法，将农业转移人口市民化的社会支持网络作为一个有机整体，分不同阶段进行系统分析。在课题研究中综合人口学、社会学、管理学、经济学、心理学等多学科理论和方法进行跨学科综合研究。

（四）典型研究与一般研究相结合。典型研究是针对深度访谈中所发掘出的个案特征，就其是否具备普遍性的探索。一般研究则主要通过大量问卷调查揭示农业转移人口群体普遍的社会支持网络状况以及市民化意愿状况。借助典型研究与一般研究为全面把握以及有效引导农业转移人口市民化意愿提供思路。

二 研究创新点

（一）研究视角的创新

在强调社会多元共治的背景下，从社会支持网络的角度，综合人口学、社会学、管理学、经济学、心理学和统计学理论，对农业转移人口市民化意愿的引导加以分析。

（二）理论观点的创新

1. 理论框架创新

论文提出影响农业转移人口市民化的因素除了政府政策制定与社会、文化、环境外，关键在于农业转移人口自身市民化的意愿，这一观点既是对理性行为理论与个体认知理论的拓展，同时也是社会建构理论在农业转移人口市民化研究中的应用与拓展。

2. 论文提出以下具有创新性的观点

农业转移人口市民化意愿因其拥有的社会支持网络规模与构成的

不同而呈现不同状态。

农业转移人口市民化行为经历了退出农村—进入城镇—融入城镇—与城镇融合四个阶段，农业转移人口市民化的意愿由弱变强的演进贯穿了四个阶段。

引导农业转移人口市民化意愿有赖于其社会支持网络中多主体在不同阶段分担共治的系统性工作的开展。

农业转移人口市民化意愿的产生及实践实质是心理上的跨越，市民化与否是职业自选择的过程，良好的社会支持网络的构建有利于农业转移人口实现心理跨越，在职业选择中做出理性选择。

实现农业转移人口市民化有赖于农业转移人口社会支持网络构成主体的拓展，在"地缘""血缘""亲缘""业缘""学缘"关系主体基础上，将政府部门、企业、社区、社会组织与社会工作者纳入其中。

（三）研究方法的创新

通过深度访谈、大规模问卷调查，剖析农业转移人口社会支持网络构成及代际差异。构建结构方程模型，通过实证分析挖掘影响农业转移人口市民化意愿的诱因并对其进行社会支持归因。通过博弈分析社会支持网络构成主体对农业转移人口市民化意愿的占优策略。多种研究方法的应用，使对策提出的依据更具说服力，使对策本身更具针对性和有效性。

（四）研究成果的可操作性

本课题研究坚持对策的针对性和有效性，研究剔除对农业转移人口市民化意愿影响不显著的因素，就影响显著的市民化成本提出成本分担思路，对社会支持网络各构成主体推进农业转移人口市民化中的占优策略进行理性经济分析。在此基础之上，对社会支持网络各构成主体在不同阶段引导农业转移人口市民化意愿提出对策，具有可操作性。

第五节　样本选择、数据获取与问卷设计

一　样本选择

本课题研究样本的选择体现了广泛性与典型性。广泛性主要体现在：为便于了解全国情况，课题组选择了西部（四川、贵州）、中部（安徽、河南、江西）以及东部（浙江、江苏、山东、福建、北京、广东）三大区域，使研究具有面的广度。典型性主要体现在：课题组选择安徽这一农村富余劳动力流出大省以及返乡创业、就地就近就业的农业转移人口较多的大省作为研究对象，使研究具有一定的深度。

本课题研究样本的选择体现了动态性与稳定性。课题研究样本选择农村富余劳动力流出较多的西部与中部地区以及农业转移人口流入较多的东部地区，确保研究能够较为准确地反映农业转移人口在流动过程中的市民化意愿，体现了研究的动态性。同时，在研究中也力图对在城市就业 3 年以上的农业转移人口进行跟踪研究，了解市民化意愿变动情况，以期实现研究的稳定性。

二　数据获取

为保证数据获取的准确性与有效性，反映我国农业转移人口市民化意愿的真实状况，本课题在数据获取上采取了四个步骤。第一，对文献以及相关对策进行梳理，找出已经和即将采取的措施，归类措施所隐含的影响因素。第二，在安徽省内合肥、六安、亳州、池州、宣城五个地级市及其下属县乡开展深度访谈 40 次，验证前期归类因素，挖掘其他隐含影响因素。第三，根据影响因素设计初试问卷。选择合肥长江大市场、中铁四局郑州工程项目部农业转移人口数量多且来源多元的两个企业发放初试问卷，由团队成员现场帮助填写问卷，记录初试问卷设计中表述模糊及缺漏的题项，根据初试问卷收集的数据，测量主体问卷的信度与效度。第四，修改问卷。依托工会平台、全国

党校行政学院系统平台以及全国性社会组织平台在东、中、西部三大区域发放问卷,通过问卷星在网络发放问卷,通过省内学员资源在安徽省合肥、六安、亳州、池州、宣城、芜湖、马鞍山、宿州、淮北、滁州等地发放问卷,回收农业转移人口版问卷1807份,在实地调查和数据录入过程中,课题组成员根据反向题项设计、前后逻辑对比等质量控制措施,剔除数据不全和数据明显有错的答卷,最终获取有效问卷1460份。通过数据调查公司全国发放李克特五点量表问卷,回收有效问卷1263份,被试人数与自由参数之比大于5,因此所获取数据已具备量化分析条件,能够反映农业转移人口市民化的基本情况。对在校学习的人力资源和社会保障部、公安部、发展和改革委员会等职能部门的学员发放政府工作人员版调查问卷,获取有效问卷58份。

三　问卷设计

根据研究的需要,课题组共设计了五套问卷。鉴于目前国内外尚无较为成熟的农业转移人口市民化意愿量表,因此本课题组结合文献梳理内容设计了深度访谈半结构化问卷(详见附录1)的结构化问题。访谈问卷共44个题项,包括个人基本情况、社会支持网络情况、城市工作诱因、城市生活状态、社会保障状况以及对市民化的基本态度六个模块的内容。课题组成员在深度访谈的过程中,根据被访者的回答尽量多地追问与课题内容相关的问题。深度访谈问卷的设计目的,一方面是印证文献中梳理出的观点,另一方面是挖掘文献中尚未提及的新观点,为后续调查问卷的设计奠定基础。

根据文献综述及访谈内容,设计了农业转移人口市民化意愿初试问卷(详见附录2),问卷共38个题项,包括基本情况、社会支持网络、市民化过程中的成本与收益以及城市生存状态与留城意愿四个模块。根据在合肥、郑州的初试情况对问卷进行调整,在初试问卷的基础上充实了调查内容,对部分题项的语言表达方式进行了修改,形成了农业转移人口市民化意愿调查问卷(农业转移人口版)(详见附录

3），问卷共 45 个题项，包括基本情况、社会支持网络、市民化过程中的成本与收益以及城市生存状态与留城意愿四个模块。与初试问卷相比，在基本情况模块中增加了 3 个与农村收入状况相关的题项。在市民化过程中的成本与收益模块中增加了 4 个与收入结余、创业经历等相关的题项。两份问卷设计的目的是更准确地了解农业转移人口实际现状及市民化意愿。

为了解农业转移人口市民化意愿的影响因素与实际留城意愿产生之间的相关性，设计农业转移人口市民化意愿调查问卷（李克特五点量表版）（详见附录 4）。问卷根据理论模型共有 23 个题项，包括激发农业转移人口市民化意愿的客观因素（个体因素、家庭因素、社区因素、制度因素）以及激发农业转移人口市民化意愿的主观诱因（态度倾向、主观规范、行为控制感知）两大模块、七小模块。答案选项按照很小、较小、一般、较大、很大；没有道理、有一点道理、差不多、比较有道理、很有道理；不愿意、有点愿意、无所谓、比较愿意、非常愿意均分为五个量级，通过结构方程模型实证研究影响因素与农业转移人口市民化意愿之间的关系。

为深入了解作为市民和政策制定与实施者的政府工作人员对农业转移人口市民化的态度及促进农业转移人口市民化的相关政策和着力点，设计了农业转移人口市民化问题调查问卷（政府工作人员版）（详见附录 5），共 20 个题项，包括个人情况，作为市民对农业转移人口的态度、市民化成本分担的态度、所在单位制定的政策以及推动农业转移人口市民化在户籍、社保、公共服务、土地政策等对策的内容，为后续政策制定提供一个新的视角。

第二章　重要概念界定与文献综述

从发达国家的发展历史来看，农村人口逐渐实现市民化，是一个国家工业化、现代化进程中必不可少的关键环节和普遍规律。党的十九大报告提出，"以城市群为主体构建大中小城市和小城镇协调发展的城镇格局，加快农业转移人口市民化"。"加快"二字充分彰显了农业转移人口市民化既是国家战略层面的重大目标任务，也预示着新时代推进这项工作的紧迫性。

推动一项工作必须对该项工作的内涵与外延以及理论与实务中的源与流有一个清晰的认识，才可能清楚了解未来工作的具体走向。

第一节　重要概念界定

学者们在对"农业转移人口"及"市民化"内涵界定方面相互借鉴，基本是以时间、空间的变化为轴，从中央文件和学者提出该概念的时间及内涵的演化过程进行一般渐进意义上的界定。

一　农业转移人口称谓演变脉络及内涵界定

我国农村人口在向城镇转移的进程中，其称谓随着国家管理限制、市民化意愿及社会支持程度强弱的变化而不断变更，折射出我国农业转移人口市民化路径的漫长曲折，也见证了具有中国特色的经济、社会现代化发展历程。

（一）农民与市民

在我国现代语境下，"农民与市民"身份主要是依据职业和户籍进行界定的。所谓身份制，就是将社会成员根据其出生所在家庭的身份划分为相应的阶层并对其固化的一种管理制度。在我国，这种由国家依身份而划分并赋予不同权利的户籍制度下，不同身份的群体占有的社会资源、获得的社会保障及发展机会等都具有明显的差异，无形中形成了农民向市民身份转换的鸿沟。集职业概念和身份概念于一体的农民，在内涵上标志的是社会劳动者的身份；在外延上既包括直接从事农业生产的兼业或专业劳动者，也包括农业户籍但已不再从事农业生产的人口。而市民拥有城市有效户籍且长期生活在城市中，以非农产业为主并习惯于城市生活方式，同时，还享有相应的城市经济、社会和文化权益，这些权利的获得是以拥有城市有效户籍为前提的。改革开放以后，日益开放的社会空间以及城乡之间自由流动的资源使得农民与市民的区分不再是空间与职业上的区别，而是市民权的区别。

（二）农业人口与非农业人口、农村人口与城镇人口

"农业人口与非农业人口、农村人口与城镇人口"是从职业性和地域性来划分的，但从本质上讲也与人口户籍性质密切相关。农业人口本源就是指从事传统农业生产，以农业收入为生活来源的农民。但随着时代与经济的发展，人口的职业特性已不是唯一的定位，很多农业人口已不再从事农业生产或不再仅仅从事农业生产。农业人口有一部分是户籍在农村且从事农业生产经营的人口，还有一部分是户籍在城镇、从事农业生产经营的下乡工商资本所有者。非农业人口是指户籍在城镇、职业在城镇、生活在城镇，以前是以"供应商品粮"为特殊身份象征的人口。而农村人口与城镇人口是通过人口的地域性质来定位的，这一定位既有基于自然因素（习惯居住地）的原因，又有基于社会管理因素（户籍制度）的原因。城镇人口是指居住在城镇中的常住人口。我国统计常住人口时，一年内只要在城镇居住满六个月，就可认定为城镇常住人口，而在统计户籍人口时，仍以户籍所在地为界定标准。城镇人口占社会总

人口比重的大小则反映出一个国家或社会城镇化水平或城镇化程度的高低。由此，在我国城镇化水平衡量标准中就有两个指标，一个是按城镇常住人口占社会总人口的比重，一个是按城镇户籍人口占社会总人口的比重。我们通常讲的城镇化率是指前者，城镇人口并非全都是市民，还包括在城镇中居住满六个月的农业人口。

（三）农业转移人口与农民工

"农民工"是在特殊历史时期出现的一个特殊的社会群体，这一概念最早由社会学家张雨林教授提出，主要是指在本地或者进入城镇从事非农生产的农村户籍人员，对于20世纪80年代、90年代出生的则称为新生代农民工。而"农业转移人口"的权威称谓最早可以追溯到2009年12月召开的中央经济工作会议，会议明确提出，要把符合条件的农业转移人口逐步在城镇就业和落户作为推进城镇化的重要任务。党的十八大报告又首次用"农业转移人口"替代了过去惯用的"农民工"，后在党的十八届三中全会报告及中央一号文件中均使用"农业转移人口"这一称谓。从"农民工"到"农业转移人口"的称谓改变透视出一种新的制度氛围以及从土地城镇化向人的城镇化治理理念的转变，也折射出新型城镇化的顶层设计及战略思路的转型。但是，由于"农业转移人口"在内涵与外延的界定上还缺乏相对权威的统一解释，因此，"农业转移人口"往往与"农民工""农民"等概念未严格区分，存在着相互替代使用的现象；或者说，区分的界限并不明显，需要在一定的语境下方能意会其意。如2010年中央一号文件中就有类似共用的表述："促进符合条件的农业转移人口在城镇落户并享有与当地城镇居民同等的权益。多渠道多形式改善农民工居住条件，鼓励有条件的城市将有稳定职业并在城市居住一定年限的农民工逐步纳入城镇住房保障体系。采取有针对性的措施，着力解决新生代农民工问题。统筹研究农业转移人口进城落户后城乡出现的新情况新问题。"[①]

---

① 《中共中央、国务院关于加大统筹城乡发展力度进一步夯实农业农村发展基础的若干意见》，《中国乡镇企业》2010第3期。

从历史发展视角来看,"农业转移人口"和"农民工"都是阶段性的概念,"农业转移人口"概念可视为从"农民工"概念逐渐演化而来,但内涵和外延要比"农民工"概念丰富和宽泛。一般来讲,"农民工"多体现的是进城务工人员的身份和职业,较为通俗但暗含歧视;而"农业转移人口"较为含蓄和中性,关注的重点在于农业人口从农村向城镇迁移,并将成为城镇居民的过程,既包括农业富余劳动力,又包含农村非劳动适龄人口。可以说,"农业转移人口"是潜在的"市民",在成为市民之前的"农民"或者具有成为"市民"意愿的"农民",均可认为是"农业转移人口"。当下户籍仍在农村,但已经从农村迁移到城镇工作生活或在农村与城镇之间流动的农业人口是"农业转移人口"中最有可能实现市民化的主体。由此可见,需要完成市民化的农业转移人口包括存量和增量两部分。存量部分是指目前常住在城镇但还没有成为市民的农业人口,其中很大部分是已在城镇就业的农民工;增量部分是指未来随着城镇化推进新增加的农村富余劳动力,为潜在的农业转移人口,不仅包括农民工及农民工所需赡养、抚养的直系亲属,还包括农业人口及农业人口所需赡养、抚养的直系亲属。把存量和增量加在一起,据中国社会科学院2013年7月30日发布的《2013年城市蓝皮书》认为,2020年前全国大约有3亿农业转移人口,2030年前大约有3.9亿农业转移人口需要实现市民化。当然,如何使存量部分转化为城镇居民,实现市民化,关键在于农业转移人口"市民化意愿"的强弱。

二　农业转移人口市民化的内涵界定

(一) 市民化

"化"用在名词后,表示转变成某种性质或状态,如城镇化、常态化。"市民化"首先表现为人口迁移空间属性的流动。陈映芳以上海市征地农民的调查为依据,从目标取向的角度,探讨了"市民化"的内涵认识,认为市民化存在两种目标取向,即制度、技术层面和社会、文化层面。跨越制度限制而获得平等的市民身份属于制度、技术层面，跨越社会群体的边界而实现市民意识、市民生活样式以及市民文化样态的角色转型属于社会、文化层面。[①] 文军认为，农民市民化基本上是在"宏观的历史和制度变迁层面、中观的社会网络与社会资本层面、微观的人力资本层面"三个层面的主要力量相互交织下实现的，也就是在现代化和城乡一体化过程中所产生的城乡比较差异、制度条件和农民个体所拥有的人力资本、关系网络、社会资本综合作用下予以实现的。[②] 吴越菲、文军立足于市民化的系统观，重新阐明了市民化系统的基本构成及其相互关联，认为"市民化"具有"结构性构成"和"时序性构成"两种形式的构成要素。结构性构成涉及在宏观—中观—微观的互动中对农业转移人口市民化的促动、控制、整合及调整的作用，是市民化进程中市民化系统的基本构成要件及其之间的横向联系[③]；"时序性构成"涉及市民化启动—初级进入—深层进入—调整的连续进程，是市民化进程的时序模式及其之间的纵向联系。市民化行为是由市民化意愿转化而来的，通过分析市民化意愿水平及其影响因素，就可以有效预测市民化结果。[④] 研究从"获得城市户口的意愿""在城市定居的意愿"以及"改变生活方式的意愿"三个维度扩充了市民化的界定范围。

（二）农业转移人口市民化

正如前述，因为农业转移人口是由多种称谓演变而来，因此，在对农业转移人口市民化问题进行研究时，也有多种称谓，常见的有"农民市民化""农民工市民化""农业转移人口市民化"，在此，视

---

① 陈映芳：《征地农民的市民化——上海市的调查》，《华东师范大学学报（哲学社会科学版）》2003 年第 5 期。

② 文军：《农民市民化：从农民到市民的角色转型》，《华东师范大学学报（哲学社会科学版）》2004 年第 3 期。

③ 吴越菲、文军：《农业转移人口市民化的系统构成及其潜在风险》，《南京农业大学学报（社会科学版）》2016 年第 5 期。

④ 张笑秋：《心理因素对新生代农民工市民化意愿的影响》，《调研世界》2016 年第 4 期。

作指向与含义相近。

　　农业转移人口市民化就是农业转移人口转化为市民的过程，涉及地域、职业、身份、生活方式、社会交往、政治权利等多方面的转变。即农业转移人口经历了从农村转移到城镇的地域迁移和农业向非农的职业转变，并获得城镇永久居住身份、平等享受城镇居民各项社会福利和政治权利，成为城镇市民的过程。

　　西方学者从人口迁移的影响因素、空间格局、机理作用等方面进行了研究，形成了系列人口迁移理论，主要有刘易斯的二元经济结构理论、拉文斯坦的人口迁移法则、拉尼斯—费景区的人口流动自动均衡理论、吉佛的引力模型和赫伯尔、巴格内的推—拉理论，舒尔茨、夏斯达的成本—效益理论及托达罗的人口乡—城迁移理论。发达国家农民市民化的地域转变、职业转变、身份转变、价值转变是呈四位一体同时转变的，因此，国外的农民市民化直接表现为农民的乡城迁移，鲜有涉及户籍。

　　但在我国，情况略有不同，传统的户籍制度的存在无形中成为人口自由迁移流动的有形羁绊。现有理论较多地将由农村户籍人口逐步转化为城市市民的过程界定为农民工市民化，认为真正市民化不只是农民工身份技术层面的市民化，还包括经济、社会、心理、家庭等融入城市的过程。刘传江认为，农民工市民化是指务工经商的农民工克服各种障碍最终逐渐转变为市民的过程和现象，包括四个层面的含义：一是职业转变为非农产业工人；二是社会身份由农民转变成市民；三是自身素质的进一步提高和市民化；四是价值观念、生活方式和行为方式的城市化。[①] 杨菊华也认为农业转移人口市民化可粗略归纳为四个领域：角色身份、公民权利、行为模式、价值取向。它们之间可能既不同步，亦不均衡，但只有四者均到达了转换的彼岸，市民化也才最终实现。通过职业的非农化、身份的居民化，实现生存模式

---

　　① 刘传江：《中国农民工市民化研究》，《理论月刊》2006 年第 10 期。

和角色身份的转换；通过获得与市民相匹配的福利待遇，获得公民权利；通过累积城市性，习得城市文明，逐渐实现行为方式的转化；通过与城市文化的接触互动，思维方式、价值观念等方面日渐远离传统，获得更多的现代特征，在价值取向上向市民转化。[①]

由此可见，我国学者在对农业转移人口市民化内涵的界定上，基本是以时间、空间的变化为轴，以身份转换、职业变化、生活方式、思想文化、制度认同、社会支持、迁移理论等为内容元素，阐释了农业转移人口市民化既有外在资格的市民化，也有内在素质的市民化。对此，邱鹏旭认为应从以下几个方面来对农业转移人口市民化加以理解：一是户籍所在地变动，即由农村迁至城镇；二是综合素质提升，即受教育程度、道德修养、适应能力、社交能力等均得到较大的提高；三是价值观念转变，即逐渐形成市民的人生观、世界观、价值观等；四是就业状态趋于稳定，即非正规就业、临时性就业的人口比例大大减少，就业逐步正规化和固定化；五是生活方式和行为习惯转变，即逐渐形成现代市民的生活方式和行为习惯；六是社会地位不再边缘化，即逐步被城镇居民和城镇社会认同和接受。[②] 简而言之，农业转移人口市民化，就是指农村人口在经历生产生活地域空间的转移、户籍身份的转换、综合素质的提升、市民价值观念的形成、职业与就业状态的转变、生活方式与行为习惯的转型后，真正融入城市生活，被城市居民所接受的过程和结果。农业转移人口市民化的主要标志是农业转移人口与城镇居民的融合程度，要能平等、顺畅、自愿、安心地融入城镇，在身份、经济、政治、社会方面达到"同城同待、同工同酬、同享同建"的一体化目标，并且还要确保农业转移人口能顺心离得开农村、安心保得住乡愁、舒心留得下城镇。市民化程度

[①] 杨菊华：《农业转移人口市民化的维度建构与模式探讨》，《江苏行政学院学报》2018年第4期。

[②] 邱鹏旭：《对"农业转移人口市民化"的认识与理解》，人民网，http://theory. people. 2013年3月13日。

（农业转移人口与城镇居民的融合程度）是农业转移人口市民化的重要衡量指标。

农业转移人口市民化是一个具有空间属性、时间属性和社会属性的概念，也是一个动态演变的过程，不仅有户籍身份、生活空间与就业方式的转变，还包括城市文明、环境意识、价值观念、社会权利和福利等多方面的转变。这一过程中，市民化既是目的也是结果。城市户籍是其特有的标志和证明，没有城市户口就难以享受到城市居民所享有的公共服务。当然，不放弃农村户籍并不影响其进入城镇生活和从事非农职业生产，但也将意味着农业转移人口的生活空间与就业方式仍有最终还原为农村农业本源生活的可能，这将在一定程度上妨碍新型城镇化的进程。

在本研究中将农业转移人口市民化界定为农村富余劳动力在工作、生活、生存空间不断转化过程中主要收入来源由农业生产转为非农生产，生活区域由农村转向城镇，职业选择由单一的一产转向一二三产自选择，生活习性由乡土习俗转向城市习俗，社会圈层由熟人社会扩展为陌生人社会，最终与城市融为一体的过程。

三 社会支持网络的内涵界定

（一）社会支持的内涵

20 世纪 60 年代对社会支持的研究始于心理学界，是在人们探求生活压力对身心健康影响的背景下产生的。但直到 20 世纪 70 年代，才将其作为一门科学进行了广泛深入的探讨和研究。韦伯斯特《新大学字典》中将支持定义为一种能够促进扶持、帮助或支撑事物的行为或过程。最早有关社会支持的社会学研究始于 19 世纪法国社会学家迪尔凯姆，她认为社会支持是个体拥有的重要他人（家人、亲密朋友、合作伙伴），通过直接或间接联系，在出现危机时可以提供援助功能的一种社会互动。提供的支持主要包括物质、情感、信息等方面，它是个体对自己与他人联系的认知，最后他人对自己表现出的具体支持或援助。其后对社会支持的界定有四种不同流派。社会互动观认为，社会支持是人与人之间的亲密关系。同时，社会支持不仅仅是一种单向的关怀或帮助，它在多数情况下是一种社会交换，是人与人之间的一种社会互动关系。帮助的复合结构观认为，社会支持是一种帮助的复合结构，是个体从社区、社会网络或从亲戚朋友获得的物质或精神帮助。社会资源观认为，社会支持是一种资源，是个人处理紧张事件的潜在资源，是通过社会关系、个体与他人或群体间所互换的社会资源。社会支持系统观认为，社会支持是一个系统的心理活动，它涉及行为、认知、情绪、精神等方方面面，是来自他人的一般或特定的支持性行为，这种行为可以提高个体的社会适应性，使个体免受不利环境的伤害。

（二）社会支持网络的内涵与外延

社会支持网络理论来源于社会学、心理学以及社会工作等相关学科的研究，于20世纪70年代在美国首先发展起来。它将社会支持与社会系统两个概念有机结合起来，认为个体与各种社会关系之间构成了一张相互关联的网，通过这张网，个体获得各种正式或非正式的支持，进一步获取自身所需要的社会资源。社会支持网络是一组个人之间的接触，通过这些接触，个人得以维持社会身份并且获得情绪支持、物质援助、服务和新的社会接触。

根据对服务对象提供帮助的来源不同将社会支持网络分为正式的社会支持网络（政府、组织、机构、社区等）以及非正式的社会支持网络（家庭、亲属、朋友、伙伴等）。根据社会支持提供者的社会关系分类，可以将社会支持网络分为亲缘社会支持网络、业缘社会支持网络、地缘社会支持网络等。还有一种共识度比较高的分类方法是将社会支持网络分为物质支持、精神支持、工具性支持和信息支持四种。

社会支持网络用于社会融入治疗始于20世纪60年代，研究人员发现在进行家庭治疗时只要给予鼓励，每个人都有极大的互助潜能，在治疗者的帮助下，家庭成员中自然会有人承担起治疗者的角色。20世纪70年代至80年代社区支持计划迅速发展，随着社会服务机构经费短缺产生去机构化以及社区支持计划的推进，社工帮助病患提升社交技巧并协助其真正回归社区。在这个过程中，非正式网络发挥了正式网络不可代替的作用。社会支持网络理论强调，个人问题的出现并不是个人主观层面的原因造成的，而是原有的社会支持网络的断裂所致，该理论主张通过资源的重新整合去帮助服务对象重构社会支持网络，从而更好地适应社会。

在本研究中对农业转移人口所能获取的社会支持的界定为：以首属群体（血缘、亲缘、地缘、业缘、友缘）为关系核心的非正式社会支持，来源于政府、企业等制度性支持的正式社会支持，来自第三部门社会组织与社会工作者的支持以及虚拟社会的社会支持的总和。支持的内容根据范德普尔的划分包括物质支持、就业支持、社交支持与情感支持。由此所构建的农业转移人口市民化的社会支持网络也就涵盖政府、企业、社区、社会组织、社会工作者以及个人含亲人与友人所构成的能为其提供支持的社会关系网络。

在此网络中，各主体与农业转移人口之间关系强弱程度不同，引导和激发农业转移人口的市民化意愿即是充分调动各种强弱关系主体力量，通过分担与共治为农业转移人口提供社会支持的循序渐进的过程。

第二节　基于社会支持网络视角下农业转移人口市民化意愿研究的文献综述

一　国外学者关于农业转移人口市民化意愿研究的文献综述

马克思主义政治经济学和西方经济学中有关农业转移人口市民化的理论阐释，以及一些西方发达国家已经走过的道路，对我国新时代加快农业转移人口市民化具有重要的指导价值和启发意义。

（一）马克思有关农业剩余劳动力转移理论

马克思有关农业转移人口市民化问题的思想散见于《资本论》

中。马克思认识到，生产力的快速发展必然会导致机器在农业中的广泛使用和农业现代化的出现，这个过程中必然会产生大量的农业剩余劳动力。农业剩余劳动力转移并不仅仅是简单的空间和产业转移，也是农村、农民社会关系转型的过程；资本主义条件下的这种人口转移必然导致城乡对立、工农对立。马克思还提出了"城乡融合"这一概念。所谓城乡融合，就是"把城市和农村生活方式的优点结合起来，避免两者的片面性和缺点"①。马克思在分析资本主义城乡对立根源及其影响的基础上，预测了在生产力高度发达的基础上，城乡关系走向城乡融合，社会将达到整体协调发展的理想状态，城乡融合的过程就是人类走向完全自由和解放的过程。

（二）西方经济学中有关劳动力迁移理论的研究综述

在西方经济学中，与农业转移人口市民化问题有关的代表性理论有人口迁移理论及阿瑟·刘易斯的城乡二元结构理论、库兹涅茨的产业结构理论等，这些理论对人口迁移的动因、过程以及后果等多方面进行了深入的研究。

古典经济学家威廉·配第较早就指出，比较利益的差异促使社会劳动者从农业部门流向工业部门和商业部门。西蒙·库兹涅茨提出了产业结构理论，分析了国民收入、产业结构、就业人口分布之间的重要联系，并指出，随着时间推移和经济增长，农业部门的国民收入和社会就业在整个国民收入和总就业中的比重均不断下降；工业部门的国民收入比重大体上升，而社会就业比重大体不变或略有上升；服务部门的国民收入比重大体不变或略有上升，而社会就业比重呈上升趋势。二元经济结构理论的开创者阿瑟·刘易斯认为，传统农业部门存在大量剩余劳动力，便于工业部门获得充足的劳动力，由于农业和工业两部门边际收益的差异，剩余人口从传统部门转移到现代部门，包括由农业转移到非农业或由农村转移到城市，传统部门农业生产率得

---

① ［德］马克思：《资本论》，人民出版社 2004 年版，第 578、815 页。

到提高，城乡收入差距逐渐缩小；发展中国家可以利用"人口红利"的优势，推动现代部门发展和经济转型升级，加速工业化、城镇化扩张，直至将沉积在农业部门的剩余劳动力转移干净并出现城乡一体化为止。① 拉尼斯和费景汉在刘易斯理论基础上形成的"费—拉模型"，指出工农业间劳动生产率的差异会导致城乡之间人口流动自动达到均衡。② 托达罗认为城乡收入差距和城镇就业率主导着发展中国家的农村劳动力迁移，迁移与城市失业率无关，与城市就业率和城乡收入差距相关。③ 唐纳德·博格等提出"推—拉理论"，即人口流动的目的是改善生活条件。随后赫伯尔对推—拉的相关理论模型进行了系统性的总结，指出在农村向城市的人口迁移过程中，存在着迁出地的推力和迁入地的吸引力两种力，迁移者的决策行为是两种力共同作用的结果。

人口迁移会受个体意愿及迁移成本的影响，是个体对成本和收益综合考量的结果。19 世纪末，英国统计学家拉文斯坦的《迁移规律》从个体经济需求出发，从迁移的机制、结构和空间特征三大领域诠释了七大定律，指出"城镇周边的人口在进入城镇后，其原有的位置会被距离城镇更远的周边人口填补"。舒尔茨等认为"个人和家庭进行流动以适应变化的就业机会"是人力投资的一个方面，迁移意愿产生的基础是迁移获得的收入要大于迁移所付出的成本，是迁移者为了追求较高收入和利益所进行的经济行为。迁移成本主要分经济成本和非经济成本两大类，其中经济成本包括迁移过程中所支付的交通成本、生活成本等，非经济成本包括时间成本、脑力成本以及所要承担的风险等。

---

① ［美］刘易斯：《二元经济论》，施巧等译，北京经济学院出版社（第 2 版），第 138—155 页。

② ［美］费景汉、古斯塔夫·拉尼斯：《增长和发展：演进观点》，洪银兴、郑江淮等译，商务印书馆 2004 年版，第 111—131 页。

③ ［美］托达罗：《经济发展与第二世界》，印金强等译，中国经济出版社 1992 年版，第 89—98 页。

此外，罗杰斯创造性地提出了"人口迁移年龄与迁移率模型"，也就是罗杰斯曲线，他将生命周期中年龄的因素作为变量进行了更加精细化的研究。美国学者诺瑟姆通过研究，将城镇化的发展分为城市化水平较低（城镇化率10%—25%）、城市化加速发展（城镇化率30%—70%）及城市稳定发展（城镇化率大于70%）三个阶段，高城镇化率阶段再发展就会进入逆城镇化阶段。

总体而言，国外的迁移理论和研究，宏观上主要研究城乡之间或迁入地与迁出地之间的相互作用；微观上关注个体或家庭迁移决策及意愿的影响因素。与西方的"乡—城移民"不同，中国的农业转移人口市民化发生于城—乡之间、工业部门—农业部门之间所形成的异常关系基础上，加之户籍制以及工业优先的国家发展策略，使整个社会从原本的"农民—市民"二元结构转变为"农民—农民工—市民"三元结构。客观而言，要深入观察并理解当今中国农业转移人口的市民化进程，很难再通过简单的转型阶段划分、城乡分割的理论视野以及单因素的影响分析而完成。市民化本身形成一个多元构成的复杂系统，并且与城乡关系的整体环境相关联。

二　习近平的农业转移人口市民化思想探析

党的十八大以来，以习近平同志为核心的党中央高度重视农业转移人口市民化问题。党的十八大报告正式提出，"加快改革户籍制度，有序推进农业转移人口市民化，努力实现城镇基本公共服务常住人口全覆盖"。党的十八届三中、四中、五中、六中全会以及十九大报告中就此提出多项改革举措，中央城镇化工作会议、中央城市工作会议做出了专门部署。《国家新型城镇化规划（2014—2020年）》把有序推进农业转移人口市民化，确定为今后一段时期我国新型城镇化建设四大战略任务之首。一系列聚焦农业转移人口市民化问题的政策文件陆续出台实施，如进一步推进户籍制度改革的意见（国发〔2014〕25号）、深入推进新型城镇化建设的若干意见（国发〔2016〕8号）、实施支持农业转移人口市民化若干财政政策的通知（国发〔2016〕44号）、推动1亿非户籍人口在城市落户方案（国办发〔2016〕72号）、建立城镇建设用地增加规模同吸纳农业转移人口落户数量挂钩机制的实施意见（国土资发〔2016〕123号）等，为推进农业转移人口市民化指明路线图和工作方向。随着顶层设计基本完成，户籍、财政、土地等配套支持政策逐步到位，改革成效初步显现。目前，城乡统一户口登记制度已全面建立，中小城镇落户门槛普遍降低或放开，"人地钱"挂钩机制、农村"三权"维护和退出机制初步建立。2012—2017年，全国户籍人口城镇化率提高7.05个百分点，常住人口城镇化率提高5.95个百分点，两者差距总体呈缩小态势；2012—2016年四年间，全国农业转移人口进城落户总数高达6000万，其中2016年共有约1800万农业转移人口及其他常住人口实现进城落户，呈现一定的加速态势。随着各地政策措施的陆续跟进出台，农业转移人口在教育、医疗、就业、住房、养老等方面的基本公共服务总体上得到不同程度的保障和加强。习近平主席在2017年新年贺词中有相当大篇幅讲到农业转移人口市民化工作取得的成绩，指出"通过改革，农村转移人口市民化更便利了，许多贫困地区孩子们上学条件改善了，老百姓异地办理身份证不用来回奔波了，一些长期无户口的人可以登记户口了……"这无疑是对我国农业转移人口市民化工作阶段性成效的充分肯定。习近平总书记高度关注我国的农业转移人口市民化问题，在多个场合就农业转移人口市民化问题发表了重要讲话，阐明了其农业转移人口市民化思想。习近平的农业转移人口市民化思想是在全球城市化发展趋势、我国农民工边缘化困境、我国建设新型城镇化背景及全面建成小康社会的新形势下提出的。习近平的农业转移人口市民化思想包括以下几个方面：新时代中国社会主要矛盾的变化及其要求是实现农业转移人口市民化的基本依据；推进新型城镇化建设是实现农业转移人口市民化的重要契机；推进农业转移人口市民化应有序进行；推进基本公共服务均等化是实现农业转移人口市民化的重要保障；提高农民工素质和能力是实现农业转移人口市民化的有力支撑。习近平的农业转移人口市民化思想具有重要的理论和现实意义，体现在习近平的农业转移人口市民化思想丰富和发展了马克思主义非农化思想；习近平的农业转移人口市民化思想深化和发展了科学发展观理论；习近平的农业转移人口市民化思想为农业转移人口市民化进程指明了方向，是我国有序推进农业转移人口市民化工作的重要指导思想。

三　国内学者关于农业转移人口市民化意愿研究的文献综述

中国近年来推进农业转移人口市民化的主要实践。改革开放四十多年来，中国城镇化低水平起步、快速度推进，取得举世瞩目的成就。2019年，我国常住人口城镇化率达到60.60%，户籍人口城镇化率提高到44.38%。与此同时，我国城镇化"质量"仍然偏低，突出表现为户籍人口城镇化率不高，大量农业转移人口虽然进入城市生活工作，但难以完全融入城市社会，实际上处于"半市民化"状态。2012—2019年，我国户籍人口城镇化率与常住人口城镇化率的差距，分别高达 17.57、18.03、17.67、16.2、16.15、16.17、16.21、16.22个百分点。预计到2020年，我国城镇人口将达到8.5亿人，其中农业转移人口近3亿人，加上其他常住人口、户籍不在常住地的人口近4亿人。大量被统计为城镇人口的农民工及其随迁家属，难以在教育、医疗、就业、住房、养老等方面享受与城镇居民均等的基本公共服务，城镇内部出现新的二元矛盾，给经济社会发展带来诸多风险隐患。

农民工群体的产生使我国经济结构发生变化。我国二元经济结构显著，继张雨林提出"农民工"这一概念后，陈吉元和胡必亮等基于当时中国的现实，认为中国的农业部门、乡镇企业和城市部门构成了"三元经济结构"。而徐明华等提出社会三元结构构成为传统农民、农民工和城市市民。此外，徐庆、宋建军、朱农等人还提出过

"四元经济结构"的观点。虽然曾芬钰等认为中国的"农民工"群体只是我国城镇化过程中的一个过渡性群体。但农民工群体作为一个社会阶层，李路路早就指出农民向城市移民是一个不可逆转的过程。在政策需求方面，王伟同更是通过对市民化政策逻辑进行分析，认为农业转移人口市民化是中国当前经济社会发展乃至全面深化体制改革的问题归结点和改革突破口。随着第一代农民工逐渐退出历史舞台，2001 年王春光首次将 20 世纪 90 年代开始外出打工的人称为新生代农民工。2003 年王春光又将新生代农民工量化为"年龄在 25 周岁以下"的群体。许传新将新生代定义为 28 岁以下的农民工。李伟东在实际操作中把新生代农民工量化为 1980 年之后出生的一代人。纪秋发认为，与第一代农民工相比，新生代农民工或者说第二代农民工被概括为具有"三高一低"的特征，即受教育程度高、职业期望值高、物质和精神享受要求高，工作耐受力低。秦立建等将农民工市民化的意愿分为三个维度进行衡量，即是否愿意融入城市、是否愿意长期居住在城市，以及是否愿意转为城市户口。研究发现，老家农地高收益显著降低了农民工转为城市户口的意愿；与养老保险相比，医疗保险对农民工城市户口转换意愿的影响程度会更高；老家农地收益和打工地社会保障，对农民工市民化意愿三个维度的影响方向和影响程度有较大的差异，说明农民工市民化的问题较为复杂。

　　农业转移人口市民化意愿问题主要着眼于探讨农业转移人口市民化意愿的现状及动机。根植于城乡二元结构的农民工市民化是我国特有的社会现象，既体现为过程，也表现为结果，既包含个体生活习惯及心理认同等主观因素，也包含户籍身份及各种社会保障一视同仁的政策需求等客观因素。按照学者刘传江所指出的，农民工市民化是指获取城市居民身份和相应的社会权利，并在生产生活方式、价值观和社会认同感上与城市居民趋同。① 卫龙宝、侯红娅等学者通过农民工

---

① 刘传江：《中国农民工市民化研究》，《理论月刊》2018 年第 10 期。

市民化意愿的研究，得出的结论是总体意愿偏低。蔡玲和徐楚桥使用"留城意愿"概念界定市民化意愿，指出接近八成的农民工愿意留在城市工作，但愿意定居城市的农民工数量却不足两成。王春兰使用"定居城市意愿"概念界定市民化意愿，研究结果表明，不足 40% 的农民工选择定居流入城市。王华采用抽样调查的方法研究，发现愿意迁移到城镇的农民工仅占 40%，且大多倾向于距离原住区较近的城市边缘。[①] 张翼在对全国农业转移人口调查数据分析的基础上发现，绝大多数农村人口不想变为城市户口。龚秋润通过对容县农民工迁移意愿统计分析发现，喜欢城市生活的农民工数量高达 85%，但愿意落户城镇的农民工仅占 17.2%。但随着经济的发展和社会的进步，刘传江、夏显力等发现新生代农民工市民化意愿高于老一代，且意愿还较高的现象。盛亦男通过对 2011 年流动人口的调查数据分析发现，相对于二代农业转移人口来说，一代农业转移人口更倾向于返回农村。且在一些城市中存在着"二律背反"现象，即农业转移人口对城市有着强烈的生活意愿，但并不愿意在城镇中落户。城市居民群体正面的社会评价会有助于强化农民工的市民化意愿。郑永兰、王宝荣以江苏省为例，通过实证研究进一步得出，新生代农民工市民化意愿较高，女性较男性更愿意市民化，文化程度越高、政策满意度越高越愿意市民化，而婚姻、年龄及土地政策满意度对市民化意愿无显著影响。

农业转移人口市民化是否可能的问题主要着眼于探讨农业转移人口市民化的有利因素及阻碍因素。对于农业转移人口市民化的内涵，众多学者倾向于认为是农民逐渐变为市民的一种过程与状态。农业转移人口作为"理性经济人"，将会理性分析影响市民化意愿的主观与客观、成本与收益、短期与长期、现实与预期等多种因素。学者们对于影响农业转移人口市民化意愿的因素进行了广泛研究，分类体现在

[①] 王华：《广州城市化进程中郊区农民迁移意愿分析》，《地理与地理信息科学》2009年第2期。

微观个体层面、中观层面和宏观层面。

个体层面主要指个人情况，如性别、年龄、户籍身份、子女人数、婚姻状况、受教育水平、地缘特征、家庭状况等。王春光指出，经济型和生活型并存或者生活型成为新生代农民工的外出动机。[①] 赵耀辉、王桂新、黄祖辉、蒋乃华、卫宝成、吴秀敏分别以四川、江苏、浙江、西部地区为研究样本考察了农民个人特征变量对城市迁移意愿与决策的影响。黄祖辉（2014）等认为在城市工作 2—10 年之间的农民工市民化意愿最强，同时女性比男性更希望市民化。张华等认为性别、家庭月收入以及小孩抚养个数都对农民工市民化具有反向作用。而家庭因素中，夫妻是否生活在一起以及非农收入占比都对新生代农民工市民化有很大的影响。高贯中分析后认为，收入、年龄、性别、配偶、生活差异以及社会保障等因素影响着农业转移人口的迁移意愿。罗小峰和段成荣认为，除教育、健康等表征人力资本特征因素的影响外，以居住为核心的物质层面家庭因素对农民工留城意愿的影响更大。[②] 陈昭玖等研究认为，人力资本、地缘特征显著影响农民工的市民化意愿，呈正相关关系。杜巍等研究发现，家庭生计恢复力帮助农业转移人口有效应对市民化过程的风险冲击，对其市民化意愿的产生形成助力；土地确权的"松绑"作用不明显，以土地为主体的农村制度环境对农业转移人口的市民化意愿仍形成拉力。李佑静认为，在新型城镇化过程中农民工的市民化意愿及影响因素关系着新型城镇化的速度和质量，通过调查数据得出结论：农民工市民化意愿不高，低收入与高房价是农民工融入城市的最大障碍；农民工希望获得一定的优惠条件转户进城，他们认为未来农村户口比城市户口更有价值；留城意愿与年龄、婚姻状况、受教育程度、进城打工随迁人数、收入相

---

① 王春光：《新生代农民工城市融入进程及问题的社会学研究》，《青年探索》2010年第5期。
② 罗小峰、段成荣：《新生代农民工愿意留在打工城市吗——家庭、户籍与人力资本的作用》，《农业经济问题》2013年9月。

关；婚姻越稳定，留城意愿也越大。不同文化程度农民工的市民化意愿表现出比较明显的差异，20 岁以上的农民工留城意愿与年龄呈正相关，进城随迁人数越多，农民工留城意愿越强烈。乔冠名的研究表明，年龄、日工作时长及在城镇收支状况、居住时间、生活满意度等对农业转移人口市民化意愿具有显著影响；性别及婚姻状况的影响相对较弱。

中观层面主要指生活状况（收入水平、社会保障、消费水平、住房水平）、经济情况（职业类型、工作时长、工作年限、培训情况、经济水平）及社会支持情况（自我认同、社会归属感、人力资本、心理特征）等。朱考金指出，农民工在城市的过客心理使得其不愿意积极主动地介入城市社会。李强认为，农民工对市民群体的不满情绪和心理受歧视感阻止其留在城市。蔡昉和都阳认为，可以用"相对经济地位变化"来解释当前中国农民工迁徙的动因。钱文荣则聚焦一些表征农民工进城的初衷达成度和在城市生活的公平度感知的主观因素，探索了其通过交互作用共同对留城意愿实现影响的复杂过程。罗竖元研究认为农民工就地市民化意愿受到农民工创业能力、创业环境与社会支持网络的显著影响。孙友然等认为，农民工市民化微观决策机制将不同层面的影响因素内化为不同类型的动因，教育动因、发展动因、收入动因、盲目动因是驱动农民工流动的主要动因；教育动因、收入动因和发展动因对农民工市民化意愿具有显著正向影响，教育动因对农民工市民化意愿的影响程度最高；盲目动因对农民工市民化意愿具有显著的负向影响。张龙基于 387 名农民工的调查数据，通过单因素分析和线性回归分析等统计技术手段研究，结果显示：居住因素和就业因素总体与农民工进城落户意愿有明显的相关性，其中是否与家人一起居住、收入水平高低和是否举家迁移到城镇的影响最大。实证调查分析显示，就业质量和社会公平感是农民工市民化意愿的重要影响因素。农业转移人口市民化成本问题是影响农业转移人口市民化意愿的重要因素。综合学者们的观点不难看出，农业转移人口市民化公共成本的构成应包含子女人均义务教育成本、基本医疗卫生成本、社会保障成本、就业创业成本、住房成本、人均公共管理成本、人均公共基础设施建设成本。目前学界关于农业转移人口市民化成本问题的研究仍存在不少需要改进和完善之处，如对"农业转移人口""农民工"等概念界定不清，对市民化公共成本的构成要素、指标界定、测算模型与统计方法认识多有差异。胡军辉将相对剥夺感定义为在社会群体间（内）由于不公平现象而产生的不满、怨恨、愤怒等情感。他的研究表明，农民工市民化意愿随相对剥夺感增强而强烈，但边际意愿倾向递减。市民化净收益预期是影响农民工市民化意愿的主要因素，而群体内的相对经济剥夺感则对其市民化意愿具有激发和催化作用。

宏观层面主要包括制度因素（包括户籍、土地、社保、就业等制度）、结构因素、区域环境因素及城市融入因素等。蔡禾等人指出，对迁移意愿的完整理解应该包括两个层面，一是行为性，二是制度性，并据此将农民工的迁移意愿划分为非制度性永久迁移意愿、制度性永久迁移意愿、循环迁移意愿和不确定性迁移意愿四类。张翼突出强调了保留承包地是大多数农民工不愿意获取城市户口的主要原因。王桂新等研究认为，就业保障、社会保险、住房保障及教育保障等社会保障状况对城市农民工市民化意愿具有显著正向影响。谭崇台等认为，农民工市民化的关键是要让农民工有意愿和能力在城镇安家落户。长期以来，农民工倾向于前往东部沿海发达地区务工，但大城市高门槛的落户条件和过高的消费水平使得农民工难以落户，同时随着社会保障体系城乡一体化的逐步推进，小城镇户籍的吸引力逐渐降低，从而导致农民工主动市民化的意愿不足；同时，农民工长期被排除在城市社会福利体系之外，加之收入水平有限，普遍缺乏在城市安家落户的能力。刘小年的研究认为，农民工市民化有城乡二元结构、经济现代化、国家政策、农民工的市民化意愿与能力及城市的市民化容量与需求等7种影响因素。

作为个体的新生代农民工市民化意愿受自身及中观因素、宏观因素等多方面的影响。大多数新生代农民工有主动融入城市的要求。但许传新认为新生代农民工并没有在城市"生根"，仅仅处于市民化过程的中间阶段。一方面，社会支持网络的缺乏影响新生代农民工融入城市的意愿，如户籍管理制度、城市各种组织团体对农民工的关注和容纳不够、居无定所、交往的局限等。另一方面，受城乡二元结构、城乡生活方式、交往方式及活动逻辑差异的影响，新生代农民工又难以真正回归乡村"归根"，从而形成了"游民化"的社会认同尴尬境地。新生代农民工游弋于城市和乡村的边缘，徘徊于"扎根"与"归根"的双重困惑之中，形成"半城市化"状态。

农业转移人口市民化如何实现的问题主要着眼于探讨农业转移人口市民化实现的对策与方法。张国胜在分析农民工市民化与相应制度改革的关联性基础上，基于社会成本的角度探讨了农民工市民化的整体思路与政策组合。钱正武等研究认为，社会政策对于改变弱势群体面临的困境、提升弱势群体的社会地位直至融入主流社会有着积极的作用。冯奎提出应该逐步改进各种制度，原则上解除限制。但由于城市承载力有限，多数先着重解决稳定家庭的户籍问题。对于北京、上海而言，不宜在短期内完全开放。类平认为，解决农民工市民化的路径主要在于制度层面，在于教育、住房、户籍等方面的体制改革。刘小年提出构建平等的、平衡的、统一的与发展的政策支持体系支撑农民工市民化。黄勇等通过广覆盖、大样本问卷调查，掌握浙江农业转移人口的生存现状，并从定居意愿、定居城市的时空选择、农村土地权益处置、期望政策等多个维度，解析调查群体市民化的意愿。他在研究中发现，农业转移人口的现状特征使市民化推进任务变得繁重。高昂的市民化成本、大规模的公共资源需求、大量的建设用地需求以及复杂的利益诉求，要求政府部门必须渐进有序地推进农业转移人口市民化。叶俊焘、钱文荣通过调查数据，实证分析了大中小城市农民工市民化的意愿和形成机理。他们认为，农民工在大城市市民化更注重经济收益，在中小城市市民化更注重发展归属；通过对差异的揭示，归纳出当前我国农民工市民化从大城市到中等城市，最后扎根小城市的一般轨迹。"以人为本"新型城镇化的路径选择必然是通过不同规模城市间的合作治理，实现农业转移人口市民化的有序推进。在明确流动动因对农民工市民化意愿影响机理的基础上，有针对性地优化农民工公共服务政策环境，赋予农民工享受城市公共服务的资格和机会，降低农民工在城市的工作生活成本，提高城市对农民工的吸引力，提升农民工市民化预期和意愿，走出一条以人为核心的城镇化道路。王荣把制度作为内生变量引入模型中，分析制度从分割到统一的变迁速度对新生代农民工市民化意愿和能力提升速度的动态影响。研究发现，在城镇化快速推进后期向新型城镇化前期过渡阶段，制度由分割向统一的小幅调整就可以大幅提升新生代农民工市民化的意愿和能力。由此指出，新型城镇化前期是实现制度统一、快速推进新生代农民工市民化的最佳时期。新型城镇化时代，必须矫正政策偏差，政策设计要尊重农业转移人口意愿，政策选择要遵循城市发展规律，政策运行要兼顾相关主体利益，充分调动相关主体的积极性，形成加快推进农业转移人口市民化的合力。

　　基于社会支持网络视角研究农业转移人口市民化问题方面。张文宏等在调研中发现，以亲缘为联系的网络不再是其关系网络中的绝对主导，非亲缘的社会关系比重呈上升趋势。张文宏和阮丹青对城乡居民的社会支持网络进行了比较。李培林、杨绪松、靳小怡、王毅杰、蒋晓、李树茁等重点研究了农民工的社会支持网络。朱考金、刘瑞清认为，农民工在城市中正式社会支持网络的缺乏影响其融入城市的意愿。李汉林、王琦、刘传江认为，农民工现有的局限于血缘、亲缘、地缘的社会资本降低了他们对城市的适应和认同。户籍管理制度、城市各种组织团体对农民工的关注和容纳不够、居无定所、交往的局限等使得进城农民工陷入"游民化"的社会认同尴尬境地。吴森鹏认为，在城市工作的农业转移人口因其社会支持网络的缺乏成为社会中

的"边缘人"，难以融入城市。李树茁认为，社会支持网络可以体现
农民工融入城市的程度，情感支持网络规模越大，受到的歧视越少，
生活满意度也越高。王毅杰将社会支持网络同社会认同联系起来进行
研究，发现农民工的社会支持网络的平均网络规模是 5.46 人，其中，
亲属占 49.9%，朋友占 46.1%，相识人员占 4%。钱芳、陈东有认
为，社会支持网络有助于农民工在城市就业。徐美银认为，农民工市
民化意愿主要包括就业意愿、生活意愿、定居意愿、户籍意愿和身份
意愿。农民工人力资本和社会资本对其市民化意愿具有显著影响，其
中，包括农民工年龄、健康状况、受教育程度、在职培训、技能水平
在内的人力资本，通过保障效应、就业效应、融合效应及学习效应对
农民工市民化产生重要影响；包括农民工社会关系网络广度、网络深
度、网络资源三方面内容的社会资本，通过信息效应、信贷效应、心
理支持效应等多种机制对农民工市民化产生重要影响。需要通过提高
技能水平、加强在职培训、提高健康水平、提高受教育程度、优化年
龄结构等措施，提高农民工人力资本存量；通过增加社会关系网络资
源、深化网络深度、扩大网络广度等措施，提高农民工社会资本存
量，从而提高农民工市民化意愿。

第三节　总括性的评述

农业转移人口市民化意愿关系到我国新型城镇化战略和乡村振兴
战略的顺利实施，将会对我国经济发展与社会结构优化等方面产生积
极影响。因此，探讨农业转移人口市民化问题，具有重要的现实意义
和社会价值。

当前，国内外学者已从多角度、多层次对农业转移人口市民化问
题进行探讨，取得了较为丰富的理论成果和实践经验。马克思主义关
于农业剩余劳动力及城乡融合发展理论为我们奠定了科学研究的基
础，习近平农业转移人口市民化思想是马克思主义人口迁移理论的中

国化成果，成为我国新时代推动农业转移人口市民化的根本遵循。西方人口迁移理论较为成熟，但是四位一体式（地域转变、职业转变、身份转变、价值转变）的直接进行的乡—城迁移和转变对我国农业转移人口市民化问题研究的理论意义有限。

当前，对农业转移人口（农民工）市民化意愿影响因素的研究集中于宏观、中观、微观三个层面，主要包括性别、年龄、婚姻、子女、受教育程度、消费水平、职业、收入水平、职业技能、社会保障、生活状况、经济状况、制度政策、自我城市归属感等，其中，影响农民工市民化的障碍因素集中在制度障碍、社会障碍、经济障碍和自身素质障碍。总体上看，已有的研究已取得了许多有益成果，为后续研究奠定了坚实基础。

但前期研究仍存在可拓展空间：第一，对农业转移人口市民化意愿的动态研究不够。意愿会随着外界环境及内在因素变化而不断调整，即使意愿强烈，若实现条件不具备，则意愿亦无法成为行动。因此，农业转移人口市民化意愿与外界实现条件的匹配需要深化研究。第二，不同阶段、不同规模的城市农业转移人口市民化意愿的比较分析欠缺。在不同阶段，不同规模城市的治理能力存在差异，会直接影响农业转移人口市民化的进程。第三，较少从社会支持网络视角来探讨系统推进农业转移人口市民化的制度设计。第四，农业转移人口市民化意愿是多方针对成本与收益、眼前利益与预期利益相互博弈的结果。但是在前期研究中，对博弈主体范围考虑相对狭窄。

因此，本课题拓展理性行为理论与个体认知理论，以社会建构理论为基础将农业转移人口视为理性的行动主体，在充分承认农业转移人口意愿在市民化进程中的作用基础上，通过外部刺激的给予与调整激发农业转移人口市民化意愿。加强农业转移人口市民化意愿的多向度研究，深入分析引导农业转移人口市民化意愿的策略，力争在研究视角、研究方法、研究内容方面有所创新，为政府推动新型城镇化战略和乡村振兴战略提供人力资源支撑。

第三章　农业转移人口市民化现状
与意愿成因分析

随着二十多年农业转移人口市民化工作的不断推进，已经进城的农业转移人口是否已真正进入城镇、融入城镇，与城镇融合成为城镇居民，不仅需要经验判断，还需要通过广泛调查对农业转移人口的状况作细致深入的分析和思考，为后续研究提供田野基础。本文结合深度访谈内容以及 1460 份农业转移人口市民化意愿调查问卷的数据，对当前农业转移人口市民化进程中的基本状况及市民化意愿趋向变化的主要动因作大致判断。

第一节　对被调查农业转移人口的个人统计特征的基本判断

一　以家庭为单位的迁移以及社区治理将成为下一阶段重点

在被调查的 1460 位农业转移人口中，婚姻状态以已婚为主，占80.1%。男性居多，其中，男性有 910 人，占 62.3%；女性为 550人，占 37.7%。

农业转移人口在城市中的家庭生活状况是：仅本人在城市的占41%；与配偶一起在城市的占 26%；与配偶、孩子一起在城市的占20%；与配偶、孩子、老人一起在城市的占 8%；仅和孩子一起在城市的占 5%。从统计数据可以看出：被调查农业转移人口中已婚、男性占主体，农业转移人口独自在城市的占比高达 41%。多数家庭处于分离状态，以家庭为单位的迁移不到三成，核心家庭、主干家庭在同一城市的比例相对较小。不能与家人共时实现城镇转移，转移到同一城镇，已然成为阻碍农业转移人口市民化意愿的重要因素。由此可见，在推进农业转移人口市民化的过程中，顾及女性农业转移人口的个性化需求及创造以家庭为单位的迁移条件，应该是未来努力的重点和方向。

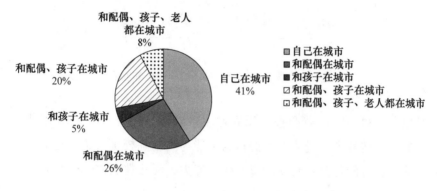

图 3.1　被调查农业转移人口家庭生活状况

二　代际差异尤其是第三代农业转移人口是需重视的内容

在被调查对象中，70 年代出生的农业转移人口群体占比达43.1%，80 年代及其以后出生者占总体的 35.5%，其中 80 年代和 90年代出生农民工分别占总体的 18.3% 和 17.2%。60、70 年代出生的中青年人群占农业转移人口八成，均为家庭中的核心成员。

50、60、70 年代出生的被调查对象，他们第一次打工时间多数在 1989—1999 年间，分别占这个年代被调查对象的 42.9%、55.1% 和 50%。80 年代和 90 年代出生的受调查对象中近七成的第一次打工时间在 2000—2012 年和 2012 年以后。由此可知，城镇中的农业转移人口趋年轻化，进城时间具有较为明显的时代特征。其中，50、60、70 年代出生的农业转移人口，受二元制度的影响与家庭联产承包责任制的推行，为寻求较高的收入而在城市打工的意愿较强。在被调查

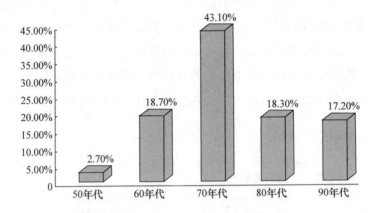

图 3.2   被调查农业转移人口年龄分布状况

对象中，84.3% 的被调查者无农业生产经验，因此，80、90 年代出生的农业转移人口进入城镇的行为可能与高等院校扩大招生进城上学有关，也可能与其自身缺乏农业生产能力，无法在农村生存有关。

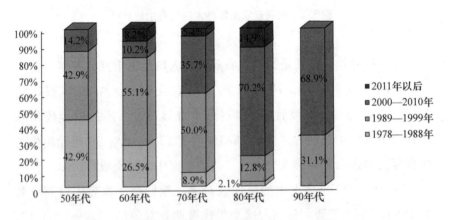

图 3.3   不同年代出生调查对象第一次打工时间对比

三　提升农业转移人口市民化能力需从教育入手

问卷调查显示，被调查对象中初中学历人员居多。超过七成的被调查对象受教育程度为初中及以下，其中受教育程度为初中的超过五成，占总体的 51.2%，其次为小学，为 19.9%，受教育程度为高中、中专、大专、本科及以上的比例分别为 13.6%、3.1%、9.8%、2.4%。80、90 年代群体的学历相对较高，175 人拥有大专及以上学历，占 80、90 年代农业转移人口总数的 37.6%。

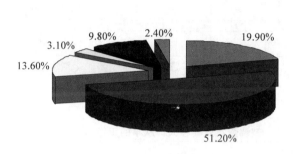

图 3.4　被调查农业转移人口受教育程度

问卷调查显示，在"您曾经从事过的行业"中，从事建筑业、餐饮娱乐服务业、制造业的人占多数，达 86.2%。在"您从事的工作"中，建筑业工人占 32.2%，排首位；排在第二位的是一线生产人员，占 22.6%，中层管理人员只占 1.4%。可以发现，由于农业转移人口受教育程度较低，参与社会竞争综合能力不强，大多数不具备专业技能，只能在城镇从事一些进入门槛较低、技能要求较低的劳动密集型工作。现在滞留城镇更多的是为获取较多的劳动报酬，对于是否留城尚不在考虑之列。

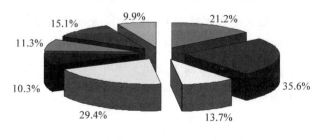

图 3.5　被调查农业转移人口所在行业

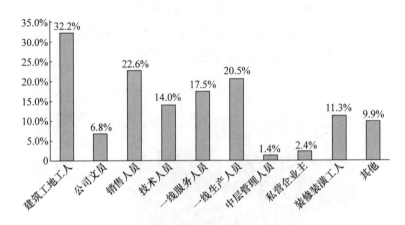

图 3.6　被调查农业转移人口从事的工作

四　非农收入是农业转移人口财产性收入主要来源

在问卷调查"您的家庭拥有的承包土地数量"选项中，排在首位的"0.5—1.0 亩/人"占 35.2%，其次是"1.0—2.0 亩/人"，占 22.3%，"无地""0.5 亩/人以下"和"2.0 亩/人以上"的分别占 17.8%、11%、13.7%。因人均占有土地都不多，农业转移人口每年源于承包土地的收入较少。半数以上受调查者每年源于承包土地的收入为 1500 元以下，占 54.5%。相比较而言，农业转移人口外出打工前，每年来源于非承包地的收入（包括在农村副业收入、在农村零星打工、贩卖等）相对高一些，1500 元以下的比例有所减少，占 39.9%，年收入在 1501—3000 元和 3001—6000 元的比例高于每年源于承包地的收入。由此可见，绝大多数农业转移人口进入城镇打工之前，农业转移人口家庭拥有的承包地数量不多且源于承包土地的收入也不高。城乡收入的差距成为农业转移人口进城务工的最直接动力，构成农业转移人口市民化意愿实现的潜在拉动因素。

五　多数农业转移人口家庭运营负担较重，农业生产收入入不敷出

被调查的 1460 位农业转移人口中，近五成被调查对象拥有 2 个孩

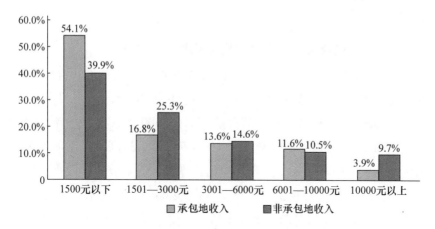

图 3.7　打工前来源于承包地与非承包地收入对比图

子，从"家庭供养 60 岁老人的数量"看，供养 2 位 60 岁及以上老人的
家庭在四个选项中也排在首位，达 35.3%，拥有 1 个孩子和一位老人的
比例均排第二。由此可见，农业转移人口多数家庭规模较大、经济负担
较重，结合被调查对象进城务工之前来自承包地的收入作比较，农业生
产收入无法养家，多数家庭仅靠承包地收入难以支付孩子的教育费用和
赡养老人的费用，可能反向促使农业转移人口努力走出农村、走向城
镇，为农业转移人口市民化意愿的形成奠定一定的基础。

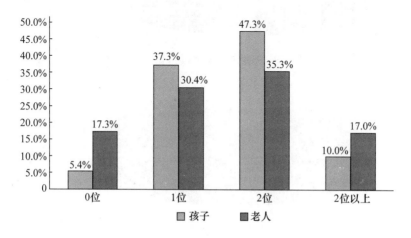

图 3.8　被调查对象家庭构成状况

六　农业转移人口收入稳定状况呈现代际差异

问卷调查结果显示，农业转移人口收入主要集中在 1500—3000 元之间，超过五成被调查者月收入超过 3000 元，其中月收入为 3001—6000 元的占 44.5%，其次是 1501—3000 元，占 39.9%，6000 元以上和 1500 元以下的分别占 8.4% 和 7.2%，远高于打工前来源于承包地的农业生产收入。从收入变化趋势看，近半数的被调查者收入呈现稳定状态，占总体的 47.9%，43.3% 的受调查者收入呈增长的趋势，仅有 8.8% 的受调查者收入呈现下降趋势。由此可见，绝大多数农业转移人口在城市获得比在农村更多的收入，并呈现良好的态势。在与年龄匹配分析的过程中，可以发现，被调查对象中，收入下降的农业转移人口占总数的 8.8%，均为 50 年代与 60 年代出生的农业转移人口。因此，未来政策的制定中应对一代农业转移人口加以重点关注，以增强其市民化意愿。

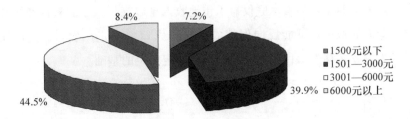

图 3.9　被调查农业转移人口收入情况

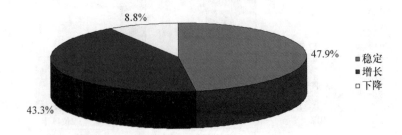

图 3.10　被调查农业转移人口收入变化状况

第二节　被调查农业转移人口的社会支持网络情况

一　物质支持网络规模较小，主要依赖亲缘关系

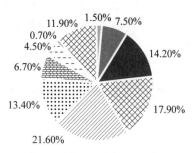

图 3.11　被调查农业转移人口物质支持网络规模

　　根据问卷统计结果可发现，农业转移人口物质支持网络的平均规模为 5.47，标准差为 44.161，这充分说明此群体物质支持网络的规模差距很大。结合年龄状况分析可以发现，80、90 年代出生者物质支持网络规模大于 50、60 年代出生者的规模。网络规模为 5 人的约占被调查农业转移人口的 20%，62.7% 的被调查对象的物质支持网络规模小于 5，大于等于 10 的仅有 11.9%。总体来说，大多数农业转移人口的物质支持网络规模较小。

　　农业转移人口的物质支持网络中最主要的社会关系是亲缘关系，朋友关系也是一个重要构成部分。求助对象选择最多的选项依次为：兄弟姐妹、朋友、其他亲戚和父母。农业转移人口的物质支持与家庭联系相当密切，尤其是兄弟姐妹所起的作用远远高于其他社会支持关系，血缘关系仍是农业转移人口所依赖的重要社会关系。脱离乡土社会以及随之而来的生活场域变换，并未从根本上拓宽其以血缘、地缘关系为纽带的社会网络的边界。物质支持网络的规模和观念行为以及城乡之间的经济差距、文化差距和心理差距等与农业转移人口市民化

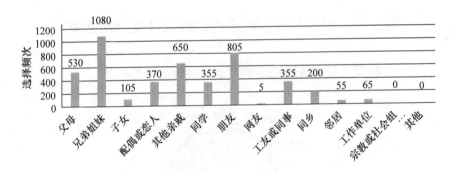

图 3.12   被调查农业转移人口物质支持网络构成

意愿强弱具有密切的关系。

二   中间性关系力量成为就业支持网络主体，亲缘关系成为重要补充

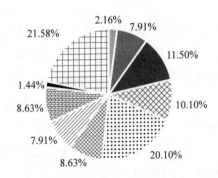

■1人 ■2人 ■3人 ▨4人 ⠿5人 ▩6人 ▧7人 ▦8人 ■9人 ⊥≥10人

图 3.13   被调查农业转移人口就业支持网络规模

问卷统计结果显示，农业转移人口就业支持网络的平均规模为
9.33，标准差为 7.75，和物质支持网络相比该网络规模的差距较小。
值得注意的是，就业支持网络规模为本次调查中所有社会支持网络中
最大者，大于等于 10 的网络规模最多，占比超过 20%；平均规模在
9 人左右。这一现象说明，因为就业对于家庭经济改善的重要性，使

得农业转移人口对城镇就业高度关注，对就业支持网络进行有意识拓展，这些将有益于增加农业转移人口的市民化意愿。

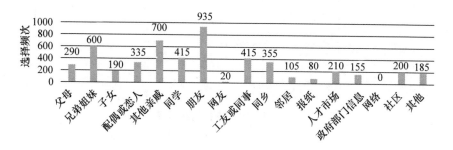

图3.14　被调查农业转移人口就业支持网络构成

在农业转移人口的就业支持网络中，非亲缘关系超过亲缘关系，开始扮演相当重要的角色，社会关系来源依次为朋友、其他亲戚、兄弟姐妹、同学和同事。中间性关系力量成为就业支持网络的主要构成主体，亲缘关系成为重要补充。这充分说明，虽然农业转移人口在就业过程中对先赋资源依赖较高，但进入城镇后必须依赖后生资源来保证职业稳定。从本次调查的农业转移人口就业支持网络构成可以看出，农业转移人口就业支持网络资源在不断丰富和完善，以友缘和业缘关系为基础的次级网络关系发挥越来越重要的作用。稳定的就业增加了农业转移人口市民化意愿实现的筹码。

三　情感支持网络规模较小，以友缘亲缘为主体

根据本次调查的结果可以发现，农业转移人口情感支持网络的规模不大，平均在5人左右；其中最重要的几种关系依次是：朋友、配偶、兄弟姐妹、父母。由此可知，农业转移人口情感支持网络规模较小且相对封闭，朋友关系与亲属关系成为情感支持网络主体，其中亲缘关系占比最大，而配偶在所有亲缘关系中占据最重要地位。这一结论也恰好印证以家庭为单位迁移的必要性。而在既往研究中仅为重要补充的朋友关系，其作用有所上升，甚至超过了配偶，成为选择频次

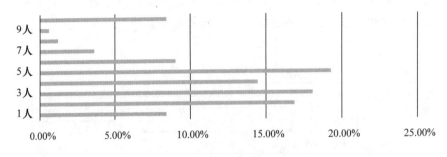

图 3.15   情感支持网络规模

最多的社会关系，这可能是因为 80、90 年代出生的农业转移人口在
本次研究中所占比率比较大的原因。而城市居民、社区和其他社会组
织等城市关系资源在农业转移人口的情感支持网络中所占份额微乎其
微。这也间接说明农业转移人口对融入城镇存在着一定的起点障碍，
反过来也印证了市民化推进过程中，还应注重城镇原住民的包容态度
和接纳程度。

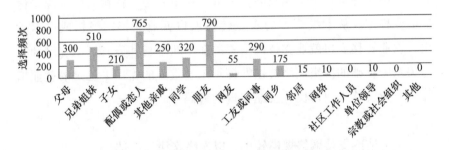

图 3.16   被调查农业转移人口情感支持网络构成

四　社交支持网络规模小且内卷，主动融入城镇的意愿较弱

在社会支持网络中，农业转移人口的社交支持网络规模最小，均
值为 4.398，规模差距很小，代际之间并无差异。他们在城市交往的
圈子主要是亲戚、家人和同乡，折射出农业转移人口整体在社会交往
中处于交往内卷的封闭状态。他们并未因进入城镇而拓展其社交圈

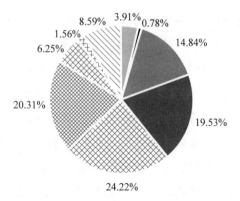

图 3.17　被调查农业转移人口社交支持网络规模

子，在城市的交往支持普遍薄弱，农业转移人口社会融入的困难，将会直接导致市民化意愿的降低。

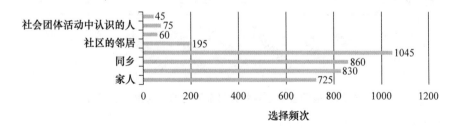

图 3.18　被调查农业转移人口的城镇交往圈子

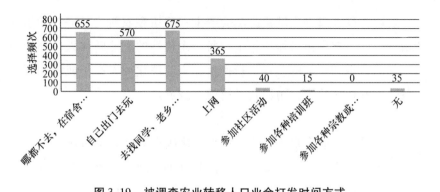

图 3.19　被调查农业转移人口业余打发时间方式

可以看出，绝大部分农业转移人口在城市的业余消遣方式集中为和同学、老乡或网友玩，哪都不去在宿舍睡觉，自己出门玩和上网，只有极少数的被调查对象选择参加社区活动、各种培训班和各种社会组织活动。农业转移人口在城镇使用较多的是非竞争性、非排他性的公园、开放社区的体育设施等公共设施，而来自具有竞争性和排他性的住房、养老、医疗等公共服务享受较少，来自政府部门的各种制度和政策对农业转移人口的支持体现并不明显。公共服务的脱节、少部分城市原市民固有的歧视，使得农业转移人口在城市生活得不自信，自然地将自己划归为"农村人"，无形中对融入城市的市民化就有一种排斥感，主动融入城镇的意愿较弱。

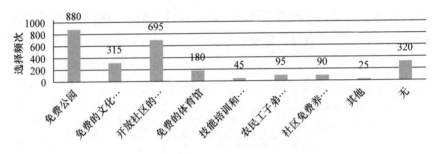

图 3.20　被调查农业转移人口享受过的政府提供的服务

第三节　被调查农业转移人口进入城市的成本与收益状况

农业转移人口进入城镇必然会产生一些留在农村所不需要发生的费用，因此，在做出进城决策前，每一个理性的农业转移人口都会对市民化的成本和可能的收益进行衡量，当市民化成本高于或等于可能收益时，农业转移人口市民化意愿就会减弱。

一　居住成本为农业转移人口市民化成本重要构成部分

安居是农业转移人口市民化需首要解决的问题，也是影响市民化意愿的直接重要因素。由数据可知，农业转移人口 0 元租房费的占到

19%，免住宿费中很大一部分是由用工单位提供了免费住宿，也有极少部分是投奔亲戚好友或自己已在城市购房。农业转移人口月住房支出在 400 元及以下的占比 19%，月费用在 401—800 元的居多，占到 28%，801—1200 元区间的占到 18%，每月超过 2000 元的占到 6%。

表 3.1　　　　　　**被调查农业转移人口每月的房租费用调查**

房租费 （元/月）	0	1—400	401—800	801—1200	1201—2000	2000 以上
数量（人）	270	280	405	265	150	90

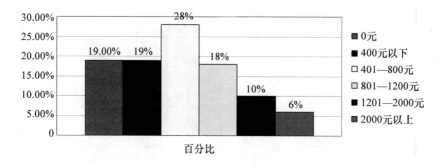

图 3.21　**被调查农业转移人口务工期间每月住房费用**

被调查农业转移人口中，只有不到两成从雇主或单位获得免费住所，基本居住在单位集体宿舍，大部分需要在城镇租房。由于工资收入限制，三分之二的农业转移人口将住房成本限定在 800 元/月及以下。但是，随着房地产市场的持续升温，农业转移人口无论租房或购房，租住成本均大幅增加，对于大部分月收入并不高的农业转移人口来说，居住成本是一笔不小的支出。

二　对子女教育的高投入映射出家族渴望融入城市的意愿

被调查农业转移人口在城市务工期间月均生活消费支出（包括衣、食、行等，不包括住房支出）情况从表 3.2 可以看出，100 元以下的仅仅占3%，100—300元区间的也仅占8%，300—500元区间的占24%。也就是说，月均生活支出低于500元的仅占三成多，而在500—800元区间的达到34%，800—1000元区间的也高达31%。可见，随着物价水平的上涨，城市生活的成本日趋走高，增加了农业转移人口市民化的成本。

表3.2　　　　　　　　被调查农业转移人口日常生活费用调查

日常生活费 （元/月）	100 以下	100—300	300—500	500—800	800—1000
数量（人）	45	115	350	500	450

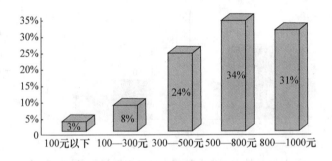

图3.22　务工期间每人每月生活支出费用

从"您在城市日常生活支出费用排在前三位的是什么"的问题可以看出，最大的支出主要集中在吃饭、孩子的教育和培训学习。比较特殊的是，农业转移人口开始注重培训学习，与年龄比照研究可以发现，培训学习消费主要集中在80年代与90年代出生的农业转移人口，主动提升知识能力的行为可能与他们对就业中知识和能力的重要性的认识增加有关。交通、看病吃药、休闲娱乐的支出费用较少。

在受调查农业转移人口有限的日常消费中，对孩子教育的投入并不吝啬，农业转移人口为孩子花在城市各种补习班上的费用较高，其中年花费在1000元以下的有58%，1000—3000元区间的有12%，

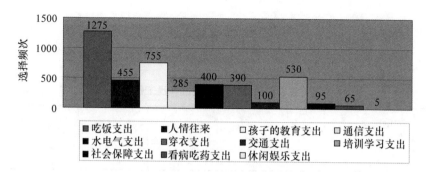

图 3.23　务工期间日常生活支出

3000—5000 元区间的为 12%，5000—10000 元区间的占到了 14%，有 4% 更是超过了 10000 元（见图 3.24）。较高教育投入一方面反映了农业转移人口希冀子女通过知识改变命运，不再希望孩子走他们在农村的老路，另一方面反映出他们对自身实现市民化已不抱希望，把实现市民化意愿的希望放在子女这一代，希望子女能够融入城镇，以此改变家庭和家族的命运。

表 3.3　　　　　　　　随迁子女在城市补习班花费

补习班花费（元）	1000 以下	1000—3000	3000—5000	5000—10000	10000 以上
数量（人）	845	180	180	210	45

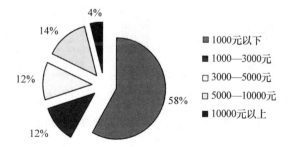

图 3.24　子女在城市补习班花费

三　农业转移人口寻找工作的成本决定寻找工作的途径

表 3.4　　　　　　　　被调查农业转移人口在城市寻找工作成本

找工作花费（元）	200 及以下	201—500	501—800	801—1000	1000 以上
数量（人）	475	360	280	215	130

从调查问卷分析看，农业转移人口通过非正式途径寻找工作的成本低于正式途径，从家乡到城市寻找工作期间发生费用在 500 元以下的占到 57%，500 元以上的为 43%，首先说明政府在提供就业服务方面有所改善，其次说明大多数农业转移人口还是依靠熟人、朋友、亲戚等关系寻找工作。可能的原因是专业职业介绍机构宣传不到位以及服务内容与方式不规范、不完善。而就时间成本与经济成本看，通过亲戚、朋友和老乡等个人关系寻找工作，成本均低于政府组织与职业介绍机构，成功率也高于正式渠道。

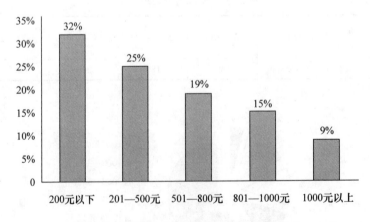

图 3.25　被调查农业转移人口寻找工作成本

四　企业在农业转移人口市民化中分担的成本有限

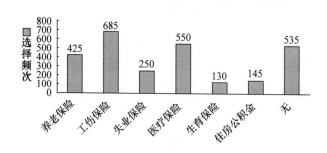

图 3.26　企业购买职工保险情况

由数据可知，近三分之一的农业转移人口所在的企业没有给他们购买任何保险。已有企业购买的保险中，有 685 份工伤保险、550 份医疗保险、425 份养老保险。至于失业保险、住房公积金、生育保险，企业购买的较少。购齐五险一金的仅有 65 人，仅占样本总数的 4%。说明企业为避免增加人工成本，为农业转移人口少购或不购保险的情况比较普遍。企业为农业转移人口购买保险意愿低，在农业转移人口市民化中分担的成本有限，一定程度上不利于农业转移人口市民化的推进。

五　子女在城镇受教育的权利多数得到保障

在"如您有孩子在您打工的城市接受义务教育，您缴纳过的赞助费"选项中，915 人选择了"0 元"，说明政府部门一直致力的公共服务均等化尤其是教育均等化努力已经初见成效。虽然我国多地的地方政府规定，对于符合报名条件的随迁子女，学校不得收取择校费、赞助费、捐资助学费、共建费等多种费用，只要流动人员持有流入地居住证或其他有效证明材料，其随迁子女就可以就地、就近、免试接受义务教育，但是据调查数据可以发现，缴纳赞助费在 5000—10000元区间的有 260 人，10000—15000 元区间的有 160 人，15000—20000 元区间的有 90 人，更有 35 人选择了 20000 元以上。农业转移人口子女在某些城镇受教育的权利并未得到充分保障，显然是部分学校违反了党和国家的义务教育政策，给农业转移人口市民化增加了成本，阻碍了实现市民化意愿的有序推进。

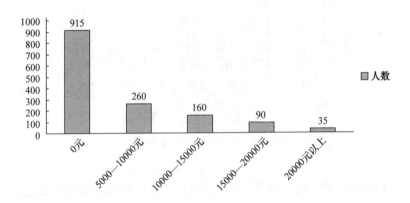

图 3.27　被调查农业转移人口的子女在城市缴纳教育赞助费情况

六　获得的各类社会补贴并不能解决农业转移人口市民化高成本的问题

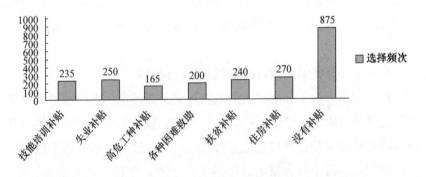

图 3.28　被调查农业转移人口在打工期间领取公共补贴情况

表 3.5　　被调查农业转移人口在务工期间领取补贴数额

补贴数额（元）	1000 以下	1000—3000	3000—5000	5000—10000	10000 以上
数量（人）	1190	170	70	30	0

在"打工期间，能够领取相关公共补贴"的问题调查中，有875人选择"没有领取到任何补贴"，达到了样本总数的近60%，所领取的补贴中，依次为住房补贴270人、失业补贴250人、扶贫补贴240人、各种困难救助的200人，领取高危工种补贴的更少，只有165人，以上每种补贴选择的人数都不超过样本总数的20%。可见，为推进农业转移人口市民化工作，虽然政府部门推出种类繁多的补贴以帮助农业转移人口降低城镇生活成本，增加城镇生活保障，但仅少数人能领取到，而且数额也比较少，1000元以下的占到了81%，1000—3000元之间的占12%，3000—5000元仅有5%，5000—10000元之间的更少，仅为2%，超过10000元的没有。政府部门推出的补贴并不能从根本上缓解农业转移人口市民化后的巨大成本压力，在推动农业转移人口市民化意愿实现过程中，起不到有效的保障与激励作用。

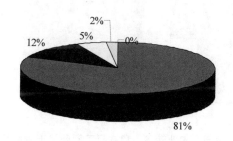

■1000元以下　■1000—3000元　□3000—5000元　□5000—10000元　■10000元以上

图3.29　打工期间领取公共补贴数额

七　城镇工作结余少是农业转移人口不愿落户城镇的主要原因

表3.6　　　　　　　　被调查农业转移人口的年结余

年结余数额（元）	2000以下	2000—5000	5000—10000	1万—3万	3万—5万	5万—10万	10万以上
数量（人）	145	155	325	520	235	55	25

大部分被调查者在打工期间除去全部花销之后的年结余在 1 万—3 万元，占到 36%，其次是结余在 5000—10000 元之间的占到了28%，可见尽管所选样本中超过五成的月收入是超过 3000 元的，大大高于进城务工前来源于承包地的收入，但是由于他们的消费支出包括住房支出等也都在不断攀升，致使手头结余较少。农业转移人口进入城镇工作能一定程度改变过去的经济状况，但是能获得较满意结余的不到三分之二。多数农业转移人口不愿放弃在农村的户籍及承包地、宅基地，很大程度就是因为在城镇工作的结余太少，不能给未来提供足够保障。未来生活保障的不确定性，加大了农业转移人口市民化意愿实现的犹豫性和行动的迟滞性。

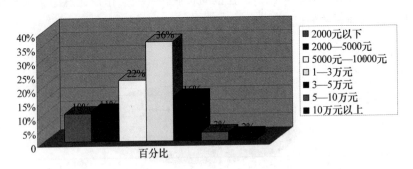

图 3.30　被调查农业转移人口在打工期间除去全部花销的年结余

八　被调查农业转移人口多数没有创业经历

表 3.7　　　　　　　　被调查农业转移人口创业经历情况

创业情况	曾经有但不再坚持	无创业经历	正在创业
数量（人）	280	1020	160

为促进就业，政府提出了系列政策，鼓励"大众创业、万众创新"，但由于农业转移人口受教育程度普遍较低、拥有的专业技能较少、缺乏

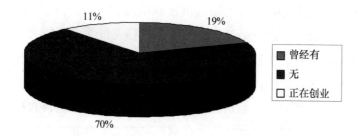

图 3.31 被调查农业转移人口创业经历情况

管理经验，真正能创业成功的凤毛麟角。在调查中发现，70%的被调查者没有创业经历，19%的人"曾经有过，但现在不再坚持了"，只有11%的人"正在创业"，而且据调查数据显示，即使创业，他们所在的行业也都是一些门槛较低、技术要求不高的行业，如餐饮、零售、快递等。因此，需加大创业扶持力度，组织创业培训，使他们在进行自主创业时增加成功的概率，一旦创业成功，能够立足于城镇，自然就会增强他们市民化的意愿，甚至会带动全家融入城市生活。

第四节 被调查农业转移人口的城市生存状态与留城意愿

无论是环境的变迁、经济的考量、家庭的意见还是政府部门的倡导，都不是农业转移人口市民化的决定因素，农业转移人口市民化的关键还是在于农业转移人口自身的市民化意愿。虽然当前意愿并不一定引致实质性进城落户行为，但是却能够预判未来行为。

一 被调查农业转移人口留城意愿

从下图可以看出，愿意留在城镇，并在有积蓄后在城镇买房定居的农业转移人口有400人，占了绝对多数，而愿意在户籍上成为城镇居民的只有40人，说明城镇生活对他们很有吸引力，但放弃农村，从户籍上成为城镇居民的意愿非常弱。有了积蓄回老家的220人，年纪大了回老家的 130 人，不愿意留在城市的 115 人，三者加起来 465 人，明确表示不愿意户籍城镇化的农业转移人口绝对值较大。不确定的 200 人，说明农业转移人口对成为城镇居民和农民的利弊还处于观望比较中。结合深度访谈的内容可以大致推出农业转移人口市民化意愿较弱的主要原因：一是现在农业居民的优惠政策和来自农村户籍的收益越来越多；二是农业转移人口对自身城镇生存能力评估较低；三是农业转移人口对政府给出的政策了解不多，有的优惠政策吸引力还不够大。

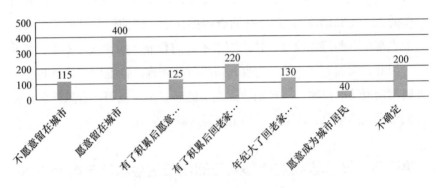

图 3.32   农业转移人口对未来的打算

二   被调查农业转移人口落户意愿主要诱因

更高的经济收入与更好的教育是农业转移人口进城工作的动力，就业、收入与住房是影响农业转移人口落户意愿的重要因素，农业转移人口普遍缺乏社会保障，期望政府加大民生保障力度。由图 3.33 可以看出，农业转移人口愿意到城市工作的原因分别为：能有更多的收入为 1145 人次，能过上比老家更好的生活为 565 人次，能让孩子接受更好的教育为 450 人次，为了养活自己为 365 人次，农村收入低为 355 人次；其他选项加在一起不到 600 人次。

其中，能有更多收入、为了养活自己、农村收入低的数量为 1865，本质都属于农业转移人口基本的物质生存需求。能让孩子接受

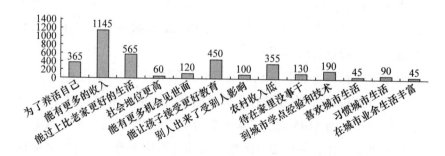

图3.33　被调查人口愿意到城市工作的原因

更好的教育、能过得比老家更好也属于较低层次的精神需求。

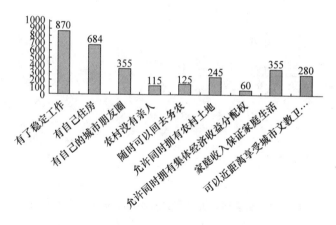

图3.34　农业转移人口愿意安家落户的条件

更进一步，由图34可以看出，农业转移人口愿意在城市安家落户的条件中，有稳定工作的为870人次，有自己住房的为684人次，家庭收入能保证家庭生活和有自己的城市朋友圈的各为355人次，排名前三位；可以近距离享受城市文教卫优质资源的为280人次，允许同时拥有农村土地的为245人次，分别排名第五、六位。可见，有稳定工作和住房是农业转移人口愿意市民化的先决条件。同时，有城市的朋友圈，能更好地融入城市，具有城市的社交支持网络对农业转移人口市民化意愿影响较大。能否继续拥有农村土地这一保障、城市优质的文教卫公共资源能否被享受，对于激发农业转移人口的市民化意愿也起到了比较重要的作用。

为保障问卷调查获取信息的准确性，问卷中还设置了反向题项，从图3.35可以看出，农业转移人口不愿意在城市安家的原因分别为：城市生活成本高为1105人次，房子贵为1020人次，其次是小孩上学成本高、难找工作、户口安置困难、人际关系冷漠等；所有因素中排名后三位的是城里人瞧不起我们、本地城市环境质量不好、农村生活压力小。可见，制约农业转移人口在城市安家的因素主要还是集中在基本民生问题，而外围环境问题的影响则相对排后。

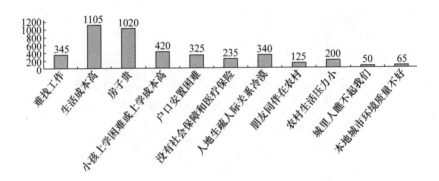

图3.35　被调查农业转移人口不愿意安家落户的原因

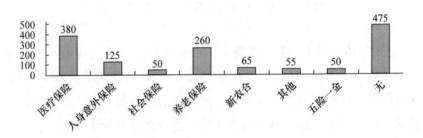

图3.36　农业转移人口购买保险种类

通过图3.36、图3.37我们可以看出：没有买任何保险的为475

购买保险数量

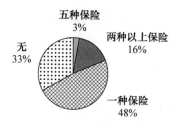

图 3.37　被调查农业转移人口购买保险数量

人，高居第一位。买医疗保险的为 380 人，买养老保险的为 260 人，分列第二、第三位，而购买其他保险的总数还不及 380 人。从购买保险的种类看，没买任何保险的高达 33%，购买一种保险的占 48%，五险全部买齐的只有 3%。可见，农业转移人口在城镇所获得的社会保障非常有限，这也从另一侧面解释了农业转移人口将农村作为自己未来退路的原因，也预示着这部分人从未考虑过市民化。

进入城镇后，农业转移人口最期望政府部门加大民生保障力度。由图 3.38 可知：提高工资待遇、加强社会保障、子女享受与市民同等的教育、提供住房保障是农业转移人口最希望政府部门提供的政策。加强权益保护、改善工作环境、提供就业培训也是农业转移人口的关注点。这些公共政策的落实程度与农业转移人口市民化意愿成正比。

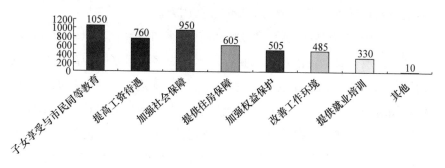

图 3.38　被调查农业转移人口最期望政府提供的政策

三 被调查农业转移人口就业地选择

对打工地所在方言掌握情况的评估一方面反映农业转移人口融入当地社会的情况，另一方面也反映被当地居民接受的可能性。

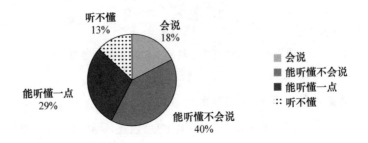

图 3.39   被调查农业转移人口对打工所在地方言掌握的情况

由图 3.39 中可知，对于打工所在地方言的掌握程度，能听懂并会说的占 18%，说明农业转移人口在打工地和当地人已经有了交往，他们的社会交往支持网络不再局限于最初的地缘、血缘关系而开始向更高层次的社交支持网络发展。能听懂不会说的占 40%，听不懂的占 13%，能听懂一点的占 29%，三者合计比例达 82%。就地就近就业人数逐渐增加，本土意识不断强化，说明农业转移人口在当地的社会融入还存在语言上的障碍，更高层次的社交支持网络无法建立，成为阻碍农业转移人口市民化意愿的显在因素。

自 2008 年金融危机后，出现农业转移人口返乡潮。以安徽省样本为例可发现，农业转移人口就业省外比省内多，但多数为离安徽较近的江苏、上海、浙江等经济发达地区。经济发达的北京、深圳、广东比例相对较小，说明经济发展状况虽然是农业转移人口选择打工地的标准，但并非唯一。在访谈中，受访农业转移人口多次提到"本乡本土好办事""离得近一些方便回去照顾孩子和父母""农忙的时候能够回去搭把手"。可见，非经济因素也会影响农业转移人口的迁移选择。

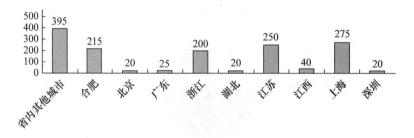

图 3.40　受调查农业转移人口务工地分布情况

四　被调查农业转移人口城镇购房意愿

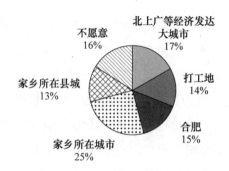

图 3.41　被调查农业转移人口买房意愿

农业转移人口除农村以外愿意买房定居在家乡所在县城的占13%、家乡所在城市占25%、合肥占15%,三者总和53%,说明农业转移人口由于经济、自身素质、文化程度等因素,更愿意靠近家乡定居,以方便照顾老人、联系兄弟姐妹及减轻经济压力。而愿意在打工地买房定居的占14%,既反映出这些农业转移人口对当地的认可和融入,也从一定程度表明流入地政府对于农业转移人口的引导性政策措施起到了"留住人"的积极作用。不愿购房的占16%,主要是50、60年代出生的农业转移人口,这类群体属于老一代农业转移人口,"落叶归根"的思想相对浓厚,市民化意愿相对也是最弱的。

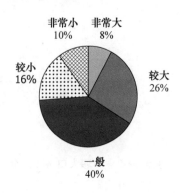

图.42   被调查农业转移人口对城镇户口的态度

就当前力推的户籍城镇化的政策是否能够切实推进农业转移人口市民化？成效如何？从调查数据可大致得出一些结论：认为城市户口对其城市生活的影响程度非常小的占10%、影响较小的占16%，合计26%；认为影响非常大的占8%、影响较大占26%，合计34%；认为影响一般的占40%。认为影响大和影响小的在数字上相差无几，这说明城市户口对他们的生活影响并不大，另一侧面也反映出城市户口给他们带来的吸引力还不够。只有当农业转移人口切实感受到户口带来的住房、教育、医疗等公共福利的均等，农业转移人口户籍城镇化才有可能推行。

五   被调查农业转移人口"房、地"状况

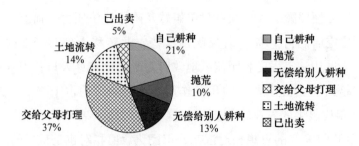

图 3.43   农业转移人口承包土地的处置状况

　　土地是农民的命脉，农业转移人口对承包地的处置反映出他们对进城务工的态度。农业人口的承包地有 37% 交给父母打理，21% 自己耕种，土地流转占 14%，无偿给别人耕种占 13%，抛荒占 10%，已出卖的占 5%。尤其是已出卖的 5%，说明完全不要土地的农业转移人口微乎其微。80% 以上的人仍然选择保留承包地在手，对多数农业转移人口而言，农村的土地是未来重要的生存保障。

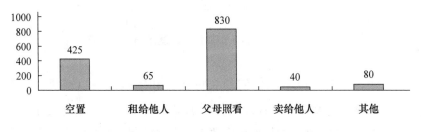

图 3.44　被调查农业转移人口农村住房的处置情况

　　由图 3.44 可知，进城农业转移人口对自己在农村住房的处置各不相同：由父母照看的 830 人次，空置的 425 人次，租给他人的 65 人次，卖给他人的只有 40 人次。结合访谈可以发现，有较多即使在城镇已经定居、有较为稳定工作的农业转移人口也都还在老家拥有住房，"房子在根就还在""不缺那点钱，没必要卖""将来小孩回去还能当个休闲的地方"。其他农业转移人口多是对未来不确定，把农村看成他们真正的归宿或者是后路。无论对于承包地还是农村住房的处置都说明城镇并未带给农业转移人口足够的安全感。

　　由图 3.45 可以看出：希望政府政策的制定能够保留农村房屋和宅基地的占 33%、保留并有偿流转的占 20%、入股分红的占 15%，三者相加近 70%，说明农业转移人口希望政策制定能够保障自己留在农村的所有权益。而给城镇户口则无偿放弃的仅占 2%，置换城里住房的仅占 18%，哪怕是有偿放弃再给城镇户口的也只有 12%，说明农村的承包地与房屋和宅基地，对于农业人口来说是非常重要的资

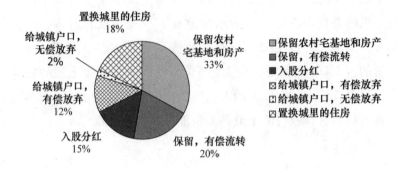

图3.45 农业转移人口期待的宅基地与房产政策

源，农业转移人口也希望他们的农村住房和宅基地可以通过入股分红、有偿流转等新方式既保障其权利也提高其经济收益。党的十九大报告中提出"深化农村土地制度改革，完善承包地'三权'分置制度。保持土地承包关系稳定并长久不变，第二轮土地承包到期后再延长三十年"[①]，这也是对农业转移人口期盼的回应。

---

① 习近平同志在党的十九大报告中的承诺。

第四章　不同代际农业转移人口社会
支持网络的构成与规模

第一节　代际划分的源与流

农业转移人口代际划分的重要依据是年龄和时间因素，但是要对该群体的代际进行科学和准确的划分，要考虑的因素显然不仅仅是生物性的，首先要搞清楚的是作为理论的代究竟是什么，其社会学理论框架是怎样的。对于代的研究源自西方，以曼海姆（K. Mannheim）在 1927 年提出的代的社会学理论的分析框架影响最为深远。其后，关于代的研究主要可划分为代际分化、代际流动、代际冲突、代际价值传递等不同的议题，这些研究很大程度上都是在继承和批判曼海姆的理论遗产基础上进行的。探讨代的理论就不能绕开曼海姆的代社会学理论，通过对其理论的追溯和新近研究的综合，可以尝试建构科学合理的农业转移人口代际划分的框架。

一　关于代的前期研究

对于代的前期研究主要可划分为实证主义代理论与浪漫—历史主义理论。实证主义代理论研究者为了剖析历史发展的普遍法则，将人类有限的生命周期和新旧世代交替的生物法则作为研究基础，以建构关于人类物种重要基础的发展曲线。在此，新老代际交替所需花费的平均时长，以及如何计算该历史时段的自然起点是代的问题的关键。代的浪漫—历史主义理论则认为代不能被测量和计算，而只能被体验，并且这种体验方式是纯粹质性的，因为它是一种内部时间的存在问题。狄尔泰认为代现象是共存的（co-existence）。同代人之所以成为同一时代的人，是因为他们经历并且受相近程度的思想、文化以及社会环境的影响。狄尔泰和海德格尔的观点类似，都认为共同的时代环境铸就了同一代人。而另一位代表人物平德的研究更为微观，他把目光聚焦到了同代人的个体身上即"同代人的不同代性"。他指出，尽管不同代的人生活在相同的自然历史时间中，但实际上他们是生活在不同的主观时间之中，个体只能与他同年龄的人共享这段时间。①

二 曼海姆代的社会学理论

曼海姆认为代本质上是一种社会现象，生与死、有限的生命周期对代有一定的制约作用。作为社会现象的代是一种特殊类型的社会位置（social location），其本质在于出生于同一时期的一群人在社会整体中占有类似的位置。每一个代的位置都排斥了大量其他的思想、情感、经验和行为模式，但其自身也会有特定的表达模式，并且被限定在某种特定的范围内。因此，代的位置是由社会历史发展过程中代代相传的经验和思想模式决定的。在曼海姆看来，代的状态就是以社会位置而呈现的代现象并不完整，只有共同参与同一社会历史命运的群体才能构成现实的代。变化速度较慢的相对静态的农民社区，代际更替现象并无显而易见的断裂，而更多体现为纯粹基于年龄差异和一致的生物学分化和亲和现象。社会变迁的节奏越快，那些独特的代的位置群体就越有机会应对变化的情境而产生自身的圆满实现。但是，如果变迁的节奏过快，这些代的位置群体无法获得自身圆满，则只能将自己依附于年长于自己、已获得实现的一代，或者年轻于自己、有能

---

① Mannheim K. , *The Problem of Generations*, *Essays on The Sociology of Knowledge*, London: Routledge, 1997.

力产生新的代的形式的一代。他指出，代的内在潜力的实现是由超生物的因素决定的，即社会变迁的节奏。代际风格按照一定的时间间隔出现，取决于社会和文化发展的触发作用。而在已经成为新一代的群体内部有可能再形成不同的亚群体，这些亚群体处理共同经验的方式不同，于是形成了不同的代的单元。总结起来，曼海姆的代的社会学理论认为，居于同一代的位置的人共同经历了相同的事件后才构成一个相同的代的位置状态，而只有时间上和生物学上的同时代性并不足以说明任何问题。

　　在本研究中，将依据曼海姆的代的社会学理论搭建我国农业转移人口的代际划分框架。目前关于农业转移人口的代际研究大都以年龄因素为决定性标准，按出生年代（1980 年）把农业转移人口分为两代。然而出生的年代只能说明其出生时的生物特性，而此生物特性并不能完全说明未来对其意愿可能产生的社会影响。本研究着重于阐释农业转移人口离开农村、进入城市、融入城市以及与城市融合的意愿和由意愿增强所产生的实质性行为，而出生的时代并不能很好地解释其意愿及行为的产生，相反，其成年后的外在社会环境及经济大局却会促使农业转移人口在理性思考后做出相应的选择。因此，单纯以出生时期对代进行划分对于本研究试图探析的问题并不适合，明显有以量化方法简化问题的特点，忽视了社会变迁节奏对农业转移人口意愿的影响。也有一些讨论试图用几个形容词给一代人贴标签，如"垮掉的一代""鸟巢一代""充满希望的一代"等，具有典型的浪漫主义特质。而曼海姆所建构的相对成熟、经过时间考验的理论体系充分注意到了代问题的复杂性，把代看作一种社会现象，有助于深入讨论农业转移人口代际划分问题。

第二节　基于曼海姆理论农业转移人口的代的划分

　　基于曼海姆的代际理论，在划分我国农业转移人口的代的时候，要先避免依照传统把他们的代看作生物现象，而应当把其当作社会现象来分析。因为，社会变迁的节奏决定了农业转移人口的代际划分，而不是简单地以 10 年或是 20 年这样的时间因素来划分一代。曼海姆的代际理论把年龄等生物学因素作为代的现象的基本前提，把共同的社会历史经验作为代的构成的本质因素。因此，我们将从影响农业转移人口的重大历史社会事件来确定其代际划分的节奏，这也是影响代际划分的宏观因素；再从不同阶段的农业转移人口因社会变迁而产生的独特的社会历史经验和思维模式，来明确不同代际的农业转移人口的风貌特征。

一　按照社会节奏分化的农业转移人口

根据曼海姆的理论，社会文化的发展触发并影响农业转移人口代际更迭的速度。变化速度较慢的相对静态的农民社区，代际更替现象并无显而易见的断裂，而更多体现为纯粹基于年龄差异和一致的生物学分化和亲和现象。社会变迁的节奏越快，那些独特的代的位置群体就越有机会应对变化的情境而产生自身的圆满实现。农业转移人口群体的产生与发展正好处在我国经济社会快速更迭的几十年。因此，其代际更替的速度也必然会加快。由此可知，农业转移人口代际分化的节奏也必然与改革开放以来的社会发展节奏同步。依据我国社会近四十年来的重大社会历史事件，可将代际划分为三个阶段。

在 1980—1988 年的第一阶段期间，以家庭联产承包责任制为核心的农村改革的推行很好地发挥了土地的潜力，也极大地调动了农民的生产积极性。由于生产效率提高，农村逐渐出现富余劳动力。从业内容从单纯的种植业开始向其他农副业以及乡镇企业转移并发展壮大。"离土不离乡"的转移模式即在此时被政府所提倡，农村劳动力流动的约束进一步放松，甚至鼓励农村富余劳动力到临近小城镇打工。及至 1988 年，中央政府在粮票制度尚未取消的情况下，允许农民自带口粮进入城市务工经商。截至 1988 年，全国 60% 以上的流动人口到乡镇企业就业，这些农民工是这一阶段农业转移人口群体的主体。①

第二阶段为 1989—2000 年，这一阶段以 1992 年邓小平南方谈话为标志性事件，是改革开放得以深化的时期。随着一体化的市场体制代替双轨制以及分税制改革的推进，我国的社会结构发生深刻变化。这种变化的主要体现即农村富余劳动力出现了从西向东、由北至南的大规模流动，成为我国现代化进程中空前绝后，也是世界范围内罕见的人口迁移现象。一方面是来自中西部地区"推"的作用力——大量乡镇企业转企改制甚至倒闭，对农村富余劳动力吸纳能力降低，导致农村劳动力不能被继续维系在中西部农村社区。另一方面是来自东部地区"拉"的作用力——在城市化为核心动力的增长模式下，私有企业和第三产业蓬勃发展，急需大量廉价劳动力。这种推拉作用下此阶段的农业转移人口的流动主要为异地暂居性的，其特点体现为"离土又离乡、进厂又进城"②。

第三阶段为 2001 年我国加入世贸组织至今。为了融入全球性的经济秩序，我国的经济增长模式以及经济格局都在加入世贸组织后发生了重大转变，也带来了新一波民工潮。2017 年全国农民工总量为 2.8652 亿人，比上年增长 1.7%。加上农民工随迁家属等非劳动力迁移人口，保守估计我国农业转移人口的数量在 3 亿到 4 亿之间，甚至超过 4 亿。③ 由于外向型出口经济带来更多的就业机会，该阶段的农业转移人口群体的就业状况明显受到经济全球化的影响。2008 年全球金融危机导致众多农民工因企业裁员或倒闭而返乡，出现了 2000 多万流动人口的回流现象。另外，这一时期农业转移人口的职业类型发生了较大变化。经济增长方式的转变和产业升级的影响使得制造业

---

① 李强：《当代中国社会分层与流动》，中国经济出版社 1993 年版，第 18 页。
② 国家统计局：《中华人民共和国 2017 年国民经济和社会发展统计公报》，2017 年。
③ 国家卫生和计划生育委员会流动人口司：《中国流动人口发展报告 2010》，中国人口出版社 2010 年版。

不再成为农业转移人口就业的主体，他们大量进入诸如物流、销售、住宿餐饮等第三产业部门就业。据统计，2017年农业转移人口在第三产业的就业比重为48%。这一阶段的农业转移人口人数增多，城镇化意愿增强，并且举家迁移的倾向增加。农业转移人口举家迁移导致流动子女增加。2009年，我国流动人口中随父母迁移到城市的14岁及以下儿童占总流动人口约20.8%，即约4400万人。目前，这部分群体已成为统计口径中的新生代农业转移人口主体，占全国农业转移人口总量的50.5%。[①]

总体而言，改革开放以来，我国经济社会发展的不均衡性导致不同阶段的农业转移人口在规模、结构和特征方面表现出显著的差异性。那么，从社会经验和思想层面角度来看，社会变迁的阶段性和不均衡性是否能对不同时期的农业转移人口造成显著的代际差异？如果能够形成影响，那么农业转移人口的代际划分就应对照前文所提出的三个社会发展阶段划分为三代。

二　不同代际的农业转移人口的社会经验与思维模式

从宏观上看，决定人口代际分化的因素是社会发展变迁的节奏。从微观上看，则是个人的社会经验和思维模式——由个人的社会化经历决定。如何形成代际划分的现实标准？对于农业转移人口而言，社会变迁会影响他们的社会化程度，即不同阶段的家庭生活、正规教育和工作情况，从而形成不同的社会经验和思维模式。

（一）家庭生活

家庭生活是人的初次社会化，一般指人从出生到14岁左右进入社会之前的家庭生活经历。这期间影响经验和思想模式的关键是农业转移人口的出身、生活地点和抚养者。根据这三个要素，农业转移人口的初次社会化可以分为两种类型和三种亚类型。

---

① 国家卫生和计划生育委员会流动人口司：《中国流动人口发展报告2010》，中国人口出版社2010年版。

农业转移人口的第一种初次社会化形态为正常形态。此类型的人口群体主要为生长在农村并由父母抚养,其特点是在14岁前和父母在农村生活,有完整的农村生活经验和家庭生活,会做农活,体验过农村的各种风俗和文化,有浓厚的乡土情结。不难发现,第一阶段和第二阶段的农业转移人口基本上都属于这一类型,他们具备农业生产技能,在年纪渐长后更愿意回农村定居养老。因为他们的初次社会化基本都是在农村完成的,其父辈多为农民或者乡镇企业工人,因此他们大多有浓重的乡土情结,希望落叶归根。

第二种类型的初次社会化为特殊形态,并且往下还可分为三种亚类型。特殊形态 A 主要是指由于父母常年在外,虽在农村生长但是不与父母一起生活的农业转移人口。他们的农村生活经验较为完整,农业技能的习得主要来自祖辈,大多是隔代抚养。他们和父母聚少离多,对父母工作和生活的城市充满好奇和向往,对农村怀有复杂的情感。第三阶段的农业转移人口由于是第二阶段"离土又离乡"的异地暂居性流动的产物,很多有留守经历,属于这一特殊类型。目前全国农村留守儿童超过 6000 万人,这部分群体由于在初级社会化过程中缺乏抚慰、疏于照顾,多存在心理问题。

特殊形态 B 主要是指童年阶段就跟随父母移居城市的农业转移人口。他们中虽然有些生在农村,但是因为过于年幼,基本都没有农村生活经验,乡土记忆模糊,城市是其主要生活经验的来源。这一类型的农业转移人口主要来源于第三阶段。2015 年全国妇联发布的《我国农村留守儿童、城乡流动儿童状况研究报告》显示,我国流动儿童规模达 3581 万,数量大幅度增长,他们无疑将成为下一代农业转移人口的主体。特殊形态 B 较之特殊形态 A 更具有城市性,因为较早接触城市,也因为有父母的陪伴而更加幸运,但流动儿童的社会融入状况并不乐观,制度障碍和社会排斥依然存在。

特殊形态 C 主要是指初期生活在农村由祖辈抚养,当进城务工的父母在城市安顿下来以后,再随父母到城市生活的农业转移人口。他们同时具备农村与城市的两段生活经验。他们不具备农业生产技能，在城市中，由于长期与父母分离形成的不安全感以及前期农村留守经历给他们带来的畏惧、躲避甚至退缩使他们很难融入城市生活。初次社会化的复杂经历，使他们较特殊形态 A 与特殊形态 B 在城市中处境更为困难，融不进的城市，回不去的农村。

（二）正规教育

正规教育指在学校接受正式教育，是正规社会化的一个重要阶段，其核心要素主要表现在接受学校教育的年限和地点。根据本课题的调研数据可以看出，第一阶段的农业转移人口受教育水平普遍偏低，平均学历只有小学，基本是完全在农村接受的正式教育。第二阶段的农业转移人口受教育年限略高于第一阶段的农业转移人口，平均学历接近初中，也基本是在农村完成的学校教育。第三阶段的农业转移人口即 21 世纪外出打工的人口受教育年限明显增加，接受高中及以上教育的比例更高，接受大专教育的比例达到 37.6%。这一阶段的农业转移人口中有些在童年与父母分离、留守农村，虽然通过节假日和父母短暂的接触对于城市有一定的认知，但是整个教育过程基本还是在农村完成的；另有一部分跟随父母进城并在城市入学，尽管由于户籍等限制导致某些具体待遇上不同于城市户口的学生，但是教育体验基本为城市的。以上这两类人群正在不断成长并逐渐成为新一代农业转移人口的主体。

（三）工作情况

个人的工作经历受家庭生活与学校教育的影响，是三种社会经验的凝结，是人完成社会化成为社会人的阶段。务农经验、首次打工的时间和地点、职业、打工时的家庭生活等是其工作经历的主要几个方面。

第一阶段的农业转移人口一般都有务农经验，且由于"离土不离乡"，他们可以农闲时在乡镇企业打工，农忙时再回家帮忙，打工与务农并不相冲突。第二阶段的农业转移人口大多数在农村生长，外出打工时很多人也是具有务农经验的。第三阶段的农业转移人口中有随迁体验的这部分人口基本上都没有务农经验，因为从小就离开农村随父母进入城市。有留守经验的这部分人口，随着撤村并校他们的务农经验也将逐渐丧失。

从首次打工的时间和地点看，受社会变迁节奏的影响，不同阶段加入该群体的农业转移人口区别较为明显。另外，根据曼海姆的观点，个体所处的社会群体发生改变时，其生活经验和心灵意识都会发生显著改变。因此，当作为个体的农民离开熟悉的乡村环境，进入工厂，进入城市，将会获得完全不同于以往的社会体验。而如果社会变迁节奏导致整个一代农民都获得了这种崭新的社会体验，并导致思想模式的变化，那么就极有可能实现代际转化。

从打工地点看，不同阶段的农业转移人口的分布区域也呈现明显不同的特点。第一阶段农业转移人口主要是离农进厂，多在乡镇企业务工，零星散布于乡镇企业发展较快的江浙地区和珠三角地区，以苏南模式、温州模式、珠江模式为典型。第二阶段农业转移人口主要是离乡进城，主要务工地点开始扩展到诸如上海、浙东、闽南等东部沿海地区，以及广州、深圳、珠海等改革开放前沿的大城市。第三阶段的农业转移人口有相当一部分回乡创业，此外其务工的地理范围也进一步扩大到内陆城市和中西部大中型城市。从全国数据来看，由于西部大开发计划与中部崛起计划的实施，西部地区农业转移人口增长3.3%，占农业转移人口总量的27.3%。中部地区农业转移人口增长1.8%，占农业转移人口总量的33%。尤其是西部地区农业转移人口的增量占新增农业转移人口的52.2%。[①]本研究调查数据显示，安徽省外出务工的农业转移人口中省外流动的占45.7%，主要集中在离安徽较近的江、浙、沪地区。安徽省农业转移人口的务工地点主要分布在省会合肥（28.3%），省内其他城市，如芜湖、铜陵等（27%），

---

① 国家统计局：2017 年农民工监测调查报告，2017 年 4 月 27 日，http://www. stats. gov. cn/tjsj/zxfb/201804/t20180427_ 1596389. html.

以及省外城市。第三阶段的农业转移人口更倾向于在离家较近的地区工作。

从第一阶段的制造业，到第二阶段的制造业和建筑业，到第三阶段的多种职业类型，农业转移人口所从事的职业开始呈现多元化倾向，2017 年制造业与建筑业从业比例比上年下降 1.4 个百分点，占 51.5%，从事其他三产的占 48%。从个人的工作体验来看，第三阶段的农业转移人口明显在工作时间、工作环境和工作收入上较前两个阶段的农业转移人口要好一些，其城市生活质量有所提高，社交和文化生活也相对丰富一些。

作为农业转移人口工作经历的一部分，务工时的家庭生活主要是指该群体已婚人口的家庭生活。在这三个阶段的农业转移人口中，第一阶段的农业转移人口基本拥有完整的家庭生活；第二阶段的农业转移人口的家庭中更多出现了留守儿童、留守妇女、留守老人，这些都是由于该阶段人口大都两地分居而产生的特定社会历史阶段的产物；第三阶段的农业转移人口大都还没有成家，而已经成家的这部分人口有举家迁移的倾向，以家庭为单位的农村富余劳动力的转移形成了大量的流动儿童。

三　农业转移人口的代际划分

通过上述宏观和微观两方面的分析可以看出，我国的农业转移人口自改革开放以来，至少实现了三代分化，而不是目前大多数研究所划分的新老两代。本研究使用的划分依据是：把年龄等生物学因素作为代现象的基本前提，把共同的社会历史经验作为代的构成的本质因素，根据影响农业转移人口的大事件以及不同阶段的农业转移人口因社会变迁而产生的独特的社会历史经验和思维模式而对农业转移人口进行代的分类。

（一）第一代农业转移人口。他们加入农业转移人口队伍的时间在 1980—1988 年之间。这一代农业转移人口在农村出生、成长，因此有纯熟的务农经验，在打工期间也能兼顾农活；他们多在农村接受正规教育，但受教育水平偏低。从事职业多集中在制造业特别是小商品生产制作"离土不离乡"的务工模式使得他们能基本保证完整的家庭生活。这一代农民工明显有着浓厚的乡土情结，对农村的归属感高于城市，更倾向于农民身份的认同。随着年龄的增长，第一代农业转移人口大多基本返回农村继续从事农业劳作，或有一部分在离家较近的城镇打工。

（二）第二代农业转移人口。他们加入农业转移人口队伍的时间为 1989—2000 年之间。这一代人生在农村，部分长在农村，正规教育也基本在农村或乡镇接受并完成，在受教育年限和学历水平上都比第一代农业转移人口略高。20 世纪 90 年代早期外出务工的这一代人口尚有一些务农经验，但随着时间的推移，越往后他们的务农经验就越少。他们的初次打工地点多集中在珠三角和上海等沿海大城市，多从事与制造和建筑相关的职业。这一代农业转移人口的家庭生活大都不完整，异地务工模式往往导致夫妻双方分居两地，子女也大都留守农村。这一代农业转移人口还保存着一些早期的乡土记忆，但是对城市生活更为向往，在身份认同方面非常迷茫，"回不去的乡村"和"融不进的城市"导致了他们归属感的混乱。

（三）第三代农业转移人口。主要是指 2001 年后加入农业转移人口群体的人群，其规模一直在持续扩大。他们当中的相当一部分人都有留守儿童或流动儿童的经历。新一代农业转移人口中非正常家庭生活的儿童占比很高，并不断加入农业转移人口的队伍中，他们所体现的新特点即农业转移的代现象，是非常值得重视和研究的。数据显示，第三代农业转移人口的受教育年限和学历水平远远高于第一代和第二代，并有随着时间的推移不断提高的趋势。这一代农业转移人口多在乡镇和城市接受正规教育，他们中的绝大多数已没有务农经验，农村的生产生活对他们的影响已微乎其微。这一代农业转移人口在职业选择上开始考虑薪酬、工作条件、发展前景等因素，职业多元化倾向明显。他们的打工地点分布很广，有东部发达地区，也有中西部发达城市；并且不再局限于大城市，也有向多级城镇区域扩散的趋势。第三代农业转移人口的家庭生活大多数属于未婚独居，或与父母（第二代农业转移人口）共同居住的状况。这一代已婚的农业转移人口中夫妻双方大都会共同留在城市打工，并倾向于让子女在城市接受教育。这一代农业转移人口相较于其他两代更适应城市生活，对本地生活"非常适应"与"比较适应"的占农业转移人口总数的80.4%，对目前生活状态表示"满意"和"比较满意"的占农业转移人口总数的56.1%，38%的农业转移人口认为自己就是本地人。① 农村的社会归属感和农民的身份认同感已然丧失，但是在城市就业和生活方面的制度障碍依然存在。

第三节　农业转移人口的社会支持网络构成

根据课题组回收的1460份有效问卷，女性占37.7%，男性占62.3%；婚姻状况以已婚为主，占80.1%；第三代群体占总体的35.5%。再结合对有代表性的问卷调查对象以半结构化访谈获得的数据，对农业转移人口的社会支持网络现状进行研究。

根据范德普尔社会支持分类的观点，本研究将农业转移人口的社会支持网络划分为物质、就业、情感和社交四个维度。其中，物质支持主要指涉及经济支持的借钱和生活日常事务的帮助；就业支持涉及就业信息的获取；情感支持包括情绪疏导、排解、精神安慰和重大问题的咨询等；社交支持涉及工作之余的社交活动如外出、就餐、逛街等活动。

一　不同代际农业转移人口社会支持网络的规模及分布状况

网络规模主要是指构成一个个体社会支持网络的成员的数量。本

---

① 国家统计局：2017年农民工监测调查报告，2017年4月27日，http：//www. stats. gov. cn/tjsj/zxfb/201804/t20180427_ 1596389. html.

研究参照范德普尔的提名法，采用以下问题来获取农业转移人口社会支持网络状况的信息：

物质支持：当您在城市手头紧、缺钱的时候，您会向谁借钱？您的父母是否会帮助您带孩子？

就业支持：您的第一份工作是通过什么方式获得的？如果您在城市要换一份工作，您可以从哪里获得信息？

情感支持：当您在城市工作心情烦闷的时候，您会找谁倾诉？

社交支持：周末或工作之余，您会选择和谁一起打发时间？闲暇时，您会有些什么娱乐方式？

调查员向调查对象提出这些问题后，回答出多少人就记多少，然后再询问这些人与调查对象的具体关系，即网络构成。

表 4.1　　　　　　　　农业转移人口社会支持网络规模

维度类型	平均规模	网络规模分布情况（%）		
		≤5 人	6—9 人	≥10 人
物质	5.47	62.68	24.65	11.92
就业	9.33	51.86	25.14	21.58
情感	5.62	77.05	14.52	8.42
社交	4.39	63.28	28.15	8.56

统计数据显示，农业转移人口社会支持网络的平均规模都在 5 人左右，社会支持网络较小。四个维度中超过半数的社会支持网络规模都在 5 人及 5 人以下。其中，物质支持网络的标准差为 44.161，这充分说明该群体的物质支持网络规模差距很大，与父辈相比，新生代农业转移人口的物质支持规模明显更大。值得注意的是，社会支持网络规模最大的为就业支持网络，平均规模超过 9 人。另外，超过 20% 的受访对象的就业支持网络规模超过 10 人。根据访谈过程中的信息可以得知，随着城市化进程的加速，服务业的迅猛发展，农业转移人口的城市就业渠道增加，除了亲戚朋友和老乡的介绍和帮带，政府信息

平台也成为他们就业信息的重要来源。新生代农民工显然比他们的父辈更懂得依靠互联网增加信息和人脉资源。农业转移人口的情感支持网络规模不大，平均规模在 5 人左右。社交支持网络在本次调查中的规模最小，均值为 4.39，规模差距很小，这说明农业转移人口在城市的交往支持普遍薄弱。

二　不同代际农业转移人口社会支持网络的关系构成

社会支持网络的关系构成体现了网络的质量特质，主要是指调查对象和其网络成员之间的具体关系。在本研究中主要设定的关系有父母、兄弟姐妹、子女、配偶或恋人、其他亲戚、同学、朋友、同乡、同事、老板、邻居、网友、社区工作人员、宗教或社会组织的人员。格兰诺维特发现，美国人在求职过程中主要依靠弱关系找到工作而提出了"弱关系的力量"假说。边燕杰则发现，在计划体制下中国人主要是依靠强关系来寻找工作。国内研究主要将亲缘和地缘关系作为强关系，将友缘和业缘等关系作为弱关系。强关系代表的是农民工群体内部同一流出地的、高度同质的社会关系；弱关系代表的是农民工群体与城市居民及农民工群体内部不同流出地的、相对异质的社会关系。王毅杰、童星对边燕杰及汪和建的观点进行了综合，将前五种关系称为"亲属关系"，并归类为强关系；将最后三种关系称为"相识关系"，归类为弱关系；将其余称为朋友关系，归类为中间关系。

（一）农业转移人口物质支持网络构成

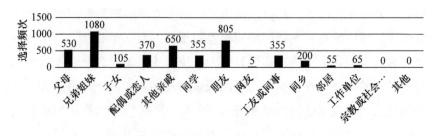

图 4.1　农业转移人口物质支持网络构成

在农业转移人口的物质支持网络构成中，选择频次最高的选项依次为：兄弟姐妹、朋友、其他亲戚和父母。由此可见，亲缘关系仍占据关系构成中的主要地位，而朋友关系也是其关系构成的一个重要组成部分。这说明，农业转移人口的物质支持与家庭联系相当密切，尤其是兄弟姐妹所起的作用远远高于其他几个社会支持网络。虽然离开农村进入城市，该群体的生活场域发生了转变，但是并没有从根本上改变其以血缘、地缘关系这些原有的先赋性社会关系为纽带的社会网络的边界。血缘关系仍是农业转移人口所依赖的重要社会关系。在随后的访谈中，很多第三代农业转移人口都表示，在工作初期"自己的圈子还未完全建立起来，所以向父母或兄弟姐妹伸手要钱是无法避免的，不然活不下去"。但是，不同于第一代和第二代农业转移人口，随着年龄的增长和在城镇生活工作时间的增加，第三代更倾向于向朋友借钱而不是亲属。第一，农业转移人口的朋友群体同质性较高，打开生活圈子的局面相对容易。同时，相似的生活水平和城市境遇使得他们更能够理解对方的困难处境——"谁能没有手头紧的时候呢？"第二，很多受访者尤其是男性受访者都承认"不想让家里人看不起""出来混得有点名堂"，这样的传统观念的压力使得他们不愿意向亲属张口寻求帮助。

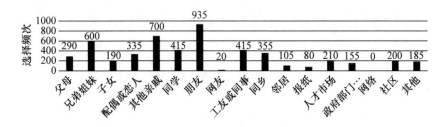

图4.2 农业转移人口就业支持网络构成

（二）农业转移人口就业支持网络构成

从调查数据中可以看出，非亲缘关系超过亲缘关系开始在农业转移人口的就业支持网络中扮演相当重要的角色，社会关系的构成依次为朋友、其他亲戚、兄弟姐妹、同学和工友或同事。朋友关系即中间关系力量开始突出，成为就业支持网络的主要构成，亲缘关系成为重要补充。农业转移人口在进城初期的确要依靠以亲缘关系、地缘关系为主要构成的社会支持网络在城市安顿下来，解决诸如住宿和工作的问题。这种先赋性的关系资源可信度高、成本低，可以迅速帮助他们稳定就业状况，是农业转移人口在城市顺利停留的重要依托，也是第一代、第二代农业转移人口获取工作信息的主要来源。但是，先赋性社会支持网络的同质性高，且具有内卷化趋势，农业转移人口要想更好地融入城市，必须动用更多的后生资源，后生资源的丰富程度标志着网络资源的成熟程度。农业转移人口在城市顺利停留的一个重要条件就是就业状况的稳定，以及在就业过程中享有丰富的资源。第三代农业转移人口对同学、人才市场、社区、政府部门信息的利用程度明显高于其他农业转移人口。这与他们对城市的熟悉程度、自身知识水平提高以及在城市中的社会资本的积累有着较为紧密的关联性。

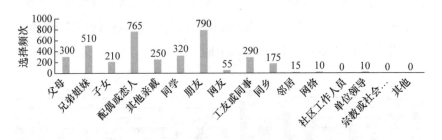

图4.3 农业转移人口情感支持网络构成

（三）农业转移人口情感支持网络构成

在农业转移人口的情感支持网络构成中，朋友关系和配偶或恋人关系占据了主要位置，其次是兄弟姐妹和同学。这说明在情感支持方面，调查对象更倾向于依赖自己同辈的熟悉的社会关系。一方面，从总体上看，亲缘关系在情感支持网络中所占比重最大，包括配偶、兄弟姐妹和父母，而配偶在所有亲缘关系中占据最重要地位。而在以往研究中只作为情感支持网络中亲缘关系补充的朋友关系，在本研究中作用上升，甚至超过了配偶，成为选择频次最高的社会关系。在后续的访谈中，很多受访者表示"父母亲思想太保守""家里人总喜欢打着为你好的旗号来干涉你""好多想法父母亲理解不了""不想把自己的压力带给身边最亲近的人"是他们不愿意向父母等亲属进行情感倾诉的主要原因。另一方面，第三代农业转移人口相较其他两代农业转移人口在城市生活时间长，除工作中结交的朋友外，在其成长和求学的过程中所能获取的朋友资源也会成为他们的社会资本。因此，他们更倾向于寻求关系地位相对等的朋友来获取情感支持。配偶与恋人关系属于新生的亲缘关系，这种关系和朋友关系一起开始逐渐代替以传统的血缘和亲缘关系为核心的先赋性社会支持网络，影响力逐渐加大。然而数据显示，城市居民、社区和其他社会组织等城市关系资源即典型的弱关系在农业转移人口的情感支持网络中所占份额微乎其微。城乡二元制度割裂的直观体现之一就是城市管理部门和城市居民对农业转移人口的态度多为漠视甚至歧视，再加上场域的限制和割裂，很多受访者均表示"感觉城里人和我们还是不一样，不是一路人""城里办事好难，城里人的态度都不怎么好""住的地方基本都是工友，当地人比较少"，因此不愿意向城市居民或组织寻求情感支持。

（四）农业转移人口社交支持网络构成

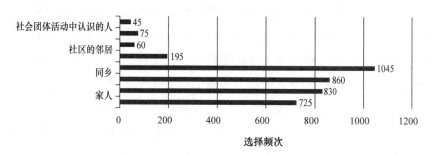

图4.4　农业转移人口城市交往圈子构成

表4.2　　　　　　　　农业转移人口社交支持网络构成数据表

城市交往圈子	选择频次	占有效问卷数的百分比
家人	725	49.66%
亲戚	830	56.85%
同乡	860	58.90%
同事	1045	71.58%
社区的邻居	195	13.36%
孩子同学的家长	60	4.11%
社会团体活动中认识的人	75	5.14%
其他	45	3.08%

调查数据显示，农业转移人口在城市交往的圈子主要是同事、同乡、亲戚和家人。同事关系，即业缘关系的选择频次最高。由此可见，农村人口流动到城市以后，社交支持来源已经开始由亲缘和地缘等强关系向业缘关系这样的弱关系扩展。从访谈数据中能看出不同行业和年龄段的农业转移人口，其同事群体的构成也有所不同，代际差异较为明显。总的来说，不同代际的农业转移人口，其所拥有的人力资本的状况较大程度影响了他们在城市可能拥有的社会资本的状况：从事技术性含量高的工作的农业转移人口和第三代农业转移人口的同事群体构成的异质性高于从事体力劳动的农业转移人口和老一代农业转移人口。这里主要指其同事群体中的城市居民和同为农业转移人口但流出地不同的成员比重。虽然业缘关系已成为农业转移人口的重要社交来源，但亲缘和地缘关系仍是他们社交支持网络的重要构成，而该群体的社区交往以及其他社会团体活动交往少之又少。在后续采访过程中，很多采访对象表示，"社交浪费时间、精力和财力""不知道谁愿意跟我们交往"，可见过高的社交成本、相对封闭的生产生活圈子和社交平台的缺失是农业转移人口缺乏社交支持的原因之一。

第四节　结果分析与发现

农业转移人口的社会融合问题，既包含了其群体内部的融合，也包含了农业转移人口与城市居民的融合。对农业转移人口社会支持网络规模及构成的分析，能够反映出农业转移人口从农村迁移到城市后个人社会资本的拥有状况及其城市融入的状况。若现在所拥有的社会资本大于在农村时所拥有的社会资本，则说明他们有能力通过运用城市资源融入城市。若相差无几，则农业转移人口在城市融入中会因为社会资本的缺乏而举步维艰。

从上述研究可以看出，农业转移人口的社会支持网络规模偏小。其中，社交支持网络规模最小，说明该群体的城市交往范围很小，城市融入状况并不理想。从关系构成方面看，农业转移人口的社会支持网络除就业支持网络以外，仍以亲属关系为主，具有同质化特征。但是朋友关系这样稍弱于亲属关系的中间性力量开始突出，可以看出，该群体的社会支持网络正逐步从以亲缘和地缘为核心的先赋性社会关系向友缘和业缘等后生性社会关系推进，两者处于多元共生阶段。

不同代际的农业转移人口的社会支持网络规模与构成存在一定差异。从规模来说，第三代农业转移人口的社会支持网络规模略大于一代、二代农业转移人口。成员构成上亲缘、地缘仍为主体，但明显地，第三代在亲缘、地缘关系中所获取的社会资源数小于第一、第二农业转移人口，在业缘关系中所获取的同事、同学的朋友资源会多于第一代、第二代农业转移人口，后生性社会关系成为第三代农业转移人口社会支持网络的重要部分。另外，网络的应用在代际之间存在明显的差异。因为成本较低，第一、第二代农业转移人口将网络视为工余娱乐手段，但是对网络缺乏信任。对于第三代农业转移人口来说，网络在其社会支持网络中占据了一定的地位，他们会通过网络获得物质支持与情感支持，通过网络结交朋友，但是网络的情感支持作用强于物质支持作用。最为特殊的是，在就业支持中，不论代际，农业转移人口人力资本的拥有状况决定其所能选择职业的范围。同时，网络中营利性就业平台可提供的就业机会的匮乏使网络在农业转移人口的就业支持认知中几乎无效。

对于所有的农业转移人口来说，来自政府、社区、社会组织、企业的正式的社会关系和城市关系在该群体的网络构成中微乎其微。尤其是社区与社会组织在农业转移人口的情感支持网络中为零，在社交支持网络中所占份额寥寥无几。农业转移人口在城市使用较多的是公共设施，而政府提供的其他公共服务享受得很少。几大社会支持网络构成中，来自社区的关系构成所占比重也是微不足道。农业转移人口进城后并没有从根本上改变以亲缘、地缘关系为基础的社会网络的纽带关系。这样的社会关系网虽然有助于减少农业转移人口的交易成本和心理成本，却难以靠它获取城市资源。城市融入需要的是渗透在生产、生活中的潜移默化，恰恰是这些典型的弱关系，才能在农业转移人口融入城市的细节中为他们搭建起桥梁。因此，以他们信任的强关系为基础，进一步建构和发展新的社会网络，有助于农业转移人口逐步融入社会。

综上可知：农业转移人口市民化意愿取决于其城市融入程度。农业转移人口社会支持网络状况存在代际差异。来源于先赋性社会关系与后生性社会关系的强关系构成的小规模社会支持网络并不能有效帮助农业转移人口融入城市。政府、企业、社区、社会组织的弱关系形成的社会支持网络在前期农业转移人口进城务工过程中的意愿引导失灵是农业转移人口市民化工作推进乏力的主要原因。因此，有必要对农业转移人口市民化意愿的影响因素进行社会支持主体归因，重点集中于弱关系主体对社会支持具体内容分担共治，以引导农业转移人口市民化意愿。

第五章 农业转移人口市民化意愿影响因素的社会支持主体归因

通过对农业转移人口的社会支持网络进行质性研究可以发现，农业转移人口社会支持网络规模小、构成单一，且多源自其先赋性社会关系导致其所能获取的社会支持稀薄是农业转移人口市民化的主要困境来源。要有效地推动农业转移人口市民化，就必须从对农业转移人口市民化行为影响较大的诱因着手。

在已有的研究中，农业转移人口市民化影响因素综合起来主要集中在城镇化发展水平因素、制度因素、环境因素以及农业转移人口自身因素几个方面。城镇化发展水平因素主要涵盖：城镇基础设施对农业转移人口的数量承载能力有限、现有的城镇产业结构限制了农业转移人口就业。环境因素主要涵盖：传统文化因素、社会认同因素、社区发展因素。制度因素主要涵盖：户籍因素、就业因素、社会保障因素、土地因素、住房因素。农业转移人口自身因素主要涵盖：观念因素、人力资本因素、社会资本因素。

但是，本研究认为在农业转移人口市民化进程中起决定性作用的是这一行为的主体——农业转移人口。若农业转移人口自身市民化意愿不足，即使形势再迫切、政策再优惠，也不可能出现市民化的主动行为。因此，推动农业转移人口市民化，关键在于找出激发其市民化意愿的诱因，在分类分析诱因的基础上，政府部门通过强化相关诱因，强化农业转移人口的市民化意愿，进而使农业转移人口产生市民化的主动行为。那么，哪些因素会对农业转移人口的市民化意愿产生影响？影响程度如何？各因素可能隐含哪些社会支持？如何对其进行归类？可以由哪些主体提供？是本模块实证研究的主要内容。

第一节　本研究的理论模型及相关假设

一　理论模型构建

组织行为学认为，行为是人的有机体对外界刺激做出的反应。心理学认为，人的动机决定人的行为，动机的产生由需要支配，而内外刺激影响需要，四者之间的关系可以表达为"刺激→需要→动机→行为"。社会建构理论认为，人的行为意愿影响行为的产生，而态度、主观规范和知觉行为控制影响人的行为意愿。由上可知，农民进城行为的产生是主观意向（内部感知）和客观条件（外部刺激）共同作用的结果。其中，主观意向不仅包括农民个体的愿望、对外部环境的认知与把握程度，还包括家人、亲友等的意见对个体认知的影响。客观条件不仅包括与农民个体及家庭密切相关的个体因素和家庭因素，还包括个体及家庭必须面对、身处其中的社区因素和制度因素。客观条件会对农业转移人口的主观意向产生影响，从而通过农业转移人口市民化意愿，影响农业转移人口的市民化主动行为。

具体模型构建如下图：

二　激发农业转移人口市民化意愿的客观诱因相关假设

激发农业转移人口市民化的客观诱因主要有个体、家庭、社区与制度四个维度的因素。

（一）个体因素

（1）性别。不同性别对事物的判断和决策存在差异。李强、龙文进研究发现，女性对城镇工作、生活的愿望强于男性。

H1a：性别差异对农业转移人口市民化意愿产生影响。

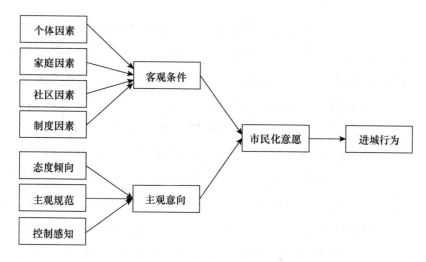

图5.1 农业转移人口市民化影响因素理论模型

（2）年龄。基于经验与知识的拥有，不同年龄阶段的个体对事物的认知、判断和决策存在差异，哈瑞发现迁移的年龄选择性是最强的，不同的年龄节点，人们的迁移意愿是不同的。杨肖丽、袁培发现16—35岁之间的人迁移的意愿较为强烈，20—30岁年龄段的人最具有流动性。

H1b：年龄负向影响农业转移人口市民化意愿。

（3）文化程度。托达罗认为因更容易获得就业机会和较高收入，具有较高受教育水平的人更倾向于迁移。而王春光认为，新生代农业转移人口，尤其是接受过高等教育的新生代农业转移人口留城意愿更为强烈。

H1c：文化程度正向影响农业转移人口市民化意愿。

（4）婚姻状况。李强认为，农业转移人口的迁移意愿和留城意愿受婚姻状况影响显著，已婚状态会降低农业转移人口留城的意愿。黄善林认为，未婚男性劳动力转移可能性较大。由此可见，未婚农民更倾向于进城。

H1d：婚姻状况影响农业转移人口市民化意愿。

（二）家庭因素

（1）家庭人均年收入。蔡昉发现，农业生产低收入是农民做出转移决策的诱因。但虞小强在其研究中发现，家庭人均年收入较高的农民更倾向于进城。而在本研究的实地调研中我们发现，家庭务农收入越低，农业转移人口市民化意愿越强。

H2a：家庭人均年收入负向影响农业转移人口市民化意愿。

（2）家庭承包土地数。中国长期以来都是传统的农耕社会，农民的一切生产、生活都与土地有关。张翼认为，在农民没有真正成为城里人且享有与城里人相同的社会保障之前，土地是农民的唯一保障。如果要以交回承包地为代价转变户口，绝大多数的农业转移人口是不愿意转变为非农户口的，为保有土地，很多到城市求学的农村孩子选择不将户口迁入城市。本研究认为承包土地数量越少，农业转移人口市民化意愿就越强。

H2b：家庭承包土地数负向影响农业转移人口市民化意愿。

（三）社区因素

（1）与城镇的距离。城镇与家庭的距离会影响农业转移人口市民化意愿。王卫东认为，在交通越来越便利的情况下，人口的流动和空间绝对距离之间并没有必然的联系。然而，格林·伍德认为交通距离与劳动力转移负相关，黄善林认为转移中发生的交通成本以及远距离带来的机会成本会阻碍农民工的转移。本研究认为离城镇越近，农村富余劳动力兼顾家庭和农业生产的同时，可以通过城镇就业来改善家庭经济状况，其市民化意愿越弱。

H3a：家庭离城镇的距离负向影响农业转移人口市民化意愿。

（2）城乡经济发展水平差异。城乡发展水平差异指标特指经济发展水平上的差异，亚当斯认为导致不均衡感出现的不是绝对值而是相对值的差异。经济差距越大，对农业转移人口的"拉力"越大。本研究认为城乡经济发展水平差异越大，农业转移人口市民化意愿越强烈。

H3b：经济发展水平差异正向影响农业转移人口市民化意愿。

（3）城镇公共设施。城镇公共设施的承载状况以及公共设施的共享状况会影响农业转移人口到城镇之后对于自身生活状态的评价，从而影响其市民化意愿。本研究认为城镇公共设施越完善，共享程度越高，则农业转移人口市民化意愿越强烈。

H3c：城镇公共设施正向影响农业转移人口市民化意愿。

（四）制度因素

（1）社保制度。在此社会保障为大社会保障概念，涵盖养老、医疗、教育、劳动维权、工伤等社会保障。蒋占峰认为非城乡一体化的社会保障制度导致农村富余劳动力向城镇转移后，权益难以得到充分的保障。张翼认为，地区之间社保制度的不完全互联互通使得农业转移人口在转移过程中受到阻碍。本研究认为，打破二元格局的城乡一体保障制度越完善，农业转移人口市民化意愿越强烈。在社会保障制度不完善时，农业转移人口对社会保障关注度越高，其市民化意愿就越低。

H4a：社保制度正向影响农业转移人口市民化意愿。

（2）户籍开放程度。对农业转移人口的迁移行为有很大影响的是户籍制度因素。随着市场经济改革的不断深入，户籍不再是获得工作岗位的刚性约束指标，但陆益龙认为，拥有城镇户口的人员因其信用资本相较农业转移人口更多，会拥有更多的职业晋升机会，这是不争的事实。而户籍与社保、住房、教育、医疗紧密相关，本研究认为只有在更为开放的户籍制度下，农业转移人口市民化意愿才会更强烈。

H4b：户籍开放程度正向影响农业转移人口市民化意愿。

（3）住房制度。离开原住地迁入城镇，住房是必需的基本物资条件。另外，与住房相关的教育是近年来以家庭为单位的农业转移人口流动考虑的重要因素。然而，城市高企的房价让农业转移人口无法购房，租房成为一个必然选择。虽然近年来国家在住房制度上不断地改革与突破，"租购同权"思路的提出一定程度上也回应了农业转移人口住房与子女就学的需求，但如何落实这些政策，在实际操作层面仍然存在不小的难度。本研究认为在城镇拥有自己的住房难度越大，农业转移人口市民化意愿就越低。

H4c：住房困难反向影响农业转移人口市民化意愿。

三　农业转移人口市民化主观影响因素相关假设

本研究将影响农业转移人口市民化意愿的主观因素分为态度倾向、主观规范和行为控制感知三个维度。

（一）态度倾向

（1）农村生存压力。每个人都有追求生存与发展的权利，拉文斯坦认为沉重的生活负担、恶劣的生活条件是引起人口转移的重要诱因。罗霞、王春光认为"解决生存问题"是新生代农村劳动力的主要迁移动机。实践中，许多年轻人由于已经不再具备农业生产技能，不再具备农村生存能力而选择进城。因此，本研究认为农村生存压力越大，农业转移人口市民化意愿越强烈。

H5a：农村生存压力正向影响农业转移人口市民化的意愿。

（2）生活条件的便利程度。农村远离城镇，交通不发达，环境较为脏乱，生活简单乏味，使农民在上学、就医、购物等方面都存在不便之处，未来发展空间受限。部分边远地区的农民迫于贫瘠而闭塞的自然条件而选择进城。但是在访谈中也发现，部分一代、二代农业转移人口由于习惯了田园生活，认为城市生活反而不便利，所以选择回到农村。本研究衡量的是农业转移人口对城市生活便利程度的判断，认为城市生活便利程度越高，其市民化意愿就越强。

H5b：城市生活便利程度正向影响农业转移人口市民化意愿。

（3）更高的经济收入。美国经济学家托达罗认为农村劳动力向城市迁移的动力是追求预期收入的最大化，中国学者盛来运也有同样的研究结论。赵耀辉认为个人流动的主要目标指向是追求收入最大化。而舒尔茨则认为只有当迁移的收益大于成本时，迁移才会发生。熊波、石人炳认为农民工获得的比较收入越多，则越愿意选择永久性迁移。因此本研究认为，在农业生产并无显见收益增长可能的前提下，越想追求更高的经济收入，农业转移人口市民化意愿越强。

H5c：追求更高的经济收入正向影响农业转移人口市民化意愿。

（4）追求子女优质教育。由于我国城市教育资源明显优于农村，费德里与杨肖丽均发现，让子女获得更好的受教育机会是发展中国家人口流动的重要原因；张翼通过研究认为孩子的教育与升学是农民工愿意转户的主要原因。但是，在访谈中，有部分农业转移人口也认为到城市打工就是为了给孩子创造一个好的学习环境，等孩子将来考上大学后，自己就会回到农村。因此，农业转移人口为子女教育而进城的行为带有权宜性，市民化意愿可能带有阶段性。但就当前来看，本研究认为追求子女优质教育愿望越迫切，农业转移人口市民化意愿就越强烈。

H5d：追求子女优质教育正向影响农业转移人口市民化意愿。

（5）身份地位。斯塔克认为，人们进城更多考虑的是现在的职业是否与自身的身份、学历、能力等相匹配。在当前，农民与市民身份还不单纯是职业划分符号时，在部分农民认知中成为城镇居民是一种身份的象征。随着农民受教育程度越来越高，尤其是第三代农民开始重新审视和定位自己的职业，认为只有进城才配得上自己所受的教育，符合自己的身份。在访谈中曾有人说，"我读书可不是为了还在农村刨土地，当农民的"。因此，本研究认为，对身份地位关注度越高，农业转移人口市民化意愿越强烈。

H5e：对身份地位的关注度正向影响农业转移人口市民化意愿。

（6）自我价值实现。通过对马斯洛的需求层次理论的深层解读可以发现，需求的层次是按照人们对其重要性和紧急性的认知来排序的。虽然农民的经济状况不如城市居民，但也有可能将自我价值实现的需求放在前列，而城市多样化的资源为其自我价值的实现提供了条件。在南京一个小餐馆打工的小肖说，"我喜欢唱歌，等我钱攒够了，我也买一把吉他到地铁站去唱歌，我一定会成功的。"因此，本研究认为自我价值实现需求越强烈，农业转移人口市民化意愿就越强烈。

H5f：自我价值实现需求正向影响农业转移人口市民化意愿。

（二）主观规范

在本研究中，我们采用了卡地利（Caldini）对指令性规范的界定，关注他人是否赞成该行为的感知。

（1）家人赞同。中国是强调血缘亲情的国家，迁移的决策更多地是由其家庭决定而不完全取决于个人，其进城后的社会支持网络也多由血缘、亲缘所构成。因此，本研究认为，家人的意见尤其是家庭中具有较高权威的人的意见对于个体的主观意向具有较大的影响。

H6a：家人赞同正向影响农业转移人口市民意愿。

（2）其他社会资本赞同。迁移网络理论认为，以前外出的农村劳动力及其所建立的社会关系会极大影响后来农村劳动力流动迁移意愿（Kevin and song，2003），他们在城市的经历会影响农业转移人口对城市的判断。因此，本研究认为其他社会资本越赞同，农业转移人口市民化意愿越强烈。

H6b：其他社会资本赞同正向影响农业转移人口市民化意愿。

（三）行为控制感知

（1）风险承担的判断。如果能够对进入城市后的风险准确评价，对自身非常自信，认为自己能够掌控风险，或能够调动相关资源帮助自己规避风险，则农业转移人口市民化意愿就强烈。反之，如果个体对自身信心不足，无法调动资源规避风险甚至厌恶风险，则其市民化意愿就会弱。因此，本研究认为风险承担能力越强，则农业转移人口市民化意愿越强。

H7a：风险承担能力正向影响农业转移人口的市民化意愿。

（2）自身条件能力的判断。个体对自身的条件和能力认识越清晰，就越能准确定位未来的工作岗位和生活状况，增加自己对进城意愿的把握，基于清晰判断自身条件的职业自选择会强化其市民化意愿。本研究认为自身条件能力判断越高，则农业转移人口市民化意愿越强。

H7b：自身条件能力判断正向影响农业转移人口市民化意愿。

（3）政策掌控能力的判断

农业劳动力转移需要具备许多条件，其中最重要的条件是就业条件和制度条件（王萍，2006）。近年来，国家在户籍、社会保障、劳动就业等方面出台了一系列有利于迁移的政策。但是如果农民对国家政策不能够了解和把握，不能及时根据政策的变化而调整自身行为，会影响其市民化意愿。本研究认为，农业转移人口对政策掌控能力越强，则其市民化意愿就越强。

H7c：政策掌控能力的判断正向影响农业转移人口的市民化意愿。

第二节　假设检验与结果分析

根据1263份有效问卷所获取的数据，分别进行独立样本T检验、方差分析以及结构方程模型分析。

一　独立样本T检验

个人统计特征对于很多变量都会产生影响，本文将个人统计特征中的性别、婚否、年龄、文化程度界定为客观因素中的一个控制变量，重点研究对于农业转移人口市民化意愿的影响。

（一）性别差异的独立样本T检验

表5.1　　　　　　　　　　性别差异的独立样本T检验

变量	性别	均值	方差齐次检验		均值差异检验				是否存在显著差异
			F值显著概率	是否齐次	T值显著概率	差值的95%置信区间		均值差	
						低点	高点		
市民化意愿	男	3.1727	0.076	是	0.034	−0.47869	0.00592	−0.23638	是
	女	3.4090							

通过表5.1可以看出，性别差异对农业转移人口市民化意愿影响显著，验证了H1a：农业转移人口市民化意愿存在性别差异，女性较男性有更强的市民化意愿。结合前期的访谈可以大致得知原因，很多女性认为"农村女孩结婚早，如果不出来打工，家里就会早早安排结婚，与其嫁一个不认识的人，不如自己出来闯一闯，或许能找到一个自己满意的""虽然没考上大学，但是也在学校待了十年，就这样留在农村一辈子，不甘心""城市的东西比农村多多了，买不起看看也很好""希望将来小孩能够在城市出生，有一个较好的发展环境"。但是在研究中我们发现不同年龄段的女性，其进城意愿的强烈程度是不同的，这有待今后的后续研究。

（二）婚姻差异的独立样本T检验

表5.2 婚姻差异的独立样本T检验

变量	性别	均值	方差齐次检验		均值差异检验				是否存在显著差异
			F值显著概率	是否齐次	T值显著概率	差值的95%置信区间		均值差	
						低点	高点		
市民化意愿	已婚	3.0389	0.064	是	0.045	-0.40367	0.00611	-0.31141	是
	未婚	3.6728							

通过表5.2可以看出，婚姻差异对农业转移人口市民化意愿影响显著，验证了H1d：婚姻状况影响农业转移人口市民化意愿，未婚农业转移人口较已婚的农业转移人口有更强烈的迁移意愿。结合前期访谈可知，未婚农业转移人口在迁移动机中有一个非常普遍的因素就是在城市寻找自己的另一半。另外由于未婚，没有家庭拖累，所以能够轻装上阵，没有太多顾虑。

二　方差分析

（一）年龄的方差分析

本研究在年龄题项中统共划分了 15—25 岁、25—35 岁、35—45 岁、45 岁以上四个年龄段，使用方差分析来研究不同代际的农业转移人口在市民化意愿上是否存在差异。

表 5.3　　　　　　　　　　**年龄方差分析**

变量	方差齐次检验		均值差异检验		是否存在显著差异
	显著概率	是否齐次	F 值	显著概率	
市民化意愿	0.289	是	4.351	0.005	是

注：方差齐次检验和均值差异检验的显著性水平均为 0.05。

从表 5.3 可以看出，不同年龄的农业转移人口的市民化意愿存在差异。具体来看不同年龄段的情况：

表 5.4　　　　　　　　　　**年龄多重比较结果**

变量	分析方法	（I）年龄	（J）年龄	均值差（I—J）	标准误	显著性
市民化意愿	LSD	35—45 岁	45 岁以上	-0.07339	0.14868	0.622
			25—35 岁	-0.40278 *	0.17827	0.025
			15—25 岁	-0.39516 *	0.16038	0.014

注：*. 均值差的显著性水平为 0.05。

运用 LSD 做差距检验，得到年龄多重比较结果。可以发现，虽然在年龄划分上分了四个年龄段，但是事实显示以 35 岁为分界点，农业转移人口市民化意愿存在显著差异。结合前一章研究的成果可以发现，35 岁是第三代农业转移人口与前两代农业转移人口的分野点，35 岁以下的农业转移人口在现有的研究中又称为新生代农民工，与第一、第二代农业转移人口相比，他们没有农业生产的实践经验，上过学，见识过外面的世界，不甘于在农村生活一辈子，因此他们要比35岁以上的农业转移人口有更迫切留在城市的愿望。由实证数据也可以看出，第三代农业转移人口的市民化意愿显著强于第一、第二代农业转移人口。验证了假设H1b：年龄负向影响农业转移人口市民化意愿。

（二）文化程度的方差分析

本研究在文化程度题项中划分了小学、初中、高中、专科及以上四个阶段，用方差分析来研究不同文化程度的农业转移人口在市民化意愿上是否存在差异。

表5.5　　　　　　　　　　文化程度方差分析

变量	方差齐次检验		均值差异检验		是否存在显著差异
	显著概率	是否齐次	F值	显著概率	
市民化意愿	0.450	是	3.788	0.011	是

注：方差齐次检验和均值差异检验的显著性水平均为0.05。

从表5.5可以看出，不同文化程度的农业转移人口的市民化意愿存在差异。具体来看不同文化程度的情况：

表5.6　　　　　　　　　　文化程度多重比较结果

变量	分析方法	（I）文化程度	（J）文化程度	均值差（I—J）	标准误	显著性
市民化意愿	LSD	高中	专科及以上	0.32938*	0.13863	0.018
			初中	0.22177	0.11471	0.005
			小学	−0.07339	0.14868	0.622

注：*. 均值差的显著性水平为0.05。

运用LSD做差距检验，得到文化程度多重比较结果。可以发现，虽然在文化程度划分上分了四个阶段，但是事实显示，不同文化程度的农业转移人口市民化意愿存在显著差异，文化程度越高，在城市扎根生存能力越强，其市民化意愿越强烈，验证了假设 H1c：文化程度正向影响农业转移人口市民化意愿。该结论在访谈中能够得到清晰的印证。

三　结构方程模型的结果分析

在研究中对潜变量分别进行了简化，家庭人均年收入（X2a）、家庭承包土地数量（X2b）、离城镇距离（X3a）、经济发展水平差异（X3b）、城镇公共设施（X3c）、社保制度（X4a）、户籍制度（X4b）、住房困难（X4c）、农村生存压力（X5a）、城市生活的便利程度（X5b）、追求更高的经济收入（X5c）、追求子女优质教育（X5d）、对身份地位的关注（X5e）、自我价值实现需求（X5f）、家人赞同（X6a）、其他社会资本赞同（X6b）、风险承担能力（X7a）、对自身条件能力的判断（X7b）、对政策掌控能力的判断（X7c）为自变量。因变量为农业转移人口市民化愿意（y）。

为了进一步研究主观因素、客观因素对农业转移人口市民化意愿的影响，本研究运用 AMOS7.0 作为分析工具，通过结构方程模型来检验各变量之间的关系，验证所提出的假设。

表 5.7　　　　　各潜变量对农业转移人口市民化意愿影响
路径系数/载荷系数估计

			未标准化路径系数估计	S. E.	C. R.	P	标准化路径系数估计
y	← -	X2a	− 0.272	0.035	− 0.368	***	− 0.269
y	← -	X2b	− 0.446	0.357	− 0.251	0.211	− 0.533
y	← -	X3a	− 0.330	0.204	− 0.614	***	− 0.371
y	← -	X3b	0.167	0.144	0.165	***	0.133
y	← -	X3c	0.140	0.059	0.673	0.501	0.069
y	← -	X4a	0.682	0.628	0.719	***	0.698

续表

			未标准化路径系数估计	S. E.	C. R.	P	标准化路径系数估计
y	← -	X4b	0.511	0.204	0.052	***	0.510
y	← -	X4c	-0.492	0.410	-0.439	***	-0.408
y	← -	X5a	0.322	0.379	0.324	***	0.320
y	← -	X5b	0.033	0.105	0.313	0.755	0.270
y	← -	X5c	0.341	0.279	0.210	***	0.378
y	← -	X5d	0.451	0.381	0.376	***	0.465
y	← -	X5e	0.159	0.147	0.278	0.675	0.187
y	← -	X5f	0.369	0.356	0.276	***	0.398
y	← -	X6a	0.543	0.521	0.601	***	0.579
y	← -	X6b	0.167	0.197	0.112	0.145	0.190
y	← -	X7a	0.321	0.354	0.375	***	0.356
y	← -	X7b	0.219	0221	0.251	***	0.247
y	← -	X7c	0.341	0.245	0.311	0.432	0.351

　　通过表5.7所显示，各潜变量对农业转移人口市民化意愿的标准化路径系数估计可知：家庭人均年收入、家庭承包土地数量、离城镇距离以及住房困难负向影响农业转移人口市民化意愿。其中家庭承包土地数量对市民化意愿影响并不显著，对其原因进行探析，一方面，可能与当前农村人均占有土地数量并不太多，来自土地的务农收入相对微薄有很大关系。除平原地区外，农业机械化生产并未在全国全面推开，农田产出不能与城市务工收入相提并论，少量的务农收入对农业转移人口留在农村缺乏足够吸引力。另一方面，农村承包土地三权分置，承包权和经营权的分离，使得开展农业生产的大户整合零散土地，组建合作社开展生产经营的能力增强，土地流转阻力变小，农业转移人口对土地的承包权利无须改变，还可凭借流转土地获得收益。特别是中央明确规定不允许将农业转移人口进城落户与退出农村承包土地挂钩之后，在访谈中能明显感觉到农业转移人口对这种"进可

攻，退可守"的状态感到满意。

而经济发展水平差异、城镇公共设施、社保制度、户籍制度、农村生存压力、城市生活的便利程度、追求更高的经济收入、追求子女优质教育、自我价值实现需求、家人赞同、其他社会资本赞同、风险承担能力、对自身条件能力判断、对身份地位的关注、对政策掌控能力的判断对农业转移人口市民化意愿存在正向影响。但是，城镇公共设施、城市生活便利程度、其他社会资本赞同、对身份地位的关注、对政策掌控能力的判断对农业转移人口市民化意愿影响并不显著。

对其不显著原因进行探析：城镇公共设施、城市生活便利程度对农业转移人口市民化意愿影响不显著，一方面说明城镇建设的过程中，在基础设施与公共设施共享上做得还不够，并未对农村的富余劳动力产生足够的"拉力"。另一方面，在访谈中得知，对于年龄在45岁以上的农业转移人口而言，增加经济收入、改变经济状况是进入城市的主要目的，公共设施与生活的便利程度只是锦上添花，并不会过多影响其市民化意愿。

农业转移人口对身份地位的关注对其市民化意愿影响不显著。身份识别模糊对于所有的农业转移人口来说都存在，但并非他们考虑的最主要的问题。从访谈中或可推知原因，在离开农村以前农业转移人口确实是想要通过进城来摆脱农村人的身份，但是进入城市之后，不管自己在意与否，别人不会因自己的期望而对自己重新定位身份。务实是农业转移人口进城后的唯一选择，只要享有城市人都有的教育、医疗、就业的均等机会，自己的身份是"农民工""农业转移人口"或"市民"都没有关系。

对政策掌控能力的判断对农业转移人口市民化意愿影响不显著。从访谈中可以得知，农业转移人口更多关注的是自己小家庭吃饱穿暖，除开如取消农业税、承包土地到期后是否续包之类的重大政策，其他政策如何定、能不能懂对于他们而言是太过高深的问题，关键是他们对政策并无任何影响能力，懂不懂并不会改变他们的现实生活选择。同时，他们对政策承诺的兑现程度也并不持乐观态度，"国家规定超过八小时加班有加班工资，哪个敢去找老板要加班工资呢？要了马上你就得卷铺盖走人"，认为自己的利益还得依靠自己来考虑。

其他社会资本是否赞同对农业转移人口市民化意愿影响不显著，在访谈中或许能找到原因，"这么大个事情，谁敢替你家做这个主""人家别人家里情况如果不如你，你拿这去问人家，人家还以为你在显摆呢""自己家的事情自己最清楚"。从以上内容可以看出，受中国人传统的文化观念影响，危难时可以守望相助，但是在涉及一个家庭利益攸关的大事时，即使是亲戚，明晰家庭界限仍然是保持彼此关系稳定的重要前提。

第三节　农业转移人口市民化意愿影响因素的社会支持主体归因

从上述实证研究可知，家庭人均年收入、离城镇距离以及住房困难负向影响农业转移人口市民化意愿显著。经济发展水平差异、社保制度、户籍制度、农村生存压力、追求更高的经济收入、追求子女优质教育、自我价值实现、家人赞同、风险承担能力、对自身条件能力的判断对农业转移人口市民化意愿正向影响显著。

一　农业转移人口市民化意愿影响因素影响力排序

根据结构方程模型运行结果所呈现的标准化路径系数可知：负向影响农业转移人口市民化意愿因素中排名第一的为住房困难，安居乐业是中国人最朴实的生活需求，对于土地的依赖延伸而来的是城市住房的需求。农业转移人口对于自己是否在城市扎下了根、稳定了下来的重要评判依据即是在城市中是否拥有住房。排在第二的为离城镇距离，结合 2008 年金融危机大量农业转移人口返乡的历史可以发现，无论第一、第二代或第三代农业转移人口，选择返乡创业、就近就地就业的逐渐增多，结合党的十九大以来提出的乡村振兴战略，通过城镇充足就业岗位的供给，将有意愿离开农业生产的富余农村劳动力吸引到城镇，通过整合城乡人力资源将新型城镇化建设与乡村建设战略结合起来。排在第三位的家庭人均年收入，会负向影响农业转移人口的市民化意愿。由上可知，住有所居是强化农业转移人口市民化意愿的重要手段。

在农业转移人口市民化意愿正向影响显著因素中，社会保障排名第一，其后分别为：家人赞同、户籍制度、追求子女优质教育、自我价值实现、更高的经济收入、风险承担能力、农村生存压力、对自身能力的判断以及经济发展水平差异。稳定对于传统中国人而言是第一需求，离开农村进入城市，农业转移人口放弃了祖辈千百年来一直赖以生存的土地保障和传统的谋生方式，进城后是否后顾无忧取决于自己无法左右的并不均等的城市社会保障。由此可见，社会保障是农业转移人口是否留在城市，真正成为市民的重要影响因素。因此，提供无差别的社会保障，将最大程度强化其市民化意愿。

二　农业转移人口市民化意愿影响因素的社会支持主体归因

农业转移人口问题既是人口问题也是社会问题，这一问题需要通过社会治理的途径来加以解决，即通过多元主体构建的社会支持网络来共同解决这一问题。在众多农业转移人口市民化意愿影响因素中，可以通过政府部门、社会组织、社区、企业、个人多维主体来对其归因。

住房制度涉及住房修建、住房供给、住房分配以及与住房相关的城乡土地资源使用和城乡居民关系协调等问题，关系到政府部门政策制定、企业社会责任的承担。离城镇距离涉及城镇产业发展、就业岗位提供、农村富余劳动力劳动能力提升培训、社区接纳等，关系到政府部门、社会组织、社区、企业和家庭的支持。家庭人均年收入、更高的经济收入、经济发展水平差异这些经济范畴内容涉及政府部门与企业。

　　社会保障所包含的内容主要在于政府部门政策的设计，社会组织及企业对政策的执行。家人赞同是典型社会支持网络中来自血缘关系的社会支持网络。户籍制度的核心在于与户籍制度配套的社会保障福利，因此，如何才能落户、落户后可以享有哪些与城市居民同等的权利是政府部门与社会组织、企业共同考虑的问题。追求子女优质教育实质是期望均等享有城市居民拥有的教育资源，而教育资源的供给除政府部门外还有社会组织与市场组织（企业）。自我价值实现、对自身能力的判断、风险承担能力来源于农业转移人口的自我认知。准确评判自身状况，通过努力使自身能力提升从而提高认知，需要企业、社会组织、社区、家庭通过培训、体验以及各种社会活动的开展来实现。农村生存压力可反向通过减轻城市生活压力，使农业转移人口增强市民化意愿，在此，城市生活压力包含经济生活压力、社会交往压力、文化融入压力，对于农业转移人口来说，是否定居城市，经济生活压力是其考虑的重要因素。克服城市生活压力需要政府、企业、社会组织与家庭共同作用。

第四节　实证研究的启示

　　本模块从客观与主观两个角度对影响农业转移人口市民化意愿的诱因进行了探析，根据实证研究的结论，可获得以下启示。

一　强意愿人群是推动农业转移人口整体市民化的突破口

　　不同年龄、性别、婚姻状况以及不同文化程度的农业转移人口，其市民化意愿具有差异性。针对每一类人群的政策制定必须一以贯之盯牢这一群体。在政策制定时必须强调精细化，过于宽泛的普适性政策可能存在无效或反作用的风险。因此，在制定相应的促进农业转移人口市民化政策时，政策的目标指向必须与农业转移人口的个人统计特征相吻合。将有更强市民化意愿的女性、未婚、35 岁以下、高中以上学历的人群作为服务重点。这一重点人群因受教育程度较高，因此具有较强城镇就业能力。同时，随着女性在家庭中地位的不断提高，在家庭重大事件决策中，女性的话语权不断加大，因此对于是否进城、是否留城的决策，女性会有较为强大的影响力。即使未婚，但因其较年轻，因此其家庭策略选择会更多样：选择本乡人员组成家庭，以家庭为单位的市民化将成为可能；选择城镇人员组成家庭，对同龄乡村女伴会带来一定示范效应，吸引更多人员离开农村。通过重点人群的成功市民化，来带动其他意愿较弱人群的市民化。

二　合理的城镇产业安排有助于增加农业转移人口的收入

满足农业转移人口文化程度不高、增加经济收入及就近就业的需要，将城镇产业进行合理安排，充分融合一、二、三产，将农民自有的一产、劳动密集型的二产以及对文化和技能要求不高的三产结合起来，为农业转移人口在城镇生产搭建一个立体的就业框架，增加就业机会，从而在改变家庭经济状况的同时，兼顾家庭照顾的义务，让农业转移人口出得来，留得下，安得下心。

三　城乡统筹的社会保障有助于农业转移人口解决现实困难

户籍制度的改革必须涉及户籍利益的根本，要将教育、医疗、社保、住房及公共服务无差别向农业转移人口开放。为解决城乡居民心理不平衡问题，打破城乡壁垒，使进城的农业转移人口切实享有无差别的社会保障和公共服务，可尝试将农村承包地承包权与经营权、宅基地使用权、集体资产收益权等进行合理折算，置换为与城市户籍人口同等的社会保障和公共服务，使农业转移人口真正摆脱对土地的依赖，成为市民。

四　精准的职业培训有助于农业转移人口抵御未来风险

政府部门成立的就业指导中心负责对农业转移人口进行测评、对其就业需求所需知识和能力进行评估，根据评估结果有针对性地在职业培训框架内选择课程对其进行培训。职业培训的框架应该涵盖不同行业不同阶段所需要的知识和技能。

五　建立良好的社会支持系统

拓宽农业转移人口血缘、亲缘、地缘的原生社会支持网络，将企业、社会、政府部门纳入其中，通过客观因素与主观因素的兼顾考虑、经济因素与非经济因素的同步满足，在制度设计、政策支持、就业服务、法律援助、文化教育、心理疏导、社区融入等方面完善社会支持措施，帮助农业转移人口强化市民化意愿。

第六章　农业转移人口市民化意愿博弈分析

农业转移人口自身的市民化意愿直接影响农业转移人口市民化成效，但其意愿会受到客观、主观等多重因素的影响，在对影响诱因的社会支持主体归因时可以发现，涉及政府部门、企业、社会组织、社区以及农业转移人口自身多方力量。在第六章的研究中也可以发现，农业转移人口市民化的成本分担涉及中央政府、地方政府、企业与农业转移人口个人。由此可见，农业转移人口市民化意愿的产生并不是单一因素诱发，其市民化意愿以及行为是在农业转移人口市民化的过程中多维支持主体之间博弈的结果。体现为地方政府与农业转移人口之间的博弈、中央政府与地方政府之间的博弈、地方政府与企业之间的博弈、农业转移人口与企业之间的博弈、农业转移人口与城镇居民之间的博弈、农民工维权组织与企业之间的博弈。

第一节　地方政府与农业转移人口博弈分析

一　背景分析

在绝大多数市场化国家的城镇化进程中，农民的市民化在空间和内容上是同步进行的。而在中国，长期实行的二元户籍制度，直接导致农业转移人口进入城市后职业与身份转变的不同步。在城镇化的过程中，他们面临着"经济上接纳、社会性排斥"的问题。农村富余劳动力向城市转移后，不仅要完成职业的转变，还要改变身份，真正实现身份从空间向空间与实质内容相结合的转变。因此，本模块以农业转移人口放弃原有农村户籍以及在农村的权益完全成为市民为前提，分析农业转移人口市民化过程中地方政府与农业转移人口之间的博弈。

农业转移人口市民化关键一步在于转变户籍，并享有依附于户籍制度的福利。无论是基于政治利益还是经济利益的驱动，政府是否放开户籍管制，使农民按照自己的意愿成为城市居民，都会直接影响农业转移人口市民化的进程。近年来，新型城镇化的稳步推进使得户籍人口城镇化率不断提高。主要原因就在于，农民工就业率稳定提升，以家庭为单位的迁移比例大幅提升；第三代农业转移人口有较强的意愿和能力转变为城市居民，产城融合提供了更多的就业岗位。农业转移人口市民化是一个农业转移人口从身份到生活方式转变，进而到心理完全融入的市民化过程。

新常态下的农业转移人口市民化的重要特征之一是农业转移人口在选择放弃农村户口和保留农村户口上具有极强的主动性。在地方政府与农业转移人口关系中，农民具备一定的行为能力，在与政府的博弈过程中，农民要增强与政府对话的话语权。农村富余劳动力选择到城镇打工，主要的因素是源于其经济动力，即在城市打工的预期收益大于在农村的收益。

在预期收益中，预期收入取决于农业转移人口对自身素质与能力、就业机会、城市就业收入的增加等的判断。从农业转移人口本身考虑，主要是权衡户籍转变后在城市的预期生活水平和当前生活水平的得失，从而选择保留农村户口或将户口转向城市。在此，生活水平要综合考虑政治、经济和精神娱乐等多方面因素。农业转移人口市民化是新型城镇化的必然要求，政府应当充分尊重农民意愿，让农民基于"成本—收益"的考虑，在市民化过程中能自主做出选择。

（一）农业转移人口市民化的动力分析

对于农民而言，经济是完全市民化的唯一源泉，也就是通过转变户籍之后实现比单纯在城市打工获得更大的经济效益。从"成本—收益"角度考虑，农民工收入远高于农业收入，享受的公共服务和社会保障水平也高于农民，当农民工在城镇务工净收益大于在农村务农收入和农村其他收益，将会选择转移就业。农民工市民化后，从收益的角度看，选择和发展的机会增多，享受的公共服务和社会保障水平提高，但从成本角度考虑，市民化随之而来的是农村的承包地、宅基地和其他土地用益权丧失的机会成本与生活成本。

（1）农业转移人口市民化成本

农业转移人口市民化过程中转移人口自己需承担的成本。农业转移人口市民化的成本主要有以下几个方面：

①生活成本。指的是农业转移人口在城市保障基本生活所需的开支部分，主要包括水、电、气、通信及食物等方面的开支。②教育成本。主要指农业转移人口子女在城市的教育费用以及提升自身素质所需支出。③住房成本。是指农业转移人口市民化后在城市定居，买房或租房发生的开支。④集体资产沉没成本。是指进入城市后所放弃的农村集体土地产权带来的收益。⑤机会成本。是农民市民化后放弃的在农村的各项收入。

（2）农民市民化的收益

农民市民化的收益是指成为城镇居民后，扣除市民化成本之后所获得的经济利益。该收益分为显性收益和隐性收益两部分。①显性收益。是指看得见的收益，主要指农民市民化后在城市的经济收入部分，也是农民市民化收益的主要衡量指标。②隐性收益。主要是指农民市民化后享有的依附于户口的一些福利，比如教育资源、医疗资源、社会保障等。实际上，市民化所在地政府所需要承担的社会成本，即农业转移人口市民化所获得的隐性收益。

（二）地方政府动力分析

地方政府在与农民博弈的过程中，政府动力是希望通过农业转移人口市民化来增加城市的经济效益，如财政收入的稳步增长、GDP的不断增加以及新型城镇化的不断推进。

（1）地方政府公共成本

地方政府必须为农业转移人口市民化支付的成本（比如教育、医疗、基础设施、生态环境、社会治理成本等），也就是社会公共成本。

在城市公共资源并不丰裕的情况下，政府在公共产品上投入的成本越少，城市对于农业转移人口的吸引力就越低，农业转移人口就越不愿意留在城市生活。而在财政资金吃紧、经济发展资金需求量较大的情况下，地方政府支付大量农业转移人口市民化的成本的积极性并不高。

（2）地方政府可能产生的收益

地方政府在加大对农业转移人口市民化的投入后，可能产生的收益有：①经济效益的增加。农业转移人口市民化改变了其工作和生活方式，增加了家庭收入，提高了消费能力和消费水平，消费观念及方式也发生改变。新型消费也随之而来，如汽车消费、住房消费、绿色消费、品质消费等。②社会稳定性增强。农业转移人口市民化后，因其相对稳定的工作和相对固定的住所，大大减少了社会管理的难度，增强了社会稳定性。③农村经济的发展。农村的承包地承包权与经营权的分离，宅基地的资格权与使用权的明确赋予，有利于农业转移人口市民化后，地方政府将土地集约利用，提高土地的利用率，发展农村经济。④促进城乡统筹发展。农业转移人口市民化对于地方政府来说，不仅仅是经济收益的增加，还具有重要的政治意义。通过市民化，消除户籍制度背后的不平等，能有效缩小城乡差距，实现城乡统筹发展。

二　地方政府—农业转移人口市民化博弈模型建立与分析

（一）基本假设与模型建立

假定博弈双方地方政府与农业转移人口都是理性经济人。地方政府和农业转移人口都在追求自身利益的最大化，在农业转移人口市民化的过程中，有不同的利益诉求，在面临同一个问题时，会做出不同的策略选择。假定农业转移人口在市民化中有两种选择，市民化（转户籍）和非市民化（不转户籍），地方政府有两种选择即扶持和不扶持。

$V1$ = 农业转移人口非市民化的平均收益，包括农业收入、农业补贴及农民的社会保障等平均加总收入。

$V2$ = 农业转移人口市民化的基本收益，包括市民化工资及福利的平均加总收入。农业转移人口市民化后，在城市有了稳定的收入来源，所取得的基本收益也大于其在农村的基本收益，即 $V2 > V1$。

C = 农业转移人口在原有户籍的预期收入。

$D1$ = 政府采取主动扶持策略。在促进农业转移人口转变户籍时，政府给予农业转移人口额外的福利补贴和政策优惠等。

$D2$ = 政府推动农业转移人口市民化多获得的社会效益，包括经济效益与政治效益。如果农业转移人口不选择市民化，地方政府效益受损，即为 $-D2$。

从政府行为的动力看，如果农业转移人口市民化收益大于成本，地方政府则采取扶持策略，否则，采取不扶持策略。其收益矩阵如下：

表6.1　　　　地方政府—农业转移人口市民化博弈矩阵

地方政府 ＼ 农业转移人口	市民化	非市民化
扶持	$D2 - D1$，$V2 + D1$	$-D2 - D1$，$V1 + C$
不扶持	$D2$，$V2$	$-D2$，$V1 + C$

（二）博弈结论分析

当地方政府扶持，农业转移人口选择市民化，采取扶持策略推动农业转移人口市民化就会使政府获得收益，政府获得的预期效益 $D2$，再扣除政府采取主动扶持策略时，给予转为城市户口的农民工的额外政策优惠和福利补贴 D1，即政府的收益是 D2 − D1。此时，农业转移人口的收益为农业转移人口市民化后的基本收益 V2，以及市民化后得到的政府给予的额外优惠政策和补贴 D1，即农业转移人口的收益是 V2 + D1。所以，（扶持，市民化）策略的收益合集为（D2 − D1，V2 + D1）。

当地方政府采取扶持政策，农业转移人口选择非市民化的时候，政府的收益是 − D2 − D1，农业转移人口的收益是 V1 + C，也就是农村户口基本收益 + 贴现后的未来预期收益。所以，（扶持，非市民化）策略的收益合集为（− D2 − D1，V1 + C）。

当地方政府采取不扶持政策，农业转移人口选择市民化，地方政府的收益为 D2，农业转移人口的收益为 V2，所以，（不扶持，市民化）策略的收益合集为（D2，V2）。

当地方政府采取不扶持政策，农民工选择非市民化策略时，地方政府的收益为 − D2，农民工的收益仍为 V1 + C。所以，（不扶持，非市民化）策略的收益合集为（− D2，V1 + C）。

从地方政府角度考虑，如果农业转移人口市民化，地方政府无论是采取扶持还是不扶持策略，其效益（D2 − D1，D2）都大于 0，而农业转移人口非市民化，地方政府无论是采取扶持和不扶持策略，地方政府效益均小于 0，因此，地方政府愿意农业转移人口市民化。但在农业转移人口市民化的前提下，地方政府采取不扶持策略的收益大于采取扶持策略的收益，即 D2 > D2 − D1，因此地方政府的最优策略为（不扶持，市民化），即地方政府一方面获得了农民工给城市带来的收益，同时又不需要承担大量农业转移人口市民化成本。这与目前我国在某些城市的市民化"经济上接纳，制度上排斥"是不谋而合的。

从农业转移人口的角度看，无论地方政府扶持与不扶持，非市民化的收益均为 V1 + C，当地方政府扶持农业转移人口市民化时，农民工的收益为 V2 + D1，非市民化的收益为 V2，因为从一般现实看，V2 > V1，所以当地方政府扶持的时候，市民化收益大于非市民化收益，农业转移人口选择市民化。但在地方政府不扶持的情况下，最终农业转移人口选择市民化还是非市民化，还是要比较自身的收益，当 V2 + D1 > V1 + C时，农业转移人口市民化意愿强烈。

在长期博弈中，地方政府采取主动扶持策略才是合适的，只有在政策上给予农民工一定的优惠，经济上给予适当的支持，才能顺利推进农业转移人口市民化。根据收益最大化原则，农民工的选择有两种，要么进城务工，要么市民化。当农民工完全市民化在城市获取的收益大于其城市化所需要的成本及在农村获得的预期收益时，农民工才会选择只进城打工，而不落户城市。因为在此情况下，农民工既可以享受到城市较高的工资收入，又无须为获得市民身份支付较多的个人成本。

当地方政府采取扶持政策时，如果农业转移人口市民化收益大于非市民化收益，即 V2 + D1 > V1 + C，因 V2 > V1，只要满足 D1 > C，即政府在促进农业转移人口市民化的时候采取了主动扶持策略，即给予转户农业转移人口额外政策优惠和福利补贴等，此优惠和补贴大于农业转移人口在原籍预期的额外收入（包含土地可能带来的增值收入等），农业转移人口选择市民化。此时地方政府和农业转移人口（扶持，市民化）策略为占优策略，也达到了帕累托改进。

（三）研究启示

实质上，地方政府和农业转移人口共同的利益追求和合作利益的最大化，也能够有效推动农民工完全市民化。推进农业转移人口市民化，需要积极探索路径、方法与平台，进而打造、完善合作博弈环境，不断营造合作博弈的土壤。

进一步发挥地方政府在农业转移人口市民化工作中的主动作用。地方政府要加大政策扶持力度，在基础建设与社会保障方面下功夫，给予农民工更多的优惠政策、福利、补贴等。在户籍制度改革的基础上，不断深化土地、教育、医疗、社会保障等制度改革，减少农业转移人口市民化过程中的个人成本支出，使农业转移人口市民化的额外政策优惠大于农民工在农村预期获得的额外收入。

第二节　中央政府和地方政府的博弈

一　背景分析

2018 年政府工作报告提出，提高新型城镇化质量。本年度再进城落户 1300 万人，加快农业转移人口市民化。1300 万农业转移人口市民化的任务最终需要各地区来完成。中央政府和地方政府以及地方政府之间在推进该项工作的过程中，可能有的成本和收益各不相同，因此存在中央政府与地方政府之间的博弈。

对于中央政府来说，中央政府能够从农业转移人口市民化中获取收益。国务院发展研究中心课题组的研究结果表明，中国每新增 1000 万（7000 万农业转移人口加上其抚养人口）农业转移人口可使经济增长速度提高约 1 个百分点。

农业转移人口完全市民化，可以带动投资，拉动内需；能够倒逼产业转型升级；使农业转移人口享受更加完善的教育和医疗等公共服务。从长远来看，是推进社会公平的重要手段，可以进一步缩小城乡差距，促进城乡一体化。相反，如果农业转移人口不能在工作的城市定居，并从心理上融入城市，长期往返于城乡之间，既造成了农业转移人口的农村土地及宅基地资源的浪费，又不利于城镇化的进程中土地资源的集约节约利用，同时与以"人"为中心的城镇化方向相背离。所以，在农业转移人口流动的进程中所产生的收益对于中央政府而言都是净收益，但成本是由中央政府和地方政府一起分担。因此，中央政府对农业转移人口市民化的态度是比较积极的，也倾向于制定政策推动市民化过程，但中央政府的政策支持和目标的实现还要受制于地方政府的态度和行为逻辑。

对于地方政府来说，同样能从农业转移人口市民化过程中获益，可能获益比中央政府还要大。农业转移人口市民化不仅可以为地方的发展带来稳定的劳动力，从而促进当地产业的发展，同时还能倒逼产业的转型升级。农业转移人口市民化，为城市提供大量劳动力，加速了城市第三产业的发展与产业聚集，会直接带来城市经济的增长。因此，地方政府有推动农业转移人口市民化的动力。从农业转移人口市民化的现状看，我国目前的市民化进程主要是政府推动的，地方政府在市民化进程中发挥重要作用。

二　中央政府—地方政府博弈模型建立与分析

（一）基本假设与模型建立

假定中央政府和地方政府在农业转移人口市民化过程中都是理性经济人，会基于成本收益的考虑做出有益于自身的选择。假定中央政府和地方政府选择的背景是农民已经转移到城市，有较稳定的职业和收入，但没有放弃农村中的既得利益，没有完全市民化。中央政府与地方政府对于农业转移人口市民化有两种策略：鼓励与阻碍。鼓励即通过制定积极主动的政策，提供社会保障与公共服务促进农业转移人口市民化。阻碍即不因农业转移人口的流动而在基础设施、社会保障和公共服务等方面采取更积极的措施，甚至通过机器替代人工、强制清理等手段来挤出低端人群。

假定农业转移人口完全市民化，地方政府究竟采取何种策略取决于市民化的收益与成本之差。政府需要支付农业转移人口市民化成本。政府所支付的农业转移人口市民化成本分为两部分，一部分是固定成本，即无论农业转移人口是不是市民化（即只打工），政府都要付出的成本，即基础设施的支出成本。另外一部分是变动成本，也就是农民完全市民化后，政府需要支付的成本，如城市住房、教育、医疗、养老等社会公共服务。除了经济成本增加外，农业转移人口市民化还会带来社会管理成本的增加。市民化过程中农业转移人口心态的多元化，社会归属感缺失带来的风险，必然会加大地方政府管理的难度。

假定：

C_p 为农业转移人口市民化所需公共成本

C_1 为农业转移人口市民化所需公共成本中的固定成本

C_2 为农业转移人口市民化所需公共成本中的变动成本

γ_1 为农业转移人口市民化中央政府承担的固定公共成本的比例

γ_2 为农业转移人口市民化地方政府承担的固定公共成本的比例

μ_1 为农业转移人口市民化中央政府承担的变动公共成本的比例

μ_2 为农业转移人口市民化地方政府承担的变动公共成本的比例

其中 $0 \leqslant \gamma_1 < 1$，$0 \leqslant \mu_1 < 1$，$0 \leqslant \gamma_2 < 1$，$0 \leqslant \mu_2 < 1$

π_1 为中央政府在农业转移人口市民化中获取的效用

π_2 为地方政府在农业转移人口市民化中获取的效用

假设地方政府和中央政府的行为是在促进农业转移人口完全市民化的前提下进行的。如果采取鼓励的策略，必须承担农业转移人口市民化的公共成本，即固定成本和变动成本之和；如果采取阻碍的策略，则只负担农业转移人口在城市生活的固定成本部分。

假定中央政府和地方政府都采取鼓励策略时，中央政府和地方政府的净收益为正，中央政府和地方政府的策略都是为了促进农业转移人口市民化，那么中央政府和地方政府的博弈矩阵如下：

表 6.2　　　　　　　　中央政府—地方政府博弈矩阵

地方政府 中央政府	鼓励	阻碍
鼓励	$\pi_1 - \gamma_1 C_1 - \mu_1 C_2$, $\pi_2 - \gamma_2 C_1 - \mu_2 C_2$	$\pi_1 - \gamma_1 C_1 - \mu_1 C_2$, $\pi_2 - \gamma_2 C_1$
阻碍	$\pi_1 - \gamma_1 C_1$, $\pi_2 - \gamma_3 C_1 - \mu_3 C_2$	$\pi_1 - \gamma_1 C_1$, $\pi_2 - \gamma_2 C_1$

（二）博弈结论分析

假定中央政府采取鼓励的策略，支持农业转移人口完全市民化，那么中央政府的成本支出为 $\gamma1C1 + \mu1C2$，而同时地方政府也采取鼓励的政策，地方政府需承担的市民化成本为 $\gamma2C1 + \mu2C2$，即中央政府和地方政府都采取鼓励政策时，中央政府的效用为 $\pi1 - \gamma1C1 - \mu1C2$，地方政府的效用为 $\pi2 - \gamma2C1 - \mu2C2$，所以，（鼓励，鼓励）政策的合集为（$\pi1 - \gamma1C1 - \mu1C2$，$\pi2 - \gamma2C1 - \mu2C2$）。

假定中央政府为鼓励策略，地方政府为阻碍策略，农业转移人口选择市民化，中央政府要支付市民化成本 $\gamma1C1 + \mu1C1$，地方政府则只需要提供固定成本，而不需要承担变动成本部分，故地方政府的收益为 $\pi2 - \gamma2C1$，所以，（鼓励，阻碍）政策的合集为（$\pi1 - \gamma1C1 - \mu1C2$，$\pi2 - \gamma2C1$）。

假定中央政府采取阻碍的政策，地方政府采取鼓励的政策，实现农业转移人口市民化，中央政府需要支出固定成本比例部分，中央政府的净效益为 $\pi1 - \gamma1C1$，而地方政府为吸引农业转移人口成为市民而采取鼓励策略时，地方政府承担农业转移人口市民化的成本会增加，分别用 $\gamma3$ 和 $\mu3$ 表示，其中 $\gamma3 > \gamma2$，$\mu3 > \mu2$，此时，地方政府的净收益为 $\pi2 - \gamma3C1 - \mu3C2$，所以，（阻碍，鼓励）的政策合集为（$\pi1 - \gamma1C1$，$\pi2 - \gamma3C1 - \mu3C2$）。

假定中央政府采取阻碍的政策，地方政府也采取阻碍政策，农业转移人口选择市民化，则中央政府和地方政府均要为农业转移人口支付固定成本，则政府的净收益为 $\pi1 - \gamma1C1$，地方政府的净收益为 $\pi2 - \gamma2C1$，所以，（阻碍，阻碍）的政策合集为（$\pi1 - \gamma1C1$，$\pi2 - \gamma2C1$）。

从以上矩阵结构可以看出，无论中央政府采取阻碍政策还是鼓励策略，地方政府的最优策略都是阻碍农业转移人口市民化，因为地方政府为阻碍策略时的净收益为 $\pi2 - \gamma2C1$，而在鼓励策略下的净收益为 $\pi2 - \gamma2C1 - \mu2C2$ 和 $\pi2 - \gamma3C1 - \mu3C2$，因为 $\gamma3 > \gamma2$，$\mu3 > \mu2$，

故 $\pi_2 - \gamma_2 C_1 > \pi_2 - \gamma_2 C_1 - \mu_2 C_2 > \pi_2 - \gamma_3 C_1 - \mu_3 C_2$，故阻碍农业转移人口市民化是地方政府的占优策略。在地方政府选择阻碍策略时，中央政府采取鼓励政策时的净收益为 $\pi_1 - \gamma_1 C_1 - \mu_1 C_2$，采取阻碍政策的净收益为 $\pi_1 - \gamma_1 C_1$，而 $\pi_1 - \gamma_1 C_1 > \pi_1 - \gamma_1 C_1 - \mu_1 C_2$。

从以上博弈结果分析，在农业转移人口市民化的过程中，中央政府与地方政府都选择阻碍是占优均衡的策略，即（阻碍，阻碍）为博弈占优均衡。

这种结果也解释了在改革开放初期我国一线和少数二线城市部分农业转移人口市民化状况。尽管中央政府和地方政府对农业转移人口市民化都采取阻碍策略，户籍制度对农业转移人口可选择就业岗位的限制较大，且政府和企业并不能提供与城镇居民职工同等社会保障的约束下，但仅仅因为农业转移人口在这些城市能获取比在其他地区和农村更高的收入，部分农业转移人口在城市获取的经济效益远远高于其在农村的预期效益，他们就能接受较高市民化成本的支付。而在农业转移人口完全市民化后，无论是地方政府还是中央政府都能从中获利。

但从长远看，若中央政府和地方政府均采取阻碍的政策，则大多数农业转移人口在城市所获的经济效益不足以单独支付其市民化的成本，即农业转移人口市民化的收益成本之差不大于 0，农业转移人口就不会选择市民化，而只在城市打工。

由此可知中央政府与地方政府的博弈模型是建立在当期，且假定主体均为将经济收益置于重要衡量地位的"理性的经济人"，（阻碍，阻碍）策略只有在上述两个假设成立的前提下方为占优均衡。然而政府部门尤其是中央政府部门并非"理性的经济人"，即使在改革开放初期将"经济发展优先"作为发展战略，赋予其充分合理性，也并不意味着中央政府对于政治、社会、文化等社会各有机组成部分均衡协调发展的忽视。尤其是在当下，以人民为中心的发展理念不断深入，在发展中保障与改善民生，人人共享改革发展成果，中央政府在共享发展方面的不断努力从事实上摒弃了"阻碍"策略的选择。基于西方"理性经济人假设"的博弈理论模型并不能够有效阐释我国政府部门的所有行为,公平正义原则在城乡融合中的充分体现本身就是社会主义制度的必然要求。这也正是社会主义制度优越性的体现。

（三）研究启示

政府在农业转移人口市民化进程中起主导作用,若要使农业转移人口达到永久性市民化（愿意放弃土地、愿意迁户口）,则其前提是农业转移人口在政府政策支持下,市民化的净收益大于仅仅在城市打工获取的收益。

从市民化实际情况来看,中央政府在农业转移人口市民化过程中采取的是积极的鼓励政策,但中央政府的积极政策并不一定能刺激农业转移人口市民化的意愿,还要看地方政府是否积极配合创新,以及农业转移人口是否积极响应。但三大主体从成本—收益角度考虑,自然就会形成利益诉求的差异,利益诉求的差异会导致行为逻辑的不同。所以,如果要实现帕累托最优均衡,就必须进行制度创新,完善主体之间的利益协调机制。

中央政府要加强顶层设计,在促进地方政府利益的同时为农业转移人口市民化创造有利条件,强化中央政府对地方政府的约束,规范地方政府行为。中央政府和地方政府之间要建立合理的成本分担机制,不同地区可以采取差异化的财政转移制度。如经济比较发达的地方,该区域的农业转移人口自然就有比较强烈的市民化意愿,农业转移人口自身可承担部分市民化的相关成本,中央政府可以相对较少地承担农业转移人口的市民化成本,地方政府承担更多的市民化成本。对于落后地区来说,农业转移人口市民化是滞后型市民化,既不愿意放弃土地也不愿意迁户口,那么要促进人的城镇化,中央政府可以承担相对多一些的市民化成本。中央政府要增加农业转移人口投入增加激励机制,首先就要改变对地方政府以 GDP 为中心的考核办法,进而改变其财政支出结构。

地方政府从眼前利益考虑，采取阻碍的政策能实现自身利益的最大化，但从长远角度考虑，农业转移人口市民化能够给地方政府带来更大的收益。地方政府需要从长远利益考虑，积极配合中央的政策，努力进行制度创新，有序推进农业转移人口市民化过程。考虑到农业转移人口在市民化意愿和能力方面存在较大差异，要尊重农业转移人口的主体地位和主体性选择，采取渐进方式，从滞后型市民化过渡到制度型市民化。对农业转移人口在农村享有的承包地、宅基地、林地等权益，积极进行制度创新，实现地方政府和农业转移人口的利益双赢。通过教育、技能培训提升农业转移人口整体素质，为市民化创造条件。

第三节　地方政府与企业间的博弈

一　背景分析

企业（主要指流入地企业）直接决定了农业转移人口的工资水平和社会保障情况，因此，企业的决策会对农业转移人口市民化产生影响。假定在农业转移人口市民化进程中，企业和政府都是理性经济人，企业在市民化的过程中要衡量自己的成本收益情况。在农业转移人口市民化过程中，企业除了由于农业转移人口带来的经济收益外，还要支付部分市民化成本。不仅包括工资、奖金、福利与薪酬成本，还要考虑到政策优惠社会保障和改善住房条件等社会间接成本，再基于成本—收益的考虑做出决定。

二　地方政府—企业博弈模型建立与分析

（一）基本假设与模型建立

在模型构建之前，假定企业和地方政府都是理性经济人，在博弈过程中都追求自身利益最大化。企业与地方政府的行为策略为：支持与不支持。对企业的行为来说，是承担和不承担农业转移人口市民化的企业成本，政府的选择也是承担和不承担农业转移人口市民化成本。假定农业转移人口市民化是既定事实，基于此前提，探讨地方政府和企业作为理性经济人做出的行为选择。

变量及含义。

I：农业转移人口市民化成本

I1：农业转移人口市民化企业获利

I2：企业支付给农业转移人口的薪酬成本

I3：企业支付给农业转移人口市民化的其他间接成本（社会保障、就业培训、住房条件改善等）

β：农业转移人口市民化成本中的企业分担比例

M1：农业转移人口市民化后的地方政府获利

M2：农业转移人口市民化的地方政府政策让利

α：农业转移人口市民化地方政府承担成本比例

$0 < \alpha + \beta \leq 1$

表6.3   地方政府和企业博弈矩阵

政府 ＼ 企业	支持	不支持
支持	I1 + M2 − I2 − I3, M1 − M2	I1 + M2 − I2 − I3, M1
不支持	I1 − I2, M1 − M2	I1 − I2, M1

（二）博弈结论分析

企业支持市民化的净收益为 I1 + M2 − I2 − I3，即企业从农业转移人口市民化中获利与地方政府政策让利之和减去所承担的支付给农民的薪酬成本，企业若不支持农业转移人口市民化，则不需要支付除工资薪酬成本之外的社会间接成本，地方政府的政策优惠、让利也同样享受不了，故净收益为 I1—I2。

地方政府若支持农业转移人口市民化，所得净效益为 M1—M2，如不支持的话，则不需要支付相关的成本，不支持策略的净效益为 M1。

根据博弈模型可知，企业和地方政府无论对方选择何种策略，最优的选择是不支持农业转移人口市民化，故最优策略合集为（不支持，不支持）。但此模型假定为促进农业转移人口市民化，如果企业和地方政府均不支持的话，则市民化成本全部由农业转移人口个人承担，显然农业转移人口没有充足的市民化意愿。这也反映了我国现阶段大多数农业转移人口虽然在城市工作多年，但无法支付高昂的市民化成本，再加上自身能力的限制，只能选择在城市打工而非市民化。

如果对这个模型进行改进，在地方政府采取鼓励策略的条件下，要使（地方政府支持，企业支持）成为纳什均衡博弈组合，必须满足 $I1 + M2 - I2 - I3 > I1 - I2$，即 $M2 > I3$，即地方政府农业转移人口市民化过程中对企业的让利大于企业所需支付的间接成本。因此，地方政府在推动农业转移人口市民化进程中，要制定政策，合理地安排企业所承担的（公共）成本，恰当地采取企业激励政策，有效地引导企业承担社会责任。

（三）研究启示

首先，建立完善的农业转移人口市民化成本分担机制。政府应加大对企业的激励，出台税收减免、信贷支持、金融服务等各类政策，鼓励企业主动承担农业转移人口市民化成本，推动农业转移人口市民化进程。企业需要依据农业转移人口市民化的意愿落实实际行动，市民化进程中，企业承担的成本可以通过多渠道来进行资金的筹集。同时，地方政府为引入社会资本参与、加快推进市民化进程，也可以尝试与社会资本共同合作的模式。

其次，有效引导和调控企业分担市民化成本是地方政府的责任和义务。地方政府要积极推进农业转移人口市民化成本分担机制的建立进程。虽然地方政府对企业为农业转移人口缴纳社会保险做出了相应规定，但是在执法过程中，由于农业转移人口流动性较高，政府对企业用工人员数量很难准确把握。个别企业可能为达到减少社会保险缴纳额度的目的，在自主申报时，为降低用工成本、增加企业利润，使用花名册造假等。地方政府由于执法成本较高，采取不举报不查处的原则，直接导致"法人违法"的问题。而对于地方政府本身应该承担的成本，可能因为财政资金困难、监管缺失等多种因素，进而导致市民化转化成本不能分解，阻碍了市民化进程。在市民化的成本分担过程中，无论是企业还是地方政府，都会存在自利性行为，而地方政府作为农业转移人口市民化的主体，必须加强引导和监督，确保市民化成本的分担得以落实。

第四节　农业转移人口与企业的博弈

一　背景分析

这里的企业指流入地企业。农民进城务工的第一载体是企业，因此企业给予农业转移人口的工资收入、福利以及对待他们的态度都对农业转移人口市民化的能力与意愿产生直接影响。如果农业转移人口不能在城镇定居落户，经常流动于不同城市和不同企业之间，对企业人力资本积累、技术进步和产业转型升级有直接影响。农业转移人口市民化，可以为企业提供一批稳定的人力资源，推动企业的进步。

企业，既是商品生产者，也是经营者，同时也是"有限理性的经济人"。长期以来，农业转移人口虽然为企业提供了大量的劳动力，但一些企业并未给予农业转移人口平等的市民权，如有些企业漏缴或不缴"五险一金"，以减少企业的用工成本，增加自身可能的获利。

二　农业转移人口—企业博弈模型建立与分析

（一）基本假设与模型建立

假设：

企业侵犯农业转移人口的权益时收益为 a

企业应给予农业转移人口的权益为 b

农业转移人口在城市打工的收益为 c

农业转移人口离开城市后在农村的净收益为 d

企业因开工不足造成的经济损失为 H

面对农业转移人口市民化，企业所采取的策略为"给予"和"不给予"两种，农业转移人口策略为"接受"与"不接受"两种。企业所处的环境也有两种，一种是农业转移人口供给充足，企业能在农业转移人口工资不变的情况下轻松吸纳农业转移人口就业，诸如"民工潮"；一种是农民数量有限，企业若不提高工作待遇很难吸纳到足量的农业转移人口，即所谓的"民工荒"。收益矩阵如下：

表 6.4   "民工潮"背景下企业和农业转移人口收益矩阵

企业＼农业转移人口	接受	不接受
给予	a − b, c + b	a − b, d
不给予	a, c	a, c

可以看出，"民工潮"背景下，"给予"是企业的严格劣策略，此时企业只会有一种选择，即"不给予"，而农业转移人口的选择为"接受"，即"不给予，接受"为均衡策略。在民工潮背景下，影响博弈均衡的关键因素在于农业转移人口在城市打工与在农村务农的收入比较，即 c 和 d 的比较，当 c > d 时，即农业转移人口在城市打工的收入高于在农村务农的收益，即使企业不给予社保等方面的支持，农业转移人口依然选择留在城市打工。当农业转移人口在农村务农的收入大于在城市打工的收入时，农民则选择回农村务农。

在"民工荒"背景下，影响农民工策略选择的仍然是在城市打工收益与在农村收益的比较。在此背景下，企业可能因为招工不足造成经济损失，如果 H > b 时，即企业因招工不足带来的经济损失大于给予农民工的权益时，那么"不给予"就是企业严格的劣策略，此时企业与农业转移人口的均衡策略为（给予，接受）和（给予，不接受），当 $c+b>d$，即农业转移人口在城市打工收益大于在农村务农的收益，则选择留在城市打工。

表6.5　　"民工荒"背景下企业和农业转移人口博弈矩阵

企业 ＼ 农业转移人口	接受	不接受
给予	$a-B$, $c+b$	$a-b$, d
不给予	$a-H$, c	$a-H$, d

（二）博弈结论分析

企业分担市民化成本的最主要途径是缴纳农业转移人口的各种社会保险，这一行为是企业的社会责任，但同时也增加了企业的用工成本。在劳动力充足且农业转移人口同质性很高的情况下，企业招募农业转移人口较为容易。此时，企业居于主动地位，可能会逃避社会保险费用的缴纳以降低生产成本。此时，企业的最优策略是给农民工少缴纳或不缴纳保险费用，因农业转移人口处于劣势地位，"接受"是他们的最优策略。当劳动力不充足时，企业获取人力资源难度相对加大，这时候企业的最优策略是"给予"，即为农业转移人口缴纳足额的保费。而此时，如果企业社保缴费不足或不缴纳保费，农业转移人口会另谋职业，寻求社保缴费更高的工作。

（三）研究启示

在农业转移人口市民化成本分担过程中，如果没有充足的劳动力，企业就有较强动力分担农业转移人口社会化成本，这时农业转移人口结合企业福利与自身能力在就业时做出主动性选择。如果劳动力市场过剩，企业逃避农业转移人口市民化的社会保险成本时，农业转移人口应寻求工会或政府监管机构的帮助，政府更要主动加大对企业的监管力度，以保障农业转移人口的基本劳动福利。

第五节　农业转移人口与城镇居民的博弈

一　背景分析

农业转移人口市民化的过程，是农村居民与城市居民从隔膜到融入最终到深度融合的过程。由于农村居民与城市居民在生活理念、行为方式和收入水平等方面存在差异，农业转移人口市民化的过程，也是他们与城市居民之间的博弈过程。

从调查研究中可以发现，农业转移人口在城市从事的工作主要集中在建筑、家政、加工制造、餐饮服务等领域，这些领域与城镇居民生活密切相关，极大提高了城镇居民的生活便利度，甚至某些城市在农业转移人口过年返乡后，出现生活服务业停摆的情况。一些城镇居民在落后的就业观念导向下，往往会瞧不起从事这些工作的农业转移人口。城镇居民大多不愿意与农业转移人口分享既有的公共资源，属于追求自身或家庭利益的"自利人"，在人地挂钩与推进农业转移人口市民化配套的公共设施及服务等政策没有真正完全落实以前，如果盲目推进全面的农业转移人口市民化，将直接影响本地城市居民享有的公共资源的质量。同时，大部分农业转移人口素质相对较低，可能会给城市社会治安带来一定影响。

二　城镇居民—农业转移人口博弈模型建立与分析

（一）基本假设与模型建立

假设在农业转移人口市民化过程中，城市居民有两种策略即分享与不分享，农业转移人口有两种策略，即打工和市民化。

农业转移人市民化能够促进城镇经济发展，拉动内需，使城镇居民收益增加。假定农业转移人口市民化后，城镇居民效用为 $\pi 1$。因为农业转移人口市民化会带来城镇居民公共资源的减少，假定城镇居民付出的市民化成本为 ab（a 为市民化人口数量，b 为人均公共服务减少量），因此城镇居民的总效用为 $\pi 1 - ab$。

市民化给农业转移人口带来的是更好的教育、医疗等社会福利和收入。假定农业转移人口市民化后的效用增量为 $\pi 2$，农业转移人口需要负担的市民化成本为 H（住房和生活费用），收入为 I。

表6.6 城镇居民—农业转移人口博弈矩阵

城镇居民＼农业转移人口	市民化	打工
共享	$\pi 1 - ab$, $I - H + \pi 2$	$\pi 1$, I
不共享	$\pi 1 - ab$, $I - H + \pi 2$	$\pi 1$, I

（二）博弈结论分析

表6.6 是市民化过程中城镇居民与农业转移人口二者的博弈。对于城镇居民来说，只要农业转移人口选择市民化，无论城镇居民愿不愿意与农业转移人口共享公共服务资源，实际上都会带来公共服务的减少，并且市民化人口数量越多，城镇居民的效用就越低。因此，对于城镇居民来说，在农业转移人口到城市打工已成为普遍趋势的前提下，他们在获取利益的同时已经与农业转移人口共享了基础设施方面的资源，不再希望农业转移人口完全市民化（与城镇居民享受同等的社会保障）。因此，对于城镇居民来说，他们的理想结果是农业转移人口只是在本地单纯地打工而已，而不是完全市民化，在获得农业转移人口带来的经济效益的同时，不需要再支付额外的社会成本。

对于农业转移人口来说，舍弃其他次要变量，假定在城市打工的情况下收益只为收入（包括工资性收入和财产性收入），若成为市民，除了在城市的收入外，农业转移人口获取市民化的效益增量 $\pi 2$，但同时要支付市民化成本 H（住房和生活费用），农业转移人口是否愿意完全市民化，取决于 $I - H + \pi 2$ 与 I 的大小，假若 $I - H +$

$\pi2 > I$，即 $\pi2 > H$，农业转移人口会选择市民化，否则农业转移人口选择只在城市打工而非真正市民化。

对城镇居民而言，农业转移人口市民化的同时带来公共服务的减少，在城市既定公共服务资源总量不变的情况下，市民化数量越大，分担的公共服务成本将越高，所以从城市居民的角度来说明，对农业转移人口市民化持排斥的态度。城市居民的态度从一定程度上也会影响农业转移人口市民化的意愿。但当前的农业转移人口市民化进程是以政府为主导，从以上分析看出，只有当农业转移人口市民化效用增量大于其市民化成本时，方会选择市民化。这也解释了在大中城市，农业转移人口市民化带来更多的效益增量，少数收入高的农业转移人口期待完全市民化而实现更多的效益增量。

（三）研究启示

社会各界要发挥组织平台优势，开辟优质社会资本获取和积累的通道，为农业转移人口搭建社会资本积累的良好平台，从而有力推动农业转移人口融入城市。

首先，工会要加大宣传，鼓励农业转移人口入会，通过多种方式促进城乡居民之间的交流。其次，社区应做好农业转移人口服务工作。社区要想农业转移人口所想，急农业转移人口所急，搭建服务平台，完善服务机制，建立维权机制，遏制歧视现象，促进社会和谐。再次，政府及民间团体可组织形式多样的社会活动以增加农业转移人口之间的交流。

第六节　农业转移人口维权组织与企业的博弈

一　背景分析

农业转移人口市民化的意愿很大程度上与其在城市打工的权益状况相关。农业转移人口在城市打工会在一定程度上面临权益受损的情况，主要涉及劳动安全保护权、职业技能培训权、休息休假权、劳动争议处理权、劳动报酬权和社会保障权等方面。

二 农业转移人口维权组织—企业博弈模型建立与分析

(一) 基本假设及模型建立

此模型基于以下假设：存在一个强有力的第三方维权组织，该组织收益与其在社会的名声成正向相关关系，即其在社会中的姿态越强硬、名声越大，则其收益会越高；农业转移人口加入该组织后，组织代表农业转移人口有两个战略，即反抗与不反抗。假定企业也有两种策略，即改进与不改进。

表6.7 农业转移人口维权组织—企业博弈矩阵

企业 \ 农业转移人口维权组织	反抗	不反抗
改进	2, 0	3, 1
不改进	1, 1	4, −1

(二) 博弈分析结论

如果企业选择改进策略是因为农业转移人口维权组织采取了反抗策略，这时候正好是达到了农业转移人口对组织的平均期望，即认为组织反抗企业是组织应该做的。因此并不能提高该组织的名声，其收益为0，而企业因为农业转移人口维权组织的行为支付一定的成本，其收益为2，而当农业转移人口维权组织不反抗时，企业无须支付成本，收益为3，企业的改进策略增强了维权组织的名声，农业转移人口会认为维权组织依靠的是强硬的名声而不是反抗策略使企业改变战略，该组织在农业转移人口心中的地位会上升，此时维权组织的收益为1。所以企业和农业转移人口（改进，反抗）的策略合集为（2，0），（改进，不反抗）的策略合集为（3，1）。

当企业选择不改进策略时，如果维权组织选择反抗策略，维权组织的名声提高，收益为1，企业要因为维权组织的行动付出成本，此时，收益也为1，因此（不改进，反抗）的策略合集为（1，1）。

当企业选择不改进策略，维权组织不反抗时，企业无须支付改进成本，收益最大为4，而这时候，维权组织如果不维权，则损害了其名声，收益为－1，（不改进，不反抗）的策略合集为（4，－1）。

分析企业和农业转移人口维权组织的策略，对于企业来说，企业选择不改进策略，收益可能达到最大化，当企业选择不改进策略，维权组织不反抗时，企业的收益为最大，但若维权组织采取反抗策略，企业的收益为1，收益最小，因此，企业的最优策略为改进。

对于农业转移人口维权组织来说，反抗与不反抗最大收益都是1，但是不反抗的话，收益小时的值为－1，小于反抗时的收益最小值，因此，对于农业转移维权组织来说，最优的选择策略是反抗。

综上，根据最小最大化原则，企业和农业转移人口维权组织的最优策略是（改进，反抗），即企业改进对农业转移人口的权益保障，农业转移人口维权组织代表农民进行反抗。

（三）研究启示

此模型达到均衡有两个前提条件，一是农民自愿加入了农业转移人口维权组织，二是维权组织自身比较强硬，能够代表农民进行权益保护。据此，提出以下对策建议：

首先，规范引导农业转移人口以地缘为纽带形成的组织。当前农业转移人口在城市主要是通过亲朋好友介绍获取工作，所以农业转移人口维权组织主要基于地缘关系成立。因为经费不足，组织者整体素质不高，合法性受到冲击，实际操作过程中，并不一定代表农业转移人口进行权益保障的维护，因此，必须予以规范引导。

其次，进一步完善农业转移人口维权组织，加大工会维权力度。针对农业转移人口流动性大、文化水平不高、维权意识不强的特点，政府要主动作为，大力开展宣传，加大法律援助力度，提高农业转移人口法律意识，加大异地维权力度。

第七节　社会支持网络多主体博弈分析总结

农业转移人口市民化意愿的产生是在市民化过程中多方支持主体之间的博弈结果，体现为地方政府与农业转移人口之间的博弈、中央政府与地方政府之间的博弈、地方政府与企业之间的博弈、农业转移人口与企业之间的博弈、农业转移人口与城镇居民之间的博弈、农业转移人口维权组织与企业之间的博弈。基于理性经济人的选择，除农业转移人口自身外，其他主体对农业转移人口市民化过程中的占优选择均为不扶持、阻碍、不支持、不给予、不接受。因此，推动农业转移人口市民化必须通过一系列分担共治制度安排，以调动多方主体在农业转移人口市民化推进工作中的积极性。

第七章 农业转移人口市民化成本测度与分担

从农业转移人口微观主体层面来看，户籍、年龄、家庭、住房、就业、社会保障、文化教育、社会关系等都会影响农业转移人口市民化意愿，其中，住房、就业、社会保障、文化教育等都需要较高的成本支出，是市民化成本的重要组成部分。市民化成本与市民化意愿具有直接、显著的关联度，市民化成本的大小直接影响着市民化推进的进度与程度，也是农业转移人口是否市民化考虑的首要因素。如果农业转移人口不能在城镇安居乐业，解决城镇生活成本问题，那么就不可能愿意留在城镇，实现市民化。随着我国"以人为核心"的新型城镇化进程的不断深入以及乡村振兴战略的稳步推进，明确要求实现"到2020年1亿农业转移人口和其他常住人口落户城镇"的目标。因此，在众多影响农业转移人口市民化意愿因素中，政府也在纷纷松绑曾经限制农业转移人口的"公共领域制度"，如住房制度将农业转移人口纳入廉租房序列，租购同权实现农业转移人口子女享有同等城市受教育权利；户籍制度有条件放开等制度层面的藩篱在逐渐破除，但基本公共服务均等化一时还难以解决，推动更多人口融入城镇尚有不少障碍。其中，市民化成本将成为使"更多人融入城镇"目标难以实现的最直接的显化因素，同时也是影响农业转移人口市民化意愿的最为关键的心理预期。因此，应积极推动农业转移人口市民化成本的分担，促进市民化意愿的增强。

第一节　省际农业转移人口市民化成本测度文献研究

成本属于经济价值范畴，是为了某种目的而投入的人、财、物的货币表现或付出的代价。成本测度是指在一定期限内可计量的投入。市民化的成本是影响农业转移人口市民化进程的关键因素，农业转移人口市民化成本的研究约在 2000 年后逐渐增多。可以说，全国（除港澳台外）32 个省区市，每一个省都有相关文献对本地农业转移人口市民化（成本）问题进行研究。如果从省际市民化成本的测度视角看，全国除去天津、内蒙古、山西、宁夏、浙江、海南、贵州、西藏外，其他 23 个省（区市）都有对本省（区市）市民化成本的测度〔由于新疆、四川、湖北、陕西等省（区市）未有本省（区市）市民化成本的研究，就选择乌鲁木齐市、成都市、攀枝花市、武汉市、西安市的市民化成本作为代替〕。基于此，本研究采用文献研究法，以"表格"汇总的方式，结合调研情况，将各省（区市）市民化成本测度的研究结果对比展现出来（见表 7.1），进一步说明了农业转移人口市民化成本与市民化意愿的重要关联性，以期推动农业转移人口市民化成本问题与市民化意愿的系统比较研究。（注：表 7.1 中测算的数据除有特别说明外，均是由原作者直接测算的结果；本章中出现的①—㉓中任一数字，均等同于表 7.1 中的序号）

表 7.1　　　农业转移人口市民化分省测度成本问题研究情况

序号	文献来源	测度的省份及成本构成	测算方法与金额（元/人）	解决路径
①	魏后凯，陈雪原：中国特大城市农转居成本测算及推进策略［J］.区域经济评论，2014（4）	北京市；农转居：一是"拆"＋"建"的费用；一是公共服务支出	分类测算；集中城镇化区约为 50 万，非集中区约为 20 万	成本分担，分批推进农民整建制转居

序号	文献来源	测度的省份及成本构成	测算方法与金额（元/人）	解决路径
②	石忆邵，王樱晓：基于意愿的上海市农民工市民化成本与收益分析［J］．同济大学学报（社科版），2015（4）	上海市（2013）；公共成本、个人成本	实证模型测算；379744	分区域、阶段式逐渐推进
③	王合翠：安徽省农民工市民化的私人成本研究［J］．衡阳学院学报，2015（4）；王合翠：安徽省农民工市民化的公共成本研究［D］．安徽大学，2015	安徽省（2012）；私人成本、公共成本	分类加总；198663	四方成本分担机制
④	魏澄荣，陈宇海：福建省农民工市民化成本及其分担机制［J］．中共福建省委党校学报，2013（11）	福建省（2010）；社会成本、私人成本	分类测算；164402	"三位一体"分担机制
⑤	高仲秋：新型城镇化背景下株洲市农业转移人口市民化成本分担机制［J］．南方农业，2016（12）	湖南省（以株洲市为例）；职业培训、社会保障、住房、城镇基础设施成本和私人增加的生活成本	分类加总；2014—2020年全市60万名投入13173301.6万	"三位一体"的成本分担机制
⑥	王斯贝，刘彦麟，杨文杰：河北省农民工市民化成本分摊测算研究报告［J］．经营管理者，2016（6）	河北省；社会保障、生活、子女义务教育、住房、基础设施及其他成本	分类加和方法；78395	逐步建立多元化分担机制
⑦	孙斌育，张曼平，马召：河南省农民工市民化成本变动影响因素研究［J］．市场研究，2015（3）	河南省（2013）；子女教育、社会保障成本、城市管理费用成本、保障性住房支出成本及其他成本	分类测算；8.13万，其中短期成本1.82万，长期成本4.3万，年度成本为0.05万	建立政府主导、多方参与、成本共担、协同推进的市民化机制

序号	文献来源	测度的省份及成本构成	测算方法与金额（元/人）	解决路径
⑧	张继良，马洪福：江苏外来农民工市民化成本测算及分摊［J］．中国农村观察，2015（2）	江苏省；社会保障成本、生活成本、子女义务教育成本、住房成本	测算；第一代农民工的市民化成本约11.2万，新生代为14.3万	个人、用人单位、财政三方负担
	徐建荣：新型城镇化下江苏农民工市民化成本探析［J］．现代经济探讨，2015（2）	江苏（2013—2020）；政府向市民化后的新居民提供公共服务所需支出	通过统计数据测算；48910	合理设计成本分担机制
⑨	钟亮，廖亮，郭定文：江西省新型城镇化农业转移人口市民化成本测算研究［J］．中国工程咨询，2014（11）	江西省（2013）；子女教育、医疗、社会保障、住房保障、基础设施建设成本	分类加总；24373.96	政府应出台配套支持政策
⑩	周春山，杨高：广东省农业转移人口市民化成本——收益预测及分担机制研究［J］．南方人口，2015（5）	广东省（2010）；城市基础设施、城市生活、住房、社会保障、教育、机会成本	结合马斯洛的需求层次理论而测算；93523	政府、企业和个人分担
	袁荫贞：快速工业化地区农民工市民化成本测算——基于企业和个人视角［J］．云南农业大学学报（社会学），2016（4）	广东省（以东莞为例，2014）；政府所承担的公共服务成本；企业承担的社会保障成本和员工职业技能培训；农民工个人承担的社会保障、住房和生活成本	测算；农民工市民化企业和个人在东莞市所负担的成本分别为5593元和38467元	个人、企业和政府三方都需投入
⑪	张欣：黑龙江省农业转移人口市民化存在的问题及对策研究［D］．东北农业大学，2013	黑龙江省；农业转移人口进入大中城市往往面临较高的就业成本、生活成本	据专家测算；在城市中安置1个劳动力需要4万—5万元，而乡镇企业吸收1个劳动力仅需4000元	加强对非正规就业者权益的保障，降低流动风险及就业成本

序号	文献来源	测度的省份及成本构成	测算方法与金额（元/人）	解决路径
⑫	姜明慧，李学坤，等：农民工市民化的成本模型及测算机制［J］．中国集体经济，2016（18）	青海省（2015）；个人成本和公共成本	平均数法和指数平滑法；个人总成本：2015、2020、2030 年分别为 30129.84、122803.35、322362.99	政府、企业、社会组织和个人共同分担机制
⑬	张广裕：农业转移人口市民化成本估算与分担机制研究［J］．宁夏大学学报（人文社会科学版），2015（6）	甘肃省（2014）；公共成本和个人成本	估算；甘肃省农业转移人口市民化人均成本大约 9 万元	成本分担，整体谋划，渐次推进
⑭	张静：农民工市民化成本测算及其分担机制构建［D］．新疆大学，2014	新疆（以乌鲁木齐为例，2012）；子女的教育、医疗保障、社会养老保险、城市公共管理、城市基础设施支出和保障性住房支出	分类加总；104297	政府、企业、农民工为主要分担主体
⑮	王志燕，魏云海，董文超：山东省农业转移人口市民化成本测算及分担机制构建［J］．农业经济研究，2015（2）	山东省（2013）；公共成本和个人成本	分类加总；公共成本约 15.07 万，个人成本约 2.37 万，购房成本约 12.43 万	政府、企业、农业转移人口、社会组织等分担
⑯	李长生等：云南省农民工市民化成本测算及分担机制研究［J］．云南农业大学学报，2015（6）	云南省；个人成本和公共成本	数理实证；80732	追求成本分担效率，兼顾公平
⑰	董莹：武汉市远城区农业转移人口市民化成本及分担机制研究［D］．华中师范大学，2014	湖北省（以武汉市为例，2013）；个人成本、公共成本、企业成本	经济学理论和方法；总成本为 80422（其中年均支付成本 50427，一次性支付成本 29995）	政府为主导、企业为主体、家庭为主力的分担机制

序号	文献来源	测度的省份及成本构成	测算方法与金额（元/人）	解决路径
⑱	眭海霞，陈俊江：新型城镇化背景下成都市农业转移人口市民化成本分担机制研究［J］. 农村经济，2015（2）	四川省（以成都为例，2013）；保障住房、教育培训、社会保障、基础设施建设增加成本、私人增加的生活成本等	分类加总；总成本为285760.84	构建政府、企业、农民个人三方成本分担机制
⑲	刘美月，李开宇等：新型城镇化背景下农民工市民化成本测算及其分担机制构建［J］. 江西农业大学学报，2016（3）	陕西省（以西安为例，2013）；基础设施建设、社会保障、随迁子女教育、个人生活、个人住房、个人机会成本	总结学术界对农民工市民化成本指标的研究，通过测算，西安市实现农民工市民化的成本约为22.76万。	建立以政府、企业、农民工自身以及社会慈善福利机构共同承担的"四维共同体"分担机制
⑳	何玲玲，蔡炉明：农民市民化成本和收益的博弈分析［J］. 岭南师范学院学报，2016（2）	广西（2014）；新建基础设施、子女教育、食品支出、居住、交通通信、社保、机会成本	笔者将作者测算的14个市市民化成本再进行平均为51810，以此作为广西的市民化成本	政府、企业和个人应共同分担，确定合理分担比例
㉑	钟蕊羽，丁春梅，郝德强：攀枝花市农民工市民化成本调查［J］. 现代商贸工业，2016（6）	四川省（以攀枝花市为例，2014）；个人成本和公共成本	成本测算；个人负担60420.75，政府负担118453.9，合计178874.95	建立政府、企业、个人共同分担机制
㉒	刘克鹏：辽宁省新型城镇化的收益成本测算与分享分担机制研究［D］. 辽宁大学，2015	辽宁省（2012）；包括个人成本、企业成本和公共成本	成本测算；含房价即期成本的总成本为107654	政府为主；企业个体参与；社会组织要有担当

续表

序号	文献来源	测度的省份及成本构成	测算方法与金额（元/人）	解决路径
㉓	张增磊：吉林省农民工市民化的难点与对策研究［D］. 东北农业大学，2013	吉林省；农民工市民化主要支出为"土地使用权流转基金"、各项社会保障待遇、城镇廉租住房建设、农民工市民化造成的有关部门和人员费用，以及城市人口的增加导致的城市基础设施的成本、教育费用、公共管理费用和其他各种费用。另外，从农民工的角度看，农民工市民化的成本主要包括永久放弃承包土地的机会成本、农村生活与城市生活的差别成本、各种社会保障费用、子女教育费用和各种隐性成本。因此，笔者不能提出一套具体的工具，因此也就没有研究农民工完全放弃土地的具体金额		

一　关于农业转移人口市民化成本构成的研究

综合已有研究成果，学者们在研究农业转移人口市民化成本问题时的逻辑架构一般都是（表7.1中①②⑨⑩⑳除外）循着"成本分类—成本测度方法—成本分担"的主线渐次展开。关于农业转移人口市民化的成本构成有多种分类口径，众多学者从成本的性质上将农业转移人口市民化的成本主要分为两大类：公共成本和个人成本。公共成本是指政府向农业转移人口市民化后的新居民提供公共服务所需支出的相关费用，主要包括市民化所需的保障性住房支出、社会保障成本、城市基础设施增加成本、社会治理费用、教育成本及其他成本（如残疾人补助支出）等；个人成本是指个人承担的成本，主要包括社会保障成本、住房成本和生活成本。

二　关于农业转移人口市民化成本的测度研究

农业转移人口市民化成本测度主要有两种计算方法，一种是以有关的统计数据为基础进行分类再加总的测算方法，另一种是先构建成本—收益模型再用数据加以验证的测算方法。两种方法都是以一定的数据分析为基础，如某区域内各项指标的平均水平，先分项测算再汇总计算市民化成本。有20多位学者对农业转移人口市民化的具体成本进行了测算，测算结果见表7.1。当然，对于农业转移人口市民化成本的测算，采用的方法不同，显现出的结果也不一样。有的虽然也构建了简单的实证分析模型，但由于数据获得的困难和片面，测算的结果存在着较大的差异。如，同样对江苏省农业转移人口市民化成本的测算，张继良、马洪福运用 AGIL 理论，利用第六次全国人口普查资料，依据区域内职工工资、房价平均水平，采用核算的方法测算的第一代农民工的市民化成本约为 11.2 万元，新生代为 14.3 万元；而徐建荣通过统计数据测算每年农民工人均市民化公共成本为48910 元。

根据研究者的测算结果（见表7.2），农业转移人口市民化成本在 5 万（不含）—10 万元（含）的相对较多，占比约三分之一，5 万元以下、10 万—15 万元（含）、15 万—20 万元（含）及 20 万—30 万元（含）这几个成本段均至少有 3 个省，且没有明显的东中西区域倾向，30 万元以上分布在京、沪。

表7.2　　22个省（区市）农业转移人口市民化成本测算结果

级距（元）	5 万及以下	5 万—10 万（含）	10 万—15 万（含）	15 万—20 万（含）	20 万—30 万（含）	30 万以上
数量（个）	4	7	3	3	3	2
平均值（元）	33967	80312	113150	180650	270687	364872
测算省份	黑、湘、青、赣	粤、甘、豫、鄂、滇、冀、桂	苏、辽、疆	皖、渝、闽	鲁、川、陕	京、沪

三　关于农业转移人口市民化成本分担机制的研究

在农业转移人口市民化成本解决路径上，已有研究均偏向于建立"政府、企业、农业转移人口个人""三位一体"的成本分担机制。具体分担多大比例，⑧测算得出个人、用人单位、财政三方负担比例为33.9%：12.2%：53.9%；⑩认为是32%：22%：46%；⑱认为是22.37%：21.63%：56%。更有细化者，将政府分为中央政府和地方政府，或在"三位"基础上又添加了一个承担主体"社会组织"，变为"四位一体"。

农业转移人口市民化并非政府、企业和农业转移人口个人中某一方的事，任何一方均有义务承担其中属于自己的那一部分。学者罗云开认为，在提供公共服务的过程中，政府、企业和个人分别承担什么样的支出项目，经济学家已经给出了比较明确的答案。研究重点应放在政府为所有居民提供的公共服务水平是否与经济发展水平和财政收入相适应方面。但课题组认为，进城成本是影响农业转移人口市民化意愿的重要因素，也是最直接、最现实的关键因素。因此，正确分析和归类农业转移人口市民化成本，依据有关统计资料，明确社会支持网络不同构成主体在农业转移人口市民化过程中应分担的成本，显得尤为重要。

第二节　农业转移人口市民化成本结构与分担机制

一　农业转移人口市民化的成本构成

农业转移人口市民化成本涉及流入城市对城市基础设施、公共服务配套、社会保障、教育和住房等财政投入，涉及企业实现农业转移人口和市民"同工同酬、同工同权、同工同时"时的市场成本，还涉及农业转移人口个人承担的城市生活、住房等方面的消费支出。

（一）市政基础设施建设成本

基础设施建设成本主要包括：为保障和改善新增市民化人口在道路交通、园林绿化、给排水、水电燃气、市容环境、信息通信等市政公共设施方面需求，政府所必须投入的资金总量。随着农业转移人口的市民化，大量的农业转移人口流入城市，政府有必要对城市基础设施加大投入，城市规模也将随之扩大。这些大规模的基础设施建设和维护，必然会增大政府的公共开支，从而需要通过财政支持和政策推动来实现，这部分成本可以视为农业转移人口市民化成本的主要组成部分。

（二）就业成本

当农业转移人口进入城镇后，是否有较为稳定的经济收入来源是影响他们能否继续留在城市，能否最终实现市民化的先决条件。因此，政府和企业有义务协助他们更好地立足城市进行就业和创业，如政府在职业介绍、技能培训、技能鉴定与创业支持等方面给予一定的补贴，可以根据市场需求开展针对性的技能培训，比如订单式技能培训，增加培训与就业之间的有效联系；鼓励那些具备一定创业经验和一定经济基础的农业转移人口自主创业，并对其进行创业技能和相关政策的培训以期提高创业成功率，用创业促进就业，并且为他们提供小额担保贷款融资的财政贴息等。

（三）住房成本

（1）保障性住房成本

保障性住房成本是为满足低收入农业转移人口的城市住房需求，政府将其纳入城市住房保障体系，为其提供城市廉租房等保障措施所必须增加的资金支出，主要是指城市廉租房的建设成本。

尽管农业转移人口多年来一直在城镇工作，被纳入城镇人口统计当中，但实际上却享受不到城镇居民享有的城镇保障性住房待遇。农业转移人口需要一个稳定的居所，这是他们市民化的一个基本条件，而他们中的大多数人属于低收入群体，无法承受城镇较高的房价。所以政府有必要将他们纳入城镇的住房保障系统当中，让他们也能享有与城镇居民一样的住房保障政策，还可以给予他们当中低收入人群以适当的经济适用房或住房补贴。

（2）商品房住房成本

农业转移人口成为城市居民之后必然要在城镇购买商品房，构成了市民化商品房住房成本。根据中国传统的"居者有其屋"的观念，进城务工的农业转移人口必然希望在自己工作的城镇有属于自己的房屋，以使他们的家庭和孩子能够在城市当中有个安身立命之所，这也是他们能否在城市长期稳定工作生活的先决条件。因此，对于农业转移人口来说，能否顺利实现市民化的一个非常重要的条件便是面对城市高房价，他们能否在城里买得起房或者未来某时刻能否在城里买得起房。没有自己的安居之所，市民化意愿再强恐怕也难实现，市民化最终也将成为空谈，而且根据马斯洛需求层次理论，拥有自己的住所也是满足他们的生活需要和安全需求的根本。

虽然随着我国各种体制改革的不断深入，农业转移人口将被逐步纳入城镇住房保障体系当中，他们可以通过廉租房、公共租赁房和购买经济适用房等方式来获得住房，但是由于申请条件很高，只有极其少数人能享有该项政策，大部分农业转移人口依然需要通过市场购买商品房的方式来解决自己和家庭在城镇的住房问题。

（四）随迁子女义务教育成本

随迁子女义务教育成本[①]是指政府为满足农业转移人口随迁子女在城市接受义务教育而对中小学义务教育的投入资金。主要包括两个部分：一部分是公用经费、教学设施费用、教师工资、学杂费等义务教育经费的投入；一部分是满足增加的农民工随迁子女受教育需求而必须新建的校舍费用。

（五）社会保障成本

社会保障成本是指农业转移人口在实现市民化之后，政府为其投入的社会保障补贴以及个人和企业各自承担的社会保障费用超出市民化之前所承担的保费。农业转移人口成为市民后，就要与城市居民一样，参加城镇职工基本养老保险、失业保险、城镇基本医疗保险、工伤保险以及生育保险等，这无疑将会增加城市社会保险成本分担主体的费用支出，构成了农业转移人口市民化的社会保障成本。随着市民化进程的不断推进，越来越多的农业转移人口将逐渐转化为市民，社会保障支出成为市民化成本的较大一部分，且不容忽视。

---

① 在此，从普遍性的角度，暂不考虑非城镇户籍农业转移人口随迁子女借读公办学校所缴纳借读费与赞助费。

（1）养老保险成本

城镇职工的基本养老保险是国家采取多渠道筹集资金，通过相关立法为城镇职工在老年失去工作能力后提供的一种经济补偿措施，以此保障他们年老后在城镇的基本生活。农业转移人口市民化后，原本没有参加城镇职工基本养老保险的那些农业转移人口，在市民化后就要由参加城乡居民养老保险转为参加城镇职工基本养老保险。而无论是从城镇职工基本养老保险的缴费水平还是从城镇职工养老金的发放水平来说都要明显高于城乡居民养老保险，那么，高出的这部分成本支出即可被视为农业转移人口市民化的养老保险成本。

（2）医疗保险成本

我国医疗保险组成之一的城镇职工基本医疗保险，是由用人单位和职工个人缴费，设立医疗保险基金，为补偿参保职工因疾病风险遭受经济损失时而提供的一项社会保险制度。那些之前参加新型农村合作医疗的农业转移人口市民化之后就必须改为参加城镇职工基本医疗保险，增加的这部分医疗保险支出就视为农业转移人口市民化的医疗保险成本。

（3）失业保险成本

城镇职工的失业保险是国家通过立法强制实行的，无须职工个人缴纳，仅由企业支付，建立失业保险基金，该制度是为那些因失业失去生活来源的参保者在失业期间提供的物质援助制度。

（4）工伤保险费

城镇职工基本工伤保险指的是城镇职工因公负伤或患职业病致使暂时性或永久失去劳动能力以及发生死亡情况时，保障职工能够得到及时的医疗救治，并可以获得一定的经济补偿以降低城镇职工工伤风险的一种社会保险制度。该保险制度除了对参保职工的医疗、康复费用进行补偿外，还包括对其基本生活保障的费用。城镇职工基本医疗保险是仅由企业缴费设立的工伤保险基金，职工个人无须缴纳。

（5）生育保险成本

城镇职工生育保险是国家通过立法，由用人单位按照国家规定为女性职工缴纳生育保险费并设立生育保险基金，对女性职工因为生育分娩而中断工作期间提供经济补偿以保障其基本生活的一种社会保险制度（现已并入医疗保险）。

（六）住房公积金成本

住房公积金是国家规定的由职工所在单位和职工个人缴存的为了职工在未来购买房屋所进行的长期住房储蓄，通常按基本工资5%—12%的缴费比率缴存。基于我国农村没有建立住房公积金制度，只在城镇建立的现实情况，农业转移人口市民化后所在单位和个人缴纳公积金而产生的成本便是农业转移人口市民化的住房公积金成本。

（七）最低生活保障成本

最低生活保障是国家对于那些人均收入低于当地政府公布的最低生活保障标准的人口给予的一种补贴，以保障该家庭成员基本生活所需的一种社会保障制度。通常，因为各种原因，城镇的最低生活保障标准相较于农村的最低生活保障标准要高些，而且农业转移人口在拥有城市户籍之前，是不能享受城市最低生活保障的，只有成为市民之后，才能享受城镇低保的待遇。

（八）农业转移人口市民化人均生活成本

市民化人均生活成本是指农业转移人口自身需承担的城镇生活日常所需的消费性支出，涵盖水、电、气、食品、衣物、交通、通信、文娱等方面的支出。由于农村生活水平要低于城市生活水平，因此，农业转移人口市民化后需要自己承担额外增加的生活成本支出。

（九）市民化机会成本

市民化机会成本指的是农业转移人口在成为市民后，因放弃农村土地承包经营权而损失的农业生产收益和兼业经营的收益。兼业经营是指农民从事非农活动所获得的经济收益。

综上，在农业转移人口市民化成本各项构成中，市政设施建设成

本和就业成本是由中央和地方政府共同承担；商品房住房成本则主要
是由农业转移人口自行承担；保障性住房、义务教育阶段的教育成本
也是由中央和地方政府来承担；医疗保险和失业保险费用由地方政
府、企业和农业转移人口个人三方共担；工伤保险和生育保险则是由
地方政府和企业共同承担；住房公积金由企业和农业转移人口个人共
同承担；中央和地方政府共同分担最低生活保障费用。其中，由政府
分担的成本部分被称为市民化公共成本，由用人单位分担的成本部分
被称为市民化企业成本，由农业转移人口个人承担的成本部分被称为
市民化个人成本，具体见表7.3。

表7.3 农业转移人口市民化成本构成

市民化成本构成 ＼ 市民化成本承担主体	公共成本		企业成本	个人成本
	中央政府	地方政府	企业	农业转移人口个人
市政设施成本费用	■	■		
就业成本费用	■	■		
住房成本费用　商品房				■
住房成本费用　保障房	■	■		
随迁子女义务教育成本费用　小学	■	■		
随迁子女义务教育成本费用　初中	■	■		
社会保障成本费用　养老保险成本	■	■	■	■
社会保障成本费用　医疗保险成本	■	■	■	■
社会保障成本费用　失业保险成本	■	■	■	■
社会保障成本费用　工伤保险成本	■	■	■	
社会保障成本费用　生育保险成本	■	■	■	
社会保障成本费用　公积金成本			■	■
最低生活保障成本费用	■	■		
市民化人均生活成本费用				■
机会成本费用				■

二　农业转移人口市民化成本测度实证分析

基于农业转移人口在流入地的经济发展水平、家庭基础、个人意愿等方面存在一定的差异性，市民化成本也必然会有所不同。因此，在测度市民化成本时，就不宜以某一地区的市民化成本来代替，而要立足于全国，按照上述农业转移人口市民化成本结构分类，以全国性的有关统计资料为依据，先计算出实际发生的相关成本或支出的总量，再应用算术平均法分类逐项计算出每一项的人均成本，最后汇总得出全国的农业转移人口市民化的平均成本。

（一）城市基础设施建设成本

随着大量农业转移人口的市民化，城市规模不断扩大，必然导致对城市基础设施建设的投入随之增加，因此需要政府增加大量的公共支出，这便是市政基础设施建设成本。

市民化人均城镇市政公用设施固定资产投资

＝城镇市政公用设施固定资产总投入/城镇常住人口总数

根据 2015 年全国、中央和地方预算支出决算表，对全国中小城镇基础设施建设支出数据进行整理后，得出中央财政支出和地方财政支出比例为 0.12% 和 99.88%，依此可计算：

市民化人均城市基础设施建设中央财政支出

＝（19304.2 亿元/7.71 亿人）×0.12% ＝3.00（元/人）

市民化人均城市基础设施建设地方财政支出

＝（19304.2 亿元/7.71 亿人）×99.88% ＝2500.80（元/人）

同理，通过 2016、2017、2018 年对全国、中央和地方预算支出决算表中中小城镇基础设施建设支出的数据整理，得出中央和地方财政支出比例分别为 0.21%：99.79%、0.25%：99.75% 和 0.53%：99.47%，由此通过计算得出（见表7.4）：

2016 年市民化人均城市基础设施建设中央财政支出 ＝（20854.5 亿元/7.93 亿人）×0.21% ＝5.52（元/人）

2016 年市民化人均城市基础设施建设地方财政支出 = （20854.5 亿元/7.93 亿人）× 99.79% = 2624.28 （元/人）

2017 年市民化人均城市基础设施建设中央财政支出 = （22961.8 亿元/8.13 亿人）× 0.25% = 7.06 （元/人）

2017 年市民化人均城市基础设施建设地方财政支出 = （22961.8 亿元/8.13 亿人）× 99.75% = 2817.26 （元/人）

2018 年市民化人均城市基础设施建设中央财政支出 = （23149.2 亿元/8.31 亿人）× 0.53% = 14.76 （元/人）

2018 年市民化人均城市基础设施建设地方财政支出 = （23149.2 亿元/8.31 亿人）× 99.47% = 2770.94 （元/人）

表7.4　　**农业转移人口市民化市政公用设施建设成本**

年份	市民化人均城市基础设施建设中央财政支出成本（元）	市民化人均城市基础设施建设地方财政支出成本（元）	市民化人均城市基础设施固定资产投资（元）
2015	3.00	2500.80	2503.80
2016	5.52	2624.28	2629.80
2017	7.06	2817.55	2824.33
2018	14.76	2770.94	2785.70

资料来源：中国统计年鉴 2015、2016、2017、2018 年城乡建设统计公报；2015、2016、2017、2018 年全国一般公共预算支出决算表；2015、2016、2017、2018 年中央本级支出决算表；2015、2016、2017、2018 年地方一般公共预算支出决算表。

（二）就业成本

农业转移人口都可以免费享有接受一次政府提供的就业技能培训机会，人均补贴 800 元已经纳入我国新型城镇化规划（2014—2020 年）的目标中，再对 2015 年中央和地方政府的一般公共预算支出决算表中的相关数据进行整理后，即可得出中央本级财政和地方政府财政投入在农业转移人口职业培训方面的补贴[83]。

职业培训中央本级财政投入比例 = 1.14 亿元/42.31 亿元 × 100%

= 2. 69%

职业培训地方财政投入比例 = 41. 17 亿元/42. 31 亿元 × 100% = 97. 31%

由此可计算出：

市民化人均职业培训中央财政补贴 = 800 元 × 2. 69% = 21. 52（元）

市民化人均职业培训地方财政补贴 = 800 元 × 97. 31% = 778. 48（元）

同理，根据 2016、2017、2018 年中央和地方一般公共预算支出决算表中，关于职业培训投入的数据整理可得，中央本级财政与地方政府财政在农业转移人口职业培训方面补贴。

2016 年职业培训中央本级财政投入比例 = 1. 28 亿元/40. 66 亿元 × 100% = 3. 14%

2016 年职业培训地方财政投入比例 = 39. 38 亿元/40. 66 亿元 × 100% = 96. 86%

可计算：

2016 年市民化人均职业培训中央财政补贴 = 800 元 × 3. 14% = 25. 12（元）

2016 年市民化人均职业培训地方财政补贴 = 800 元 × 96. 86% = 774. 88（元）

2017 年职业培训中央本级财政投入比例 = 0. 9 亿元/35. 99 亿元 × 100% = 2. 50%

2017 年职业培训地方财政投入比例 = 35. 09 亿元/35. 99 亿元 × 100% = 97. 50%，

可计算：

2017 年市民化人均职业培训中央财政补贴 = 800 元 × 2. 50% = 20（元）

2017 年市民化人均职业培训地方财政补贴 = 800 元 × 97. 50% = 780（元）

2018 年职业培训中央本级财政投入比例 = 0.81 亿元/33.13 亿元 ×
100% = 2.44%

2018 年职业培训地方财政投入比例 = 32.32 亿元/33.13 亿元 ×
100% = 97.56%，

可计算：

2018 年市民化人均职业培训中央财政补贴 = 800 元 × 2.44% =
19.52（元）

2018 年市民化人均职业培训地方财政补贴 = 800 元 × 97.56% =
780.48（元）

表 7.5　　　　　　　**农业转移人口市民化劳动就业成本**　　　　单位：元/人

年份	农业转移人口人均 职业培训中央 本级财政补贴（元）	农业转移人口人均 职业培训地方 财政补贴（元）	农业转移人口人均 职业培训成本支出（元）
2015	21.52	778.48	800
2016	25.12	774.88	800
2017	20	780	800
2018	19.52	780.48	800

资料来源：2015、2016、2017 年度人力资源和社会保障事业发展统计；2015、2016、
2017、2018 年全国一般公共预算支出决算表；2015、2016、2017、2018 年中央本级支出决
算；2015、2016、2017、2018 年地方一般公共预算支出决算表；2015、2016、2017、2018
年中央对地方税收返还和转移支付决算表。

（三）住房成本

1. 城镇商品房住房成本。城镇居民的住房成本是根据城镇商品
房的销售价格来计算，而不是根据承租商品房的租金价格或商品房建
筑成本价计算的。因此，农业转移人口市民化的住房成本是以城镇商
品房的平均销售价格乘以城镇人均住房面积来计算得出城镇居民的人
均商品房居住成本。

为了计算城镇居民的人均商品房住房成本，从相关部门公布的统

计数据整理后显示，2015 年全国城镇商品房平均售价为 6742 元/m²，城镇人均住房面积为 34.61m²，由此可以计算出：

2015 年市民化人均商品房住房成本

= 城镇商品房平均销售价格 × 城镇居民人均住房建筑面积

= 6742 × 34.61 = 233340.62（元）

同理，利用统计数据可以计算出 2016、2017、2018 年市民化人均商品房住房成本：

2016 年市民化人均商品房住房成本

= 城镇商品房平均销售价格 × 城镇居民人均住房建筑面积 = 7546 × 36.6 = 276183.60（元）

2017 年市民化人均商品房住房成本

= 城镇商品房平均销售价格 × 城镇居民人均住房建筑面积 = 7892 × 36.9 = 291214.80（元）

2018 年市民化人均商品房住房成本

= 城镇商品房平均销售价格 × 城镇居民人均住房建筑面积 = 8737 × 39 = 340743（元）

从上述计算结果显而易见，不断上涨的城镇商品房销售价格已经成为农业转移人口在其市民化进程中负担最大的成本，也是最难解决的一项成本。

表 7.6　　　　　　　　农业转移人口市民化商品房居住成本

年份	城镇商品房平均 销售价格	城镇居民人均 住房建筑面积	城镇居民人均 住房成本
2015	6742（元/m²）	34.61（m²）	233340.62（元/人）
2016	7546（元/m²）	36.6（m²）	276183.60（元/人）
2017	7892（元/m²）	36.9（m²）	291214.80（元/人）
2018	8737（元/m²）	39（m²）	340743.00（元/人）

数据来源：中国统计年鉴 2016—2018；中国住户调查年鉴 2016—2018。

2. 保障性住房成本。国家对于保障性住房的建筑面积控制有较为明确的规定，其中公租房面积以 40m² 为主，廉租房面积应控制在 50m² 以内，经适房面积为 60m² 左右。因此，本课题研究根据建筑成本和 15m² 的人均建筑面积来计算保障性住房的成本。由此可计算出：

人均保障性住房成本 = 2816 元/m² × 15m² = 42240（元）。

通过整理 2015 年中央和地方决算表中的数据可得，中央本级财政和地方政府财政在住房保障方面的财政支出比例分别为 6.92% 和 93.08%。由此计算得出：

人均保障性住房中央本级财政支出成本 = 42240 × 6.92% = 2923.01（元）

人均保障性住房地方政府财政支出成本 = 42240 × 93.08% = 39316.99（元）

同理，通过整理 2016、2017、2018 年中央和地方决算表中的数据可得，中央本级财政和地方政府财政在住房保障方面的财政支出比例分别为 6.06% : 93.94%、6.42% : 93.58% 和 7.44% : 92.56%；并由此可计算得出：

2016 年人均保障性住房中央本级财政支出成本 = 42240 × 6.06% = 2559.74（元）

2016 年人均保障性住房地方政府财政支出成本 = 42240 × 93.94% = 39680.26（元）

2017 年人均保障性住房中央本级财政支出成本 = 42240 × 6.42% = 2711.81（元）

2017 年人均保障性住房地方政府财政支出成本 = 42240 × 93.58% = 39528.19（元）

2018 年人均保障性住房中央本级财政支出成本 = 42240 × 7.44% = 3142.66（元）

2018 年人均保障性住房地方政府财政支出成本 = 42240 × 92.56% = 39097.34（元）

表 7.7　　　　　　　　　　农业转移人口市民化住房保障成本

年份	人均保障性住房中央本级财政支出成本（元）	人均保障性住房地方财政支出成本（元）	市民化住房保障成本（元/人）
2015	2923.01	39316.99	42240
2016	2559.74	39680.26	42240
2017	2711.81	39528.19	42240
2018	3142.66	39097.34	42240

资料来源：中国统计年鉴 2016—2018；2015、2016、2017、2018 年中央本级支出决算表；2015、2016、2017、2018 年地方一般公共预算支出决算表；2015、2016、2017、2018 年中央对地方税收返还和转移支付决算表。

（四）随迁子女教育成本

我国目前的教育政策明确规定，非义务教育阶段的学费基本是由家庭或受教育者本人承担，该阶段产生的教育费用不会因为受教育者的户籍发生变更而使政府的财政支出增加，国家只承担九年义务教育阶段的教育经费，各级政府的财政负担会随着受教育者户籍的变化而发生改变。政府在义务教育阶段的财政投入主要涵盖维持学校正常运作所需的设备购置费、建筑物修缮费、公务费和基本业务费等，这些费用是可测算的，可以用具体的生均教育经费来表示。由于中小学阶段产生的教育费用不同，因此有必要将中学和小学阶段分开计算，另外城镇和乡村中小学阶段的生均教育经费也是不同的，因此，当农业转移人口的子女由原来的乡村学校进入城镇学校时，必然会使城镇义务教育阶段的事业性经费增加。随着城镇化进程的加快，部分大中城市尤其是农业转移人口较为集中的城市，随迁子女不断涌入，使得学龄儿童人数迅速增长，导致这些地区的教育资源越来越紧张，接纳能力明显不足，需要新建学校来应对，因此导致教育基础设施建设的投入成本也相应增加。

全国普通小学阶段生均教育经费 =（城镇小学阶段生均教育经费 × 城镇在校小学生人数 + 农村小学阶段生均教育经费 × 农村在校小

学生人数）/全国总在校小学生人数

城镇小学阶段生均教育经费＝（全国普通小学阶段生均教育经费×在校小学生总数－农村小学阶段生均教育经费×农村在校小学生人数）/城镇总在校小学生人数

2015 年城镇小学生均教育经费

＝（8838.44 元/人×9692.18 万人－8576.75 元/人×3127.67 万人）/6564.51 万人＝8963.12（元）

2016 年城镇小学生均教育经费＝（9557.89 元/人×9913.0 万人－9246.00 元/人×3198.93 万人）/6714.07 万人＝9706.49（元）

2017 年城镇小学生均教育经费

＝（10199.12 元/人×10090 万人－9768.57 元/人×3259.52 万人）/6830.48 万人＝10404.58（元）

2018 年城镇小学生均教育经费

＝（11328.05 元/人×10339.25 万人－10548.62 元/人×3344.84 万人）/6994.41 万人＝11700.79（元）

全国普通初中阶段生均教育经费＝（城镇初中阶段生均教育经费×城镇初中在校生数＋农村初中阶段生均教育经费×农村初中在校生数）/在校初中生总人数

则，城镇初中阶段生均教育经费＝（全国普通初中阶段生均教育经费×在校初中生总数－农村初中阶段生均教育经费×农村初中生人数）/城镇初中生总人数

2015 年我国城镇初中阶段生均教育经费

＝（12105.08 元/人×4311.95 万人－11348.79 元/人×702.50 万人）/3609.45 万人＝12252.28（元）

2016 年我国城镇初中阶段生均教育经费

＝（13415.90 元/人×4329.40 万人－12477.35 元/人×667.04 万人）/3662.36 万人＝13586.84（元）

2017 年我国城镇初中阶段生均教育经费

= (14641. 15 元/人 × 4442. 10 万人 – 13447. 08 元/人 × 643. 41 万人) /3828. 69 万人 = 14727. 09（元）

2018 年我国城镇初中阶段生均教育经费

= (16494. 37 元/人 × 4652. 59 万人 – 14634. 76 元/人 × 648. 41 万人) /4004. 18 万人 = 16795. 50（元）①

农业转移人口随迁子女人均小学阶段教育成本

= 城镇小学阶段生均教育经费 – 农村小学阶段生均教育经费

2015 年随迁子女小学阶段教育成本 = 8963. 12 元/人 – 8576. 75 元/人 = 386. 37（元）

2016 年随迁子女小学阶段教育成本 = 9706. 49 元/人 – 9246. 00 元/人 = 460. 49（元）

2017 年随迁子女小学阶段教育成本 = 10404. 58 元/人 – 9768. 57 元/人 = 636. 0（元）

2018 年随迁子女小学阶段教育成本 = 11700. 79 元/人 – 10548. 62 元/人 = 1152. 17（元）

市民化随迁子女初中阶段生均教育成本

= 城镇初中阶段生均教育经费 – 农村初中阶段生均教育经费

2015 年市民化随迁子女初中阶段教育成本 = 12252. 28 元/人 – 11348. 79 元/人 = 903. 49（元）

2016 年市民化随迁子女初中阶段教育成本 = 13586. 84 元/人 – 12477. 35 元/人 = 1109. 49（元）

2017 年市民化随迁子女初中阶段教育成本 = 14727. 09 元/人 – 13447. 08 元/人 = 1280. 01（元）

2018 年市民化随迁子女初中阶段教育成本 = 16795. 50 元/人 – 14634. 76 元/人 = 2160. 74（元）

---

① 人民网：《2017 年全国教育经费执行情况统计公告》，2018 年 10 月 16 日，http: //edu. people. com. cn/n1/2018/1016/c1006 – 30343985. html。

根据 2015、2016、2017、2018 年中央、地方公共预算支出决策表数据整理得到，中央财政和地方财政在小学教育阶段的支出比例基本都是 0.10%：99.90%；初中教育阶段的支出比例也基本都为 0.10%：99.90%。因此，将中央对地方转移支付决算表中的数据进行整理后，可计算出中央财政对义务教育转移支付：小学阶段为 84.94 元，初中阶段为 162.1 元，通过计算可得 2015、2016、2017 和 2018 年的相关数据如表 7.8 所示。

（五）社会保障成本

1. 养老保险成本。《全国农民工调查监测报告（2014）》中显示，我国农业转移人口的平均年龄为 38.3 岁，如果以这个年龄的农业转移人口为代表，他们从 2014 年开始参加城镇职工基本养老保险，按目前我国相关政策规定，其每年的缴费基数是根据在岗职工的平均工资的 60% 来计算。另外我国《关于完善城镇社会保障体系的试点方案》中规定，员工个人按 8% 的费率缴费，企业要按 20% 的费率为员工缴费（2019 年已下调为 16%，本课题研究时尚未下调，故仍以 20% 计算）。由于大多数农业转移人口基本上从事的是体力劳动，依据我国法定退休年龄，男性职工为 60 周岁，女性为 50 周岁，再根据男性和女性员工的平均退休年龄计算：2031 年 55 岁的退休人员，依据 2015 年我国平均预期寿命 75.3 岁计算，可以领取 20 年的养老金。尽管目前我国的养老金账户稍有盈余，但随着人口老龄化的加快，养老和医疗保险的压力必将越来越大，养老金盈余必将越来越少，除非政府通过增加财政补贴方式以满足越来越多的老龄人口的养老需求，以近 10 年的一年期固定存款利率 3.25% 来计算基金的利息（见表 7.9）。

表7.8　农业转移人口市民化随迁子女义务教育成本

单位：元/（年·人）

项目 \ 时间	中央财政支出				地方财政支出				合计			
	2015	2016	2017	2018	2015	2016	2017	2018	2015	2016	2017	2018
城镇小学阶段生均教育经费	8.96	9.71	10.40	11.7	8954.16	9696.78	10394.18	11689.09	8963.12	9706.49	10404.58	11700.79
农村小学阶段生均教育经费	8.58	9.25	9.77	10.55	8568.17	9236.75	9758.8	10538.07	8576.75	9246.00	9768.57	10548.62
市民化随迁子女小学阶段生均教育成本	0.38	0.46	0.64	1.15	385.99	460.03	635.36	1151.02	386.37	460.49	636.0	1152.17
城镇初中阶段生均教育经费	12.25	13.61	14.89	16.79	12240.03	13595.61	14870.13	16788.71	12252.28	13586.84	14727.09	16795.50
农村初中阶段生均教育经费	11.35	12.48	13.45	14.63	11337.44	12464.87	13433.63	14620.13	11348.79	12477.35	13447.08	14634.76
市民化随迁子女初中阶段生均教育成本	0.90	1.13	1.44	2.16	902.59	1130.74	1436.5	2158.58	903.49	1109.49	1280.01	2160.74

资料来源：2015、2016、2017、2018年中央本级支出决算表；2015、2016、2017、2018年地方一般公共预算支出决算表；2015、2016、2017、2018年全国一般公共预算支出决算表；2015、2016、2017、2018年全国教育经费执行情况统计公报；中国统计年鉴2015、2016、2017、2018年地方一般公共预算支出决算表。

表 7.9　2014—2031 年农业转移人口市民化城镇职工
基本养老保险缴费本息总额　单位：元/（年·人）

年份	人均城镇在岗职工年平均工资	人均城镇在岗职工基本养老保险缴费基数（60%）	人均城镇在岗职工基本养老保险缴费额（28%）	人均企业年缴纳养老保险费（20%）	人均个人年缴纳养老保险费（8%）	人均缴纳养老金计息（利率3.25%）	人均个人养老金账户年储存额
2014	56339	33803.40	9464.84	6760.68	2704.27	307.61	9772.56
2015	63241	37944.60	10624.49	7588.92	3035.57	345.30	10969.78
2016	67569	40541.40	11351.59	8108.28	3243.31	368.93	11720.52
2017	68104.4	40862.64	11411.54	8172.53	3269.01	371.85	11813.39
2018	73343.2	44005.92	12321.66	8801.18	3520.47	400.45	12722.11
2019	78582	47149.2	13201.78	9429.84	3771.94	429.06	13630.83
2020	83820.8	50292.48	14081.89	10058.5	4023.40	457.66	14539.56
2021	89059.6	53435.76	14962.01	10687.15	4274.86	486.27	15448.28
2022	94298.4	56579.04	15842.13	11315.81	4526.32	514.87	16357
2023	99537.2	59722.32	16722.25	11944.46	4777.79	543.47	17265.72
2024	104776	62865.6	17602.37	12573.12	5029.25	572.08	18174.44
2025	110014.8	66008.88	18482.49	13201.78	5280.71	600.68	19083.17
2026	115253.6	69152.16	19362.6	13830.43	5532.17	629.29	19991.89
2027	120492.4	72295.44	20242.72	14459.09	5783.64	657.89	20900.61
2028	125731.2	75438.72	21122.84	15087.74	6035.10	686.49	21809.33
2029	130970	78582	22002.96	15716.4	6286.56	715.10	22718.06
2030	136208.8	81725.28	22883.08	16345.06	6538.02	743.7	23626.78
2031	141447.6	84868.56	23763.2	16973.71	6789.49	772.30	24535.5
合计							305079.54

上表中可以看出，城镇职工人均个人养老金账户年储存额是人均城镇在岗职工基本养老保险缴费总额与人均缴纳养老金计息之和，即

城镇职工基本养老保险员工个人账户

= 城镇职工基本养老保险企业缴费 + 城镇职工基本养老保险个人缴费 + 养老金利息

那么，等到该农业转移人口 2031 年退休时，其基本养老金账户储存额 = 基础性养老金［1697.37 元/（人·月）］+ 个人账户养老金［302604.5/170 = 1780.03 元/（人·月）］（备注：依据我国目前统一规定的个人账户养老金的计发月数，到该农业转移人口 55 岁退休时的计发月数为 170 个月），一共为 3477.40 元/（人·月）。

如果将财政补贴分摊到缴费的每一年，根据王晓红（2016）的测算，人均年养老保险财政补贴为 9795.34 元。根据 2015、2016、2017、2018 年的中央本级财政支出表和地方一般公共预算支出决算表中的数据可知，中央本级财政对基本养老保险基金的补助分别为 117.93 亿元、129.37 亿元、140.61 亿元、150.46 亿元；地方财政补助分别为 4044.35 亿元、4574.04 亿元、7308.05 亿元、8120.93 亿元，通过计算可以得出，中央本级财政占比分别为 2015 年的 2.83%、2016 年的 2.75%、2017 年的 1.89%、2018 年的 1.82%；地方财政占比分别为 2015 年的 97.17%、2016 年的 97.25%、2017 年的 98.11%、2018 年的 98.18%，则可计算得出（见表 7.10）：

2015 年人均年养老保险中央本级财政补贴 = 9795.34 元 × 2.83% = 277.21（元）

2015 年人均年养老保险地方财政补贴 = 9795.34 元 × 97.17% = 9518.13（元）

2016 年人均年养老保险中央本级财政补贴 = 9795.34 元 × 2.75% = 269.37（元）

2016 年人均年养老保险地方财政补贴 = 9795.34 元 × 97.25% = 9525.97（元）

2017 年人均年养老保险中央本级财政补贴 = 9795.34 元 × 1.89% = 185.13（元）

2017 年人均年养老保险地方财政补贴 = 9795.34 元 × 98.11% = 9610.21 元（元）

2018 年人均年养老保险中央本级财政补贴 = 9795.34 元 × 1.82%

= 178.26（元）

2018 年人均年养老保险地方财政补贴 = 9795.34 元 × 98.18% = 9617.08（元）

表 7.10　　**农业转移人口市民化基本养老保险人均筹资**

单位：（元/年·人）

年份	人均年养老保险中央本级财政补贴	人均年养老保险地方财政补贴	人均企业年缴纳养老保险费	人均个人年缴纳养老保险费	城镇职工基本养老保险人均年筹资
2015	277.21	9518.13	7588.92	3035.57	20419.83
2016	269.37	9525.97	8018.48	3243.31	21057.13
2017	185.13	9610.21	8172.53	3269.01	21236.88
2018	178.26	9617.08	8801.18	3250.47	21846.99

城镇职工基本养老保险年人均筹资额

= 人均企业年缴纳养老保险费 + 人均个人年缴纳养老保险费 + 人均年养老保险中央本级财政补贴 + 人均年养老保险地方财政补贴

= 7588.92 元 + 3035.57 元 + 9795.34 元 = 20419.83（元）（2015 年）

= 8018.48 元 + 3243.31 元 + 9795.34 元 = 21057.13（元）（2016 年）

= 8172.53 元 + 3269.01 元 + 9795.34 元 = 21236.88（元）（2017 年）

= 8801.18 元 + 3250.47 元 + 9795.34 元 = 21846.99（元）（2018 年）

2014 年 2 月国务院颁布了《关于建立统一的城乡居民基本养老保险制度的意见》，该意见规定，城乡居民养老保险主要实行个人缴费、集体补贴与政府补贴相结合的筹资方式[89]。集体补贴几乎为零，可忽略不计。意见还规定，个人缴费标准分为 12 个档次，每年 100

元至 2000 元不等，参保的城乡居民可以自主选择缴费档次，不同档次财政补贴也有所不同，多缴多得[90]。假设按最低档每年缴费 100元，地方政府补助为 30 元，退休后城乡居民享受的基本养老金由政府全额补贴，至 2016 年增加到了 70 元。

由上可计算得出（见表 7.11）：

农业转移人口市民化养老保险成本

＝城镇职工基本养老保险人均年筹资－城乡居民养老保险人均年筹资

＝24478.36 元－376.72 元＝24101.64（元）（2015 年）

＝25119.06 元－376.72 元＝24742.34（元）（2016 年）

＝25296.72 元－376.72 元＝24920.00（元）（2017 年）

＝26003.51 元－376.72 元＝25626.79（元）（2018 年）

表 7.11　　　　　　农业转移人口市民化养老保险成本

单位：元/（年·人）

年份	项目	中央本级财政补贴	地方政府财政补贴	其中转移支付	企业缴费或集体补贴	个人缴费额	合计
2015	城镇职工基本养老保险人均年筹资	277.21	9518.13	4058.53	7588.92	3035.57	24478.36
	城乡居民养老保险人均年筹资	0	206.72	70	0	100	376.72
	市民化人均养老保险成本	277.21	9311.58	3988.53	7588.92	2935.57	24101.64
2016	城镇职工基本养老保险人均年筹资	269.37	9525.97	4061.93	8018.48	3243.31	25119.06
	城乡居民养老保险人均年筹资	0	206.72	70	0	100	376.72
	市民化人均养老保险成本	269.37	9319.25	3991.93	8018.48	3143.31	24742.34

年份	项目	中央本级财政补贴	地方政府财政补贴	其中转移支付	企业缴费或集体补贴	个人缴费额	合计
2017	镇职工基本养老保险人均年筹资	185.13	9610.21	4059.84	8172.53	3269.01	25296.72
	城乡居民养老保险人均年筹资	0	206.72	70	0	100	376.72
	市民化人均年养老保险成本	185.13	9403.49	3989.84	8172.53	3169.01	24920
2018	城镇职工基本养老保险人均年筹资	178.26	9617.08	4156.52	8801.18	3250.47	26003.51
	城乡居民养老保险人均年筹资	0	206.72	70	0	100	376.72
	市民化人均年养老保险成本	178.26	9410.36	4086.52	8801.18	3125.47	25626.79

资料来源：中国统计年鉴 2015、2016、2017；2015、2016、2017、2018 年中央本级支出决算表；2015、2016、2017、2018 年地方一般公共预算支出决算表；2015、2016、2017、2018 年全国一般公共预算支出决算表。

2. 医疗保险成本。根据《中华人民共和国城镇职工基本医疗保险条例》的相关规定，用人单位为城镇职工缴纳的基本医疗保险费率为6%，个人缴纳的医疗保险费率为2%。2015 年新型农村合作医疗保险政府每年补贴 380 元，个人缴费 120 元；2016 年和 2017 年新农合政府每年补贴达到 420 元，增幅为 10.5%，个人缴费增至 150 元；2018 年新农合政府每年补贴达到 450 元，个人缴费增至 180 元。可计算得出：

城镇职工年人均基本医疗保险企业缴费额

＝城镇在岗职工当年平均工资 ×60% ×6%，那么，

2015 年企业缴费额 ＝63241 ×60% ×6% ＝2276.68（元）

2016 年企业缴费额 ＝67569 ×60% ×6% ＝2432.48（元）

2017 年企业缴费额 = 68104. 4 × 60% × 6% = 2451. 76（元）

2018 年企业缴费额 = 73343. 2 × 60% × 6% = 2640. 36（元）

城镇职工年人均基本医疗保险个人缴费额

= 城镇在岗职工当年平均工资 × 60% × 2%，那么，

2015 年个人缴费额 = 63241 × 60% × 2% = 758. 89（元）

2016 年个人缴费额 = 67569 × 60% × 2% = 810. 83（元）

2017 年个人缴费额 = 68104. 4 × 60% × 2% = 817. 25（元）

2018 年个人缴费额 = 73343. 2 × 60% × 2% = 880. 12（元）

根据 2015、2016、2017、2018 年全国一般公共预算支出决算表，2015、2016、2017 和 2018 年中央本级支出决算表，2015、2016、2017 和 2018 年地方一般公共预算支出决算表中的数据整理得出，2015、2016、2017 和 2018 年中央财政并未对城镇职工基本医保基金进行补贴，因此，这两年城镇职工人均年基本医疗保险中央财政补贴均计为 0 元。2015 年地方财政对城镇职工基本医疗保险基金的补贴为 151. 96 亿元，参保人数为 2. 14 亿人；2016 年城镇职工基本医疗保险基金地方财政补贴增至 193. 29 亿元，参保人数上升为 2. 17 亿人；2017 年城镇职工基本医疗保险基金地方财政补贴增至 185. 84 亿元，参保人数上升为 2. 23 亿人；2018 年城镇职工基本医疗保险基金地方财政补贴增至 184. 50 亿元，参保人数上升为 2. 33 亿人。（数据来源：http://data. chinabaogao. com/gonggongfuwu/2017/111430140 H017. html）由此可计算得出（表 7. 12）：

城镇职工人均年基本医保地方财政补贴

= 151. 96/2. 14 = 71. 01（元）（2015 年）

= 193. 29/2. 17 = 89. 07（元）（2016 年）

= 185. 84/2. 23 = 83. 34（元）（2017 年）

= 184. 50/2. 33 = 78. 18（元）（2018 年）

表7.12　　　　　农业转移人口市民化基本医疗保险人均筹资

单位：元/（年·人）

年份	城镇职工年人均基本医疗保险企业缴费额（6%）	城镇职工基本医疗保险个人缴费额（2%）	城镇职工基本医疗保险中央本级财政补贴	城镇职工基本医疗保险地方财政补贴	城镇职工基本医疗保险人均筹资
2015	2276.68	758.89	0	71.01	3106.58
2016	2432.48	810.83	0	89.07	3332.38
2017	2451.76	817.25	0	83.34	3352.35
2018	2640.36	880.12	0	78.18	3598.66

资料来源：中国统计年鉴2015、2016、2017；2015、2016、2017、2018年中央本级支出决算表；2015、2016、2017、2018年地方一般公共预算支出决算表；2015、2016、2017、2018年全国一般公共预算支出决算表。

新农合保险主要是以个人缴费、集体补贴和政府补贴方式来筹集，而集体补贴基本与城乡居民养老保险一样约为0，可忽略不计。2015年地方政府对新农合的年度补贴为380元，个人缴费120元/年；2016年地方政府对新农合的年度补贴增至420元，个人缴费150元/年；2017、2018年地方政府对新农合的年度补贴增至450元，个人缴费180元/年。[①] 由此可计算得出（表7.13）：

新农合医疗人均年筹资 = 政府财政补贴 + 集体补贴 + 个人缴费

2015年新农合医疗人均年筹资 = 380 + 0 + 120 = 500（元）

2016年新农合医疗人均年筹资 = 420 + 0 + 150 = 570（元）

2017、2018年新农合医疗人均年筹资 = 450 + 0 + 180 = 630（元）

---

① 人民网：《卫计委回应"新农合缴费每年涨"：政府补贴占七成以上》，2017年12月7日，http://finance.people.com.cn/n1/2017/1207/c1004 - 29691748.html。

表7.13 农业转移人口市民化新型农村合作医疗人均筹资

单位：元/（年·人）

年份	中央本级财政补贴	地方财政补贴	集体补贴	个人缴费	新型农村合作医疗人均筹资
2015	0	380	0	120	500
2016	0	420	0	150	570
2017	0	450	0	180	630
2018	0	450	0	180	630

因此，通过计算可以得出（表7.14）：

农业转移人口市民化医疗保险成本

＝城镇职工基本医疗保险人均年筹资－新农合医疗保险人均年筹资

2015 年农业转移人口市民化医疗保险成本 ＝ 3106.58 － 500 ＝ 2606.58（元）

2016 年农业转移人口市民化医疗保险成本 ＝ 3332.38 － 570 ＝ 2762.38（元）

2017 年农业转移人口市民化医疗保险成本 ＝ 3352.35 － 630 ＝ 2722.35（元）

2018 年农业转移人口市民化医疗保险成本 ＝ 3598.66 － 630 ＝ 2968.66（元）

表7.14 农业转移人口市民化医疗保险成本

单位：元/（年·人）

年份	项目	中央本级财政补贴	地方财政补贴	企业缴费（或集体补贴）	农业转移人口个人缴费	合计
2015	城镇职工基本医疗保险人均年筹资	0	71.01	2276.68	758.89	3106.58
	新农合医疗保险人均年筹资	0	380	0	120	500
	市民化人均医疗保险成本	0	－308.99	2276.68	638.89	2606.58

续表

年份	项目	中央本级财政补贴	地方财政补贴	企业缴费（或集体补贴）	农业转移人口个人缴费	合计
2016	城镇职工基本医疗保险人均年筹资	0	89.07	2432.48	810.83	3332.38
	新农合医疗保险人均年筹资	0	420	0	150	570
	市民化人均医疗保险成本	0	−330.93	2432.48	660.83	2762.38
2017	城镇职工基本医疗保险人均年筹资	0	83.34	2451.76	817.25	3352.35
	新农合医疗保险人均年筹资	0	450	0	180	630
	市民化人均医疗保险成本	0	−366.66	2451.76	637.25	2722.35
2018	城镇职工基本医疗保险人均年筹资	0	78.18	2640.36	880.12	3598.66
	新农合医疗保险人均年筹资	0	450	0	180	630
	市民化人均医疗保险成本	0	−371.82	2640.36	700.12	2968.66

资料来源：中国统计年鉴 2015、2016、2017；2015、2016、2017、2018 年中央本级支出决算表；2015、2016、2017、2018 年地方一般公共预算支出决算表；2015、2016、2017、2018 年全国一般公共预算支出决算表。

3. 城镇职工失业保险成本。由于 2017、2018 年中央本级支出决算表，2017、2018 年地方一般公共预算支出决算表和 2017、2018 年全国一般公共预算支出决算表中都没有明确列出财政对失业保险、工伤保险、生育保险等基金的补助，为了便于计算，姑且将 2015 年和 2016 年两年的平均财政补贴金额作为 2017、2018 年的财政补贴金额。

1999 年 1 月国务院颁布了《中华人民共和国失业保险条例》，依据该条例第 6 条的规定，城镇企业要按照工资总额的 2% 来缴纳失业保险费，个人按 1% 缴纳，还规定城镇所有参保单位招用的合同制农业转移人口本人不缴纳失业保险费。

城镇职工失业保险年人均企业缴费 = 城镇在岗职工年平均工资 ×
60% ×2%

2015 年城镇职工失业保险年人均企业缴费 = 63241 ×60% ×2%
=758.89（元）

2016 年城镇职工失业保险年人均企业缴费 = 67569 ×60% ×2%
=810.83（元）

2017 年城镇职工失业保险年人均企业缴费 = 68104.4 ×60% ×
2% =817.25（元）

2018 年城镇职工失业保险年人均企业缴费 = 73343.2 ×60% ×
2% =880.12（元）

根据 2015、2016 年全国一般公共预算支出决算表，2015、2016 年中央本级支出决算表，2015、2016 年地方一般公共预算支出决算表中的数据整理得出，2015、2016 年中央财政对失业保险基金的补贴均为 0 元，则人均失业保险中央本级财政补贴 = 0 元。2015 年地方财政对失业保险基金补助为 9.67 亿元，参保人数为 1.73 亿人；2016 年地方财政对失业保险基金补助为 9.79 亿元，参保人数为 1.81 亿人。由此可计算得出（表 7.15）：

2015 年参保人均失业保险地方财政补贴 = 9.67/1.73 = 5.59
（元）

2016 年参保人均失业保险地方财政补贴 = 9.79/1.81 = 5.41
（元）

2017、2018 年参保人均失业保险地方财政补贴 = （5.59 +5.41）/
2 =5.5（元）

表7.15　　　　　　　　农业转移人口市民化失业保险成本

单位：元/（年·人）

年份	城镇职工失业保险年人均企业缴费（2%）	城镇职工失业保险年人均个人缴费（1%）	城镇职工失业保险年人均中央本级财政补贴	城镇职工失业保险年人均地方财政补贴	市民化年人均失业保险成本
2015	758.89	379.45	0	5.59	1143.93
2016	810.83	405.42	0	5.41	1221.66
2017	817.25	408.63	0	5.5	1231.38
2018	880.12	440.06	0	5.5	1325.68

　　资料来源：中国统计年鉴2016、2017；2015、2016、2017、2018年中央本级支出决算表；2015、2016、2017、2018年地方一般公共预算支出决算表；2015、2016、2017、2018年全国一般公共预算支出决算表。

　　4. 城镇职工工伤保险成本。人力资源和社会保障部、财政部于2015年发布的《关于工伤保险费率问题的通知》中规定，城镇职工工伤保险主要是以企业缴费和政府补贴筹资方式为主，个人不需要缴存，企业缴费也有多档费率，本课题选择以中位值0.5%来计算城镇职工的工伤保险费。

　　城镇职工年人均工伤保险缴费＝当年城镇在岗职工平均工资×60%×0.5%

　　2015年城镇职工年人均工伤保险缴费＝63241×60%×0.5%＝189.7（元）

　　2016年城镇职工年人均工伤保险缴费＝67569×60%×0.5%＝202.7（元）

　　2017年城镇职工年人均工伤保险缴费＝68104.4×60%×0.5%＝204.3（元）

　　2018年城镇职工年人均工伤保险缴费＝73343.2×60%×0.5%＝220.03（元）

　　将2015年和2016年全国一般公共预算支出决算表、2015年和

2016 年中央本级支出决算表以及 2015 年和 2016 年地方一般公共预算支出决算表中的数据整理得出，2015 年和 2016 年中央本级财政对工伤保险基金补贴均为 0 元，因此城镇职工人均工伤保险中央财政补贴均计为 0 元。依据 2015 年城镇职工工伤保险基金地方财政补贴为 22.91 亿元，参保人数为 2.14 亿人；2016 年城镇职工工伤保险基金地方财政补贴为 24.73 亿元，参保人数为 2.19 亿人；2017 年和 2018 年采用前两年的平均值计算。由此可计算得出（表 7.16）：

2015 年地方财政对城镇职工人均工伤保险补贴 = 22.91 亿元/2.14 亿人 = 10.71（元）

2016 年地方财政对城镇职工人均工伤保险补贴 = 24.73 亿元/2.19 亿人 = 11.29（元）

2017、2018 年地方财政对城镇职工人均工伤保险补贴 =（10.71 元 + 11.29 元）/2 = 11（元）

表 7.16　　　　农业转移人口市民化人均年工伤保险成本

单位：元/（年·人）

年份	城镇职工工伤保险企业缴费	人均工伤保险中央本级财政补贴	人均工伤保险地方财政补贴	农业转移人口市民化人均工伤保险成本
2015	189.7	0	10.71	200.41
2016	202.7	0	11.29	213.99
2017	204.3	0	11	215.3
2018	220.03	0	11	231.03

资料来源：中国统计年鉴 2015、2016、2017；2015、2016、2017、2018 年中央本级支出决算表；2015、2016、2017、2018 年地方一般公共预算支出决算表；2015、2016、2017、2018 年全国一般公共预算支出决算表。

5. 城镇职工生育保险成本。根据我国《生育保险办法》规定，城镇职工生育保险与城镇职工工伤保险一样，主要是以企业缴费和政府补贴两种筹资方式为主，职工个人不需要缴费，根据第 6 条的规定，用人单位的缴费比率一般不超过 0.5%，本课题以 0.5% 来计算。因此，可计算出：

城镇职工年人均生育保险缴费 = 当年城镇在岗职工年平均工资 × 60% × 0.5%

2015 年城镇职工年人均生育保险缴费 = 63241 × 60% × 0.5% = 189.7（元）

2016 年城镇职工年人均生育保险缴费 = 67569 × 60% × 0.5% = 202.7（元）

2017 年城镇职工年人均生育保险缴费 = 68104.4 × 60% × 0.5% = 204.3（元）

2018 年城镇职工年人均生育保险缴费 = 73343.2 × 60% × 0.5% = 220.03（元）

从 2015 年和 2016 年全国一般公共预算支出决算表、2015 年和 2016 年中央本级支出决算表以及 2015 年和 2016 年地方一般公共预算支出决算表中的数据整理之后得出，2015、2016 年城镇职工生育保险基金中央本级财政补贴 0 元。2015 年地方财政对生育保险基金的补贴是 12.92 亿元，参保人数为 1.78 亿人；2016 年地方财政对生育保险基金的补贴是 17.35 亿元，参保人数为 1.85 亿人，由此可计算得出城镇职工年人均生育保险地方财政补贴：

2015 年城镇职工年人均生育保险地方财政补贴 = 12.92/1.78 = 7.26（元）

2016 年城镇职工年人均生育保险地方财政补贴 = 17.35/1.85 = 9.38（元）

2017、2018 年城镇职工年人均生育保险地方财政补贴 = （7.26 + 9.38）/2 = 8.32（元）

农业转移人口市民化人均生育保险成本 = 城镇职工生育保险人均筹资，2015 年为 196.96 元，2016 年为 212.08 元，2017 年为 212.62 元，2018 年为 228.35 元，见表 7.17。

表 7.17　　　　　农业转移人口市民化生育保险成本　单位：元/年·人

年份	城镇职工生育保险企业缴费	城镇职工生育保险人均中央本级财政补贴	城镇职工生育保险人均地方财政补贴	农业转移人口市民化人均生育保险成本
2015	189.7	0	7.26	196.96
2016	202.7	0	9.38	212.08
2017	204.3	0	8.32	212.62
2018	220.03	0	8.32	228.35

资料来源：中国统计年鉴 2015、2016、2017；2015、2016、2017、2018 年中央本级支出决算表；2015、2016、2017、2018 年地方一般公共预算支出决算表；2015、2016、2017、2018 年全国一般公共预算支出决算表。

（六）住房公积金成本

住房公积金是城镇职工进行的一种长期住房储蓄，目的是以后能够在城镇购买住房，其通常是由个人缴费和企业缴费两种方式筹资，且企业和个人的缴费比例相同，通常是按职工工资的 5%—12% 来缴存，考虑到农业转移人口的缴费能力，本课题选择以最低档 5% 来计算城镇职工的住房公积金（见表 7.18）。

城镇职工住房公积金人均企业缴费 = 城镇职工住房公积金人均个人缴费

2015 年城镇职工住房公积金人均企业缴费

= 当年城镇在岗职工年平均工资 × 60% × 5% = 63241 × 60% × 5% = 1897.23（元）

2016 年城镇职工住房公积金人均企业缴费

= 当年城镇在岗职工年平均工资 × 60% × 5% = 67569 × 60% × 5% = 2027.07（元）

2017 年城镇职工住房公积金人均企业缴费

= 当年城镇在岗职工年平均工资 × 60% × 5% = 68104.4 × 60% × 5% = 2043.13（元）

2018 年城镇职工住房公积金人均企业缴费

= 当年城镇在岗职工年平均工资 ×60% ×5% =73343.2 ×60% × 5% =2200.30（元）

表7.18　　　　**农业转移人口市民化住房公积金成本**　单位：元/年·人

年份	城镇职工住房公积金人均企业缴费（5%）	城镇职工住房公积金人均个人缴费（5%）	市民化人均住房公积金成本
2015	1897.23	1897.23	3794.46
2016	2027.07	2027.07	4054.14
2017	2043.13	2043.13	4086.26
2018	2200.30	2200.30	4400.60

（七）最低生活保障成本

农业转移人口只有在完成市民化后才能享受城镇最低生活保障待遇，而由于城镇和农村的生活成本不同，城镇的最低生活保障标准普遍要高于农村最低生活保障标准，所以本课题将城镇最低生活保障标准与农村最低生活保障标准之差作为农业转移人口市民化的最低生活保障成本。根据2015年相关统计资料，城镇低保对象总数为1701.1万人，城镇最低生活保障政府对其财政支出为753.81亿元，其中中央本级财政补贴为4.74亿元，地方财政补贴为749.07亿元。农村低保对象有4903.6万人，最低生活保障政府对其财政支出为911.36亿元，全部为地方财政补贴，中央本级财政无补贴，计为0元。

依据2016年的相关统计资料显示，城镇低保对象总数为1480.2万人，城镇最低生活保障政府对其财政支出为716.25亿元，其中中央本级财政补贴为3.29亿元，地方财政补贴为712.96亿元。农村低保对象有4586.5万人，农村最低生活保障政府对其财政支出为941.34亿元，全部为地方财政补贴，中央本级财政无补贴，计为0元。

2017年，城镇低保对象总数为1261.0万人，城镇最低生活保障政府对其财政支出为572.24亿元，其中中央本级财政补贴为3.3亿元，地方财政补贴为568.94亿元。农村低保对象有4045.2万人，农村最低生活保障政府对其财政支出为903.59亿元，全部为地方财政补贴，中央本级财政无补贴，计为 0 元。

2018 年，城镇低保对象总数为 1008 万人，城镇最低生活保障政府对其财政支出为 525.68 亿元，其中中央本级财政补贴为 3.43 亿元，地方财政补贴为 522.25 亿元。农村低保对象有 3519.7 万人，农村最低生活保障政府对其财政支出为 936.81 亿元，全部为地方财政补贴，中央本级财政无补贴，计为 0 元。由此可计算得出：

（数据来源：http：//m. people. cn/n4/2018/0814/c3522 - 11444767. html）

2015 年城镇人均最低生活保障 = 753.81/0.17 = 4434.18（元），其中：

中央本级财政补贴 = 4.74/0.17 = 27.88（元）；地方财政补贴 = 749.07/0.17 = 4406.30（元）

2016 年城镇人均最低生活保障 = 716.25/0.15 = 4775（元），其中：

中央本级财政补贴 = 3.29/0.15 = 21.93（元）；地方财政补贴 = 712.96/0.15 = 4453.07（元）

2017 年城镇人均最低生活保障 = 572.24/0.13 = 4401.85（元），其中：

中央本级财政补贴 = 3.3/0.13 = 25.38（元）；地方财政补贴 = 568.94/0.13 = 4376.47（元）

2018 年城镇人均最低生活保障 = 525.68/0.10 = 5256.80（元），其中：

中央本级财政补贴 = 3.43/0.10 = 34.30（元）；地方财政补贴 = 522.25/0.13 = 5222.50（元）

2015 年农村人均最低生活保障 = 911.36/0.49 = 1859.92（元），其中：

地方财政补贴 = 1859.92（元），中央本级财政补贴 = 0（元）；

2016 年农村人均最低生活保障 = 941.34/0.46 = 2046.39（元），其中：

地方财政补贴 = 2046. 39（元）；中央本级财政补贴 = 0（元）

2017 年农村人均最低生活保障 = 903. 59/0. 40 = 2258. 98（元），其中：

地方财政补贴 = 2258. 98（元）；中央本级财政补贴 = 0（元）

2018 年农村人均最低生活保障 = 936. 81/0. 35 = 2676. 6（元），其中：

地方财政补贴 = 2676. 6（元）；中央本级财政补贴 = 0（元）

由此计算得出的农业转移人口市民化人均最低生活保障成本如表 7. 19 所示。

表 7. 19　　　　**农业转移人口市民化最低生活保障成本**　单位：元/年·人

年份	项目	中央本级财政补贴	地方财政补贴	合计
2015	城镇最低生活保障	27. 88	4406. 30	4434. 18
	农村最低生活保障	0	1859. 92	1859. 92
	市民化人均最低生活保障成本	27. 88	2546. 38	2574. 26
2016	城镇最低生活保障	21. 93	4453. 07	4475. 00
	农村最低生活保障	0	2046. 39	2046. 39
	市民化人均最低生活保障成本	21. 93	2406. 68	2428. 61
2017	城镇最低生活保障	25. 38	4376. 47	4401. 85
	农村最低生活保障	0	2258. 98	2258. 98
	市民化人均最低生活保障成本	25. 38	2117. 48	2142. 86
2018	城镇最低生活保障	34. 30	5222. 50	5256. 80
	农村最低生活保障	0	2676. 60	2676. 60
	市民化人均最低生活保障成本	34. 30	2545. 90	2580. 20

资料来源：2015、2016、2017、2018 年社会服务发展统计公报；2015、2016、2017、2018 年全国一般公共预算支出决算表；2015、2016、2017、2018 年中央本级支出决算表；2015、2016、2017、2018 年地方一般公共预算支出决算表。

（八）农业转移人口市民化人均个人生活成本

由于城市生活水平比农村要高，所以农业转移人口自身需要承担额外增加的生活支出。故生活成本表示为城镇居民消费性支出与农村居民消费性支出的差额。考虑到已将住房成本在上述中单独列出计算，故将生活成本扣除居住费用后作为市民化的生活成本（见表7.20）。①②

表7.20 　　　　　**农业转移人口市民化人均生活成本** 　　单位：元/年

年份	城镇家庭人均生活成本	农村家庭人均生活成本	市民化人均生活成本
2015	21392	9223	12169
2016	23079	10130	12949
2017	24445	10955	13490
2018	26112	12124	13988

注：农业转移人口城镇生活成本包括食品、衣物、水电气、交通通信、文化娱乐、家庭设备用品及服务等方面。

（九）机会成本

农业转移人口从事农业生产或非农活动的收益构成其机会成本。

表7.21 　　　　　**农业转移人口市民化个人机会成本** 　　单位：元/年

年份	农村土地流转收入	农村其他非劳动收入	农村劳动收入	农村总收入
2015	1020	1006	7680	9706
2016	1350	1282	7950	10582
2017	1560	1368	8120	11048
2018	1730	1526	8360	11616

综上，通过以上农业转移人口市民化成本中各项成本的测算，可归纳出农业转移人口市民化每项成本中各主体的分担情况，如表7.22所示。

---

① 中国经济网：《国家统计局：2017年全国居民人均消费支出18322元》，2018年1月18日，http://www.ce.cn/xwzx/gnsz/gdxw/201801/18/t20180118_ 27793995.shtml。

② 中国经济网：《国家统计局：2018年全国居民人均消费支出19853元》，2019年1月21日，http://www.ce.cn/xwzx/gnsz/gdxw/201901/21/t20190121_ 31312579.shtml。

2015、2016、2017、2018 年农业转移人口市民化成本分担数额

表 7.22

项目		公共成本								个人成本								合计			
		中央政府				地方政府				企业				农业转移人口个人							
主体／年份		2015	2016	2017	2018	2015	2016	2017	2018	2015	2016	2017	2018	2015	2016	2017	2018	2015	2016	2017	2018
市政设施成本		3.00	5.52	6.78	14.76	2500.80	2624.28	2871.55	2770.94	0	0	0	0	0	0	0	0	2503.80	2629.80	2824.33	2785.70
就业成本		21.52	25.12	20	19.52	778.48	774.88	780	780.48	0	0	0	0	0	0	0	0	800	800	800	800
住房成本	商品房	0	0	0	0	0	0	0	0	0	0	0	0	233340.62	276183.60	291214.80	340743.00	233340.62	276183.60	291214.80	340743.00
	保障房	2923.01	2559.74	2711.81	3142.66	39316.99	39680.26	39528.19	39097.34	0	0	0	0	0	0	0	0	42240	42240	42240	42240
随迁子女义务教育成本	小学	0.38	0.46	0.64	1.15	385.99	460.03	635.36	1151.02	0	0	0	0	0	0	0	0	386.37	460.49	636.0	1152.17
	初中	0.90	1.13	1.44	2.16	902.59	1130.74	1436.5	2158.58	0	0	0	0	0	0	0	0	903.49	1109.49	1280.01	2160.74
社会保障成本	养老保险	277.21	269.37	185.13	178.26	9518.13	9525.97	9610.21	9617.08	7588.92	8018.48	8172.53	8801.18	3035.57	3243.31	3269.01	3250.47	20419.83	21057.13	21236.88	21846.99
	医疗保险	0	0	0	0	-308.99	-330.93	-366.66	-371.82	2276.68	2432.48	2451.76	2640.36	638.89	660.83	637.25	700.12	2606.58	2762.38	2722.35	2968.66
	失业保险	0	0	0	0	5.59	5.41	5.5	5.5	758.89	810.83	817.25	880.12	379.45	405.42	408.63	440.06	1143.93	1221.66	1231.38	1325.68
	工伤保险	0	0	0	0	10.71	11.29	11	11	189.7	202.7	204.3	220.03	0	0	0	0	200.41	213.99	215.3	231.03
	生育保险	0	0	0	0	7.26	9.38	8.32	8.32	189.7	202.7	204.3	220.03	0	0	0	0	196.96	212.08	212.62	228.35
公积金		0	0	0	0	0	0	0	0	1897.23	2027.07	2043.13	2200.30	1897.23	2027.07	2043.13	2203.30	3794.46	4054.14	4086.26	4400.60
最低生活保障成本		27.88	21.93	25.38	34.30	2546.38	2406.68	2117.48	2545.90	0	0	0	0	0	0	0	0	2574.26	2428.61	2142.86	2580.20
市民化个人生活成本		0	0	0	0	0	0	0	0	0	0	0	0	12169	12949	13490	13988	12169	12949	13490	13988
机会成本		0	0	0	0	0	0	0	0	0	0	0	0	9706	10582	11048	11616	9706	10582	11048	11616
合计		3253.9	2883.27	2951.18	3392.81	55663.93	56297.99	56637.45	57774.34	12901.12	13694.26	13893.27	14962.02	261166.8	306051.2	322110.8	372941	332985.7	378904.4	395380.8	449067.1

表7.23   2015—2018年农业转移人口市民化各主体
成本分担比例一览

主体 年份	公共成本分担比例		企业成本分担比例	个人成本分担比例
	中央财政	地方财政	企业	农业转移人口个人
2015	0.98%	16.70%	3.87%	78.45%
2016	0.76%	14.86%	3.61%	80.77%
2017	0.74%	14.32%	3.50%	81.44%
2018	0.75%	12.87%	3.27%	83.11%

由表7.23可见，2015—2018年农业转移人口市民化成本主要由公共成本、企业成本及个人成本三部分构成，其中，中央财政承担部分仅占不到1%，地方财政占比也不到总成本的六分之一，而农业转移人口个人要承担80%左右，且呈逐年递增态势，表中明显显示中央财政、地方财政和企业成本分担比例呈明显递减趋势，而农业转移人口个人成本却呈显著上升态势。现行分税制体制下，中央的财政收入较高，因此，中央政府要通过转移支付方式在农业转移人口市民化成本分担支出中有更大的作为。解决安居乐业问题是市民化推进过程中首先需要考虑的问题，也是直接关系到农业转移人口市民化意愿能否实现的关键问题，在农业转移人口个人成本分担中，住房成本占比很高，[①] 当然，住房成本属于一次性投入，可以采用分期付款的方式，减轻一次性投入过大而无力负担的问题，尽管如此，随着房价的不断上涨，对农业转移人口个人来说都将越来越难以承担而直接影响其市民化的意愿。另外，农业转移人口个人生活成本和机会成本也是一笔不小的开支，2015、2016、2017、2018年累计分别为21875元、23531元、24538元和25604元，这笔开支的解决完全需要由农业转移人口个人在城市的就业收入来化解。由此，建立合理的农业转移人

---

① 这也从另一个侧面印证在第四章对农业转移人口市民化意愿影响因素的研究中，住房制度对其市民化意愿影响力排名第一的结论。

口市民化成本分担机制就迫在眉睫，该分担机制还必须明确市民化成本分担主体的责任划分以及分担原则，让政府在农业转移人口市民化的成本分担中发挥出最大作用，使其处于主导地位，让中央政府来分担那些外部性较强的成本，比如养老保险成本、随迁子女教育成本等，对那些外部性较弱但又是增进本地居民福祉、对本地区经济产生重大影响的成本则由地方政府分担。作为接收农业转移人口就业的企业，在使用来自农村的充足劳动力的同时，承担一定的社会责任也是理所当然，且政府对积极接收农业转移人口就业的企业主体可以适当地加以补贴。而对于农业转移人口个人来说，他们是市民化行为的发生者，要努力学会在城市的生存能力和生活之道，在享受城市文明的同时，不断提升适应城市生活的技能，从而不断提高收入，努力解决自身的住房问题，降低生活成本，积极增强市民化信心并强化市民化意愿。

第三节　农业转移人口市民化意愿的成本影响研究再深入

一　"农业转移人口市民化"的动态特征再认识

"农业转移人口"不是一个孤立的静态化概念，它具有意愿性、阶段性、动态性的特征，可以认为是农民转变为市民的中间过渡体，在转移之前呈现的是农民状态，转移之后呈现的是市民状态。农业转移人口市民化是一个动态概念，重点在"化"这个过程。"化"的结果就是成为"市民"，而"化"的过程自然就会产生成本。可以说存在着这样的逻辑关系：当农民有了市民化的意愿并付诸努力时，就成为农业转移人口，当在进入的城镇被接纳并且身份发生转变后，就转换成了市民。

二　"农业转移人口市民化"成本测度的再认识

目前，农业转移人口市民化成本的测度研究尚未找到系统性较强的方法，并未形成共识，导致测算的结果各不相同。对于那些无法统计、难以计量却又会实实在在发生的诸如环境成本、意愿成本、素质提升成本等，如何测度还值得深入探讨。由此，对农业转移人口市民化成本的测度需从以下几个方面再认识。

首先需明确一个期限。而现有在核算农业转移人口市民化成本时，多是以一年为期限的，但有些成本是跨年度的，且逐年投入也不同，如公共基础设施项目工程[53]；有些成本是依据当地财力承受度而决定是否投入及投入多少，如公共文化建设。因此农业转移人口市民化的成本测度也应该以"动态"的视角，这种"动态"体现在政策、购买力与时间方面的非静态化。

其次，成本因地、因人不同而会产生一定的差异，因而，不能一刀切式地进行市民化成本的核算。由于城市规模不同、区域经济发达程度不同、城市包容力不同、公共财政承受力不同，以及农业转移人口个体的生活水平要求、家庭财力基础、就业能力等均具有差异性，某种程度上讲，农业转移人口市民化成本整体上具有不可测与不可比性。但这并不意味着不需要测度农业转移人口的市民化成本，而是在测度成本时，除了可量化的显性成本（如衣食住行等日常生活成本与生老病死的基本社会保障成本），还需要关注难以量化的隐性成本（如就业成本、新的社会支持网络构建成本及机会成本等）；要正确认识公共成本的公共福利性，由于公共产品具有效用的不可分割性、消费的非竞争性和受益的非排他性。因此，不能简单地将一次性公共成本的投入平摊到市民化的农业转移人口个体上，要考虑农业转移人口市民化的无限期性与公共成本投入的有限期性。另外，对农业转移人口的个体收益与公共收益也应有所考量，农业转移人口农村集体资产的收益特别是土地收益，在国家对农村土地三权分置改革的推动下如何准确、公正地核算，值得探讨。

再次，成本测度只是一种估算和指导性的测算实验，在实践中需要不断修正和完善。因此，市民化成本的构成方面需要修正：个体成本应重点计算农业转移人口能够立足于城镇的成本，首当其冲的便是"安居乐业"的成本，也就是就业与住房方面的支出。就业成本是指在城镇获得工作机会和城镇收入所需花费的成本，住房成本中还可以纳入放弃农村宅基地政府给予的补偿。政府要在提供就业能力培训和就业机会方面及退出农村宅基地的补偿政策方面有所作为。公共成本要考虑城镇的承载力和公共产品提供的能力，不能急功近利地为"城镇化率"的提高而强迫农民进城。

另外，在进行市民化成本测度时，测度对象是农业转移人口，而且是对市民化存在预期的农业转移人口。实际上，我们可以换一个角度，跳出农业转移人口自身的市民化成本测度圈子，而直接就用城市公共成本平均投入量作为市民化的公共成本，个体成本可以用城镇居民人均消费支出作为考量。

三　"成本分担机制"实践价值的再认识

实践中，市民化成本对基本公共服务支出的敏感度是不断提高的。在研究农业转移人口市民化这个问题时应紧密联系新型城镇化建设，农业转移人口市民化的顺利实现是城镇化有效推进的基础和验证。基于农业转移人口市民化成本方面，涉及公共基础及兜底性质的公共服务等纯公共产品，均由政府公共财政分担；涉及农业转移人口个体生活消费支出方面，属于私人产品性质，理应由市民化个体承担；对于半公共产品性质的如高等教育、医疗等，均由政府和私人共同承担；社会保障支出方面，"五险一金"的社会保障成本各方缴存比例基本固定，政策设计已经较为完善，充分体现出国家、企业、个人三方负担机制，因此，农业转移人口市民化"成本分担机制"实际上已经建立。接下来是要做好三方负担的边界和监督落实到位的问题，防止公共财政"寻租"行为；杜绝私人过度"搭便车"行为；监督企业履责，如在缴纳社会保障金时防止不负担或少负担的投机行为。

四　"农业转移人口市民化成本"与市民化意愿关系的再认识

从实证研究可以看出，农业转移人口市民化城市生活压力与市民化意愿间存在着负相关的关系，即市民化成本越大，市民化意愿越弱。但从经济角度综合来看，市民化成本只是影响意愿的一个重要方面，不能忽略市民化收益问题。市民化收益主要有来自城镇（非农业）现实收益和来自农村（农业）预期收益两大类，即使城镇（非农业）现实收益较高使得市民化成本相对较为轻松地负担，但如果来自农村（农业）预期收益（主要是农地及宅基地）大于城镇（非农业）现实收益，市民化意愿仍会较弱，由此，市民化意愿与市民化成本和收益综合平衡结果相关。

第八章　多主体共治引导农业转移人口市民化意愿的有效推进路径

党的十九大报告明确提出了"要加快农业转移人口市民化"。农业转移人口市民化是新型城镇化的核心内涵，而新型城镇化是党在十八大做出的重要战略部署，并已成为中国经济保持稳中向好的助推剂、深化供给侧结构性改革的突破口、引领"十三五"时期经济发展的新引擎。但我国城乡二元分割格局的固化，加大了"城乡融合发展"实现的难度和时长，使得农业转移人口市民化过程曲折而复杂，在农业转移人口市民化意愿需求与制度供给方面存在着不匹配或匹配不充分、不平衡的现实，客观上要求进行匹配逻辑修正，建立农业转移人口市民化意愿需求侧与供给侧改革相得益彰的同步推进机制。

第一节　农业转移人口市民化的阶段划分与层进逻辑

一　由概念衍生的动态变化

在研究层面，对于农村富余劳动力离开农业生产场所到城镇从事非农生产这一人口迁移行为所产生的特殊人群有一个"农民工→农业转移人口"的称谓演变趋向。这一演进反映了政府与社会对这一群体的态度以及随态度变化而做出的制度安排，客观上将这一群体可随自身意愿改变自己在农村与城镇中的生产、生活状态的相对自由度表现了出来。

　　早在 2009 年 12 月召开的中央经济工作会议就提出了"要把解决符合条件的农业转移人口逐步在城镇就业和落户作为推进城镇化的重要任务",首次通过权威渠道提出了"农业转移人口"的称谓。此后,在党的十八大、十八届三中全会和党的十九大均有提及。从历史发展视角来看,"农业转移人口"和"农民工"都是"阶段性"的概念,"农业转移人口"的内涵可视为从"农民工"概念逐渐演化而来,但内涵和外延要比"农民工"概念丰富和宽泛。"农业转移人口"关注的重点在于农业人口从农村向城镇迁移,并将成为城镇居民的过程,既包括农村富余劳动力,又包含农村非劳动适龄人口。可以说,潜在的"市民"在成为市民之前的"农民"或者具有成为"市民"意愿的"农民",均可认为是"农业转移人口"。如果说"农民工"的概念更多体现的是农村富余劳动力在城市中就业的状态:以"农民"身份在城镇从事原应由"城镇工人"从事的工作。那么"农业转移人口"的概念更能体现出农村富余劳动力在城、乡职业选择中的动态自主性。

　　当下户籍仍在农村,但已经从农村迁移到城镇工作生活或在农村与城镇之间流动的农业人口是"农业转移人口"中最有可能实现市民化的主体。当然,农业转移人口"市民化意愿"的强弱也直接决定着"市民化"进程的快慢。

二　层进演化阶段时间节点选择的逻辑基础

　　时间节点的选择逻辑是依据我国经济体制改革的转型时间节点和农业转移人口"内涵"演变的关键时间节点,并结合具有转折时代意义的中央重要会议。从新中国成立以后开始将农业转移人口市民化进程的阶段划分时间节点设置为:十一届三中全会(1978 年)—十四大(1992 年)—2009 年 12 月中央经济工作会议召开,尤其是十八大以来。十一届三中全会是新中国成立以来党的历史上具有深远意义的伟大转折,开启了农村改革(包产到户农业生产责任制)的新进程，开创了改革发展新局面，开拓了由计划经济体制向商品经济体制、市场经济体制的新转变，从此开始了建设中国特色社会主义的新探索。1992年10月党的十四大提出了建立社会主义市场经济体制，既是对十一届三中全会以来14年改革实践经验的总结，又给未来擘画了发展社会主义市场经济的路线图，成为经济改革进入新阶段的重要里程碑。2008年世界金融危机后，国内外经济格局发生了前所未有的变化，为进一步强化经济体制改革，特别是在经济结构"促转变"方面，2009年12月召开了中央经济工作会议，提出要"深化经济体制改革，增强经济发展动力和活力"，而且，"农业转移人口"的概念也是在这次会议上首次提出。因此，将2009年12月召开的中央经济工作会议作为重要的阶段划分时间节点。党的十八大之后，经济改革已迈向深水区，农业转移人口市民化制度供给的重要性更加凸显。

三　农业转移人口市民化进程的阶段划分

农业转移人口市民化是一个"过程"，"过程"的描述必然会按照时间维度和事件进展维度由始至终逐渐深入。农业转移人口市民化也是一种"结果"，是一种意愿需求和能力实现的结果。这种结果的具体体现和外在表现就是空间上发生的"乡→城"迁移，身份上发生的"农民→市民"转移，身与心均能融洽地融入城市才是农业转移人口市民化的内在要求和基本目标。因此，农业转移人口市民化就有研究阶段划分的必要。但学者们在研究此问题时多是从市民化的社会身份、社会角色转化角度出发，刘传江将其划分为"退出（农业领域）、进入（非农产业领域）、融合（新市民）"三阶段。董莉提出了农业转移人口市民化进程的层次（农民—农民工—城市居民—城市市民—城市公民）跃进的观点。刘小年认为我国农民工市民化具有区别于发达国家的过程，依次呈现为经济、社会、政治、生活四个阶段的市民化。但上述研究均未从时间上按照市民化意愿需求与制度供给的关系进行阶段划分。

四　与农业转移人口市民化意愿需求相关联的市民化进程阶段的划分

市民化实际上就是意愿实现的一个过程,行为意愿(行为倾向)是态度和行为之间的过渡变量。农村富余劳动力市民化行为经历了退出农村、[注①] 进入城镇、融入城镇、与城镇融合四个阶段,市民化意愿由弱变强的演进贯穿了这四个阶段。

农业转移人口作为"经济人"自选择的"理性行为",其市民化意愿需求一直是比较强烈的,主要原因就是城乡二元制度造成的城乡差距、工农差距。新中国成立后实行的是人口和土地的双二元结构[人口分为城市户口(市民)和农村户口(农民),土地分为城市国有土地和农村集体土地],导致固化的城乡二元结构异常板结,城乡间在生活水平、收入福利、权益保障、公共服务、成长环境、发展空间等诸多方面形成巨大落差,虹吸效应使城市像巨大的磁铁成为人们向往奋斗的目的地,拥有城市户口并成为城市居民是农民的强烈需求,但这种需求的实现只被限制在升学、招工、顶替、参军等狭窄的正规通道内和需满足苛刻条件的机会之中。由于户籍制度与权益紧密相关,本源是登记凭证功能而无任何经济价值的户口却演化成可以进入市场变相交易的一种价值载体。据公安、金融等部门估算,1992年,各地卖户口所得金额超过100亿元,有可能达到240亿元之巨。殷志静研究发现,1992年国家财政总收入只有4188.97亿元,卖户口所得金额约占财政收入的5.9%,地方"探索户籍改革"而进行的户口买卖就是对市民化意愿需求强烈的最好佐证。二元制度的破除力度与农业转移人口市民化的意愿需求呈绝对正向相关关系,[注②] 但是在现实的制度安排中,却呈现出负相关关系,政策的供给滞后或背离农业转移人口的真实意愿。

---

① 在此,退出农村是指不再单纯从事农业生产,完全进入或兼业进入二产和三产领域。

② 在第四章农业转移人口市民化意愿影响因素的实证研究中该观点得以证实。

依据农业转移人口市民化意愿的强弱，结合我国经济体制变革的过程，政府对农业转移人口市民化的政策支持力度逐渐增大，可将市民化进程划分为四个阶段：虚化阶段（新中国成立后—十一届三中全会）→弱化阶段（十一届三中全会后—中共十四大）→强化阶段（中共十四大后—2009 年中央经济工作会议）→深化阶段（2009 年中央经济工作会议后），前后阶段层级递进。

农业转移人口市民化问题不仅是经济问题，更是社会问题。在党的十八届三中全会首次在社会领域提出了"治理"的概念。农业转移人口市民化的进程中，相关公共政策的提供来源于政府部门，也来源于自下而上社会力量的需求信息的获取与提供。相关公共服务的提供部分来源于政府部门，部分来源于购买服务的对象：社会组织与市场组织。和谐社会氛围的营造既来源于政府部门的制度安排，更来源于社会的包容与共处。因此，在引导农业转移人口市民化意愿、强化农业转移人口市民化行为的过程中需要构建一个包含政府部门、企业、社会组织、社区以及社会工作者在内的多主体社会支持网络，根据不同市民化阶段农业转移人口的意愿，匹配相应的制度与服务。

第二节 履行政府职能 做好顶层设计

近年来，为解决经济增长中总量失衡、经济发展中结构性矛盾凸显等深层次问题，中央审时度势，于 2015 年 11 月 10 日中央财经领导小组会议上习近平首次明确提出"供给侧结构性改革"，强调"适度扩大总需求的同时，着力加强供给侧结构性改革，着力提高供给体系质量和效率"。贾康认为，供给侧结构性改革的核心内涵，就在于以有效制度供给支持结构优化，激活全要素生产率。洪银兴认为，供给侧结构性改革研究需要以马克思主义经济学为指导，解决有效供给、提高全要素生产率、释放企业活力是其改革目标，而去产能、去库存、去杠杆、降成本和补短板只是改革的短期任务。滕泰等把培育新主体、增加有效供给、推进制度变革、推进结构优化、推进要素升级、调整存量、培育增量等作为推进供给侧结构性改革的七大着力点。王巧对供给侧结构性改革中存在的制度供给滞后问题提出了防范措施。由此可见，制度供给是"供给侧结构性改革"的重要方面，对农业转移人口市民化的有效推进起着顶层设计和政策导向的作用。

但是，如何将政策供给与市民化意愿结合起来？制度供给的时间节点是否与农业转移人口市民化意愿演进的四个阶段契合？能否符合以大事件为区分的不同代际农业转移人口的需求，能否按照不同阶段的农业转移人口市民化的意愿需求给出制度供给的匹配机理与逻辑修正路径是本节政府篇需要解决的问题。

一 农业转移人口市民化意愿需求与制度供给的匹配机理

农业转移人口市民化意愿需求与制度供给是动态变化的，当现有制度的壁垒与藩篱制约了意愿需求实现时，制度供给有效变革就成为关键所在。户籍、土地、社保、公共服务是关系到农业转移人口市民化能否顺利实施的最核心最关键领域。依据农业转移人口市民化意愿的强弱变化与政府制度供给，市民化进程经历着"虚化阶段→弱化阶段→强化阶段→深化阶段"不断渐进演化的阶段性特点。对应地，农业转移人口市民化意愿需求与制度供给存在着层级匹配演进机理：匹配错位→匹配归位→匹配合位→匹配到位（见图8.1）。

（一）虚化阶段：制度供给与市民化意愿需求匹配错位

虚化阶段的农业转移人口就是指农民，农业转移人口市民化实际上是农民"非农化"，只有符合条件的个体才有资格转移进城。

虚化阶段的制度供给体现在以下三方面：第一，户籍制度。1958年1月颁布的第一部户籍制度《中华人民共和国户口登记条例》，明确将我国居民以法律的形式固化为城镇居民和农村居民，标志着我国所特有的城乡二元户籍制度体系正式建立，以户籍制度为核心的城乡二元制度也逐渐形成并固化，预示着已将农村人口的自由迁移进行了

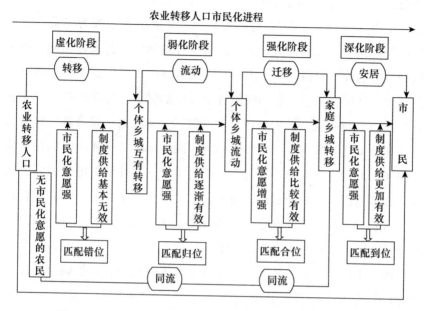

图8.1　农业转移人口市民化意愿需求与制度供给匹配机理

严格管控。第二，票证制度。因经济短缺，各种生活必需品以票证制度的形式进行有计划的发放和有条件的获得与使用。第三，就业制度。随着我国计划经济体制的建立、城乡二元户籍制度的实行，以及农村人民公社体制和城镇统包统分的用工制度的确立，我国二元就业制度就此形成。

由此可见，虚化阶段我国城市化的发展基本停滞不前，农民市民化意愿需求的强烈性与制度供给限制人口流动形成巨大反差。这段时期市民化意愿的实现是难以满足的，故称为虚化阶段，形成了市民化意愿需求与制度供给的匹配错位。

虚化阶段供需匹配错位的主要原因，一是计划经济体制下强制性计划政策特质与战略取向问题。新中国成立后国家实行的是高度计划经济体制，在保护城市优先发展战略下，很自然地以户籍制限制农民自由流动，严格控制农村劳动力进城，从而达到减少食物供给、降低城市就业压力等方面的目标。同时，为了稳定农业发展，将农民的外出务工视为"不务正业"，对所从事的"工商副业"视为"资本主义尾巴"而割掉，城乡二元社会结构就这样逐渐构建起来并固化。由于偏向城市的政策价值取向，人们只要拥有城市户籍，就能天然地享受到就业、住房、医疗、劳动保障等全方位的保护，这样，农民"非农化"意愿就特别强烈，但城市与农村被二元制度的屏障分割，农村人口迁往城镇非常有限。二是特殊的国际国内环境。受复杂的国际局势影响和国内百废待兴的特殊需要，政府主导下有计划有组织的农民迁移，并不是由乡向城的移动，而主要是将华北和东部沿海等人口稠密地区的农村人口组织迁往东北、内蒙古、西北边疆地区，开垦拓荒。20世纪60年代中期以后又因加强备战备荒的需要，为达到人口分散的目的，实行了知识青年上山下乡和干部下放政策，大批城市居民迁往农村，城市人口受到压缩，形成了政治主导下的"逆市民化"。1958—1978年二十年间城市人口的年增长率只有0.2%，农民进城的意愿根本无法得到满足。

（二）弱化阶段：制度供给与市民化意愿需求匹配归位

弱化阶段的农业转移人口主要指农村富余劳动力，农业转移人口市民化实际上是农村富余劳动力寻求进城"就业化"。农民为获得更多的非农业收入，以个体乡城流动为主。弱化阶段制度供给体现在以下三方面。第一，户籍政策方面：1984年，国务院发布的《关于农民进入集镇落户问题的通知》首次冲破了户籍制度指标控制的坚冰，允许将那些在城镇有固定住所、有经营能力，或在乡镇企事业单位长期务工的农民落实常住户口，统计为"非农业人口"；1992年10月，公安部颁布《关于实行当地有效城镇居民户口制度的通知》，开始试行在城镇风靡一时的"蓝印户口制度"。第二，就业政策方面：1980年底，我国颁发了第一份个体工商业营业执照，为私人投资和经营企业打开了政策空间和方便之门；1984年1月，《中共中央关于一九八四年农村工作的通知》明确了政策层面对农村人口进入城镇就业的控制放松；1985 年 1 月，《中共中央、国务院关于进一步活跃农村经济的十项政策》明确提出允许农民进城开店设坊，提供各种劳务。第三，社会保障政策方面：1985 年，政府劳动部门将农村劳动力转移就业由以前的户籍管理过渡到凭证管理；推行劳动合同制度，一定程度上保障了农村进城务工人员的权益。由上可见，改革开放后，特别是农业承包责任制的实行及城镇商品经济的快速发展，"离土不离乡、进厂不进城"成为政府支持农村富余劳动力市民化的主要模式，由此，对进入城镇的打工者逐渐赋予并流行开"农民工"的称谓。这一阶段，政府对市民化的"排斥"态度比计划经济时期要弱，虽然农民不能成为市民，但农民向城镇的流动已然暗流涌动，因此，这一阶段称为弱化阶段。弱化阶段虽然农民市民化意愿强烈，但因条件限制、门槛过高，只有少部分通过较为狭小的通道，甚至通过购买等非法渠道，才能满足成为市民的意愿，大多数市民化的实现方式实际上是寻求进城打工谋生的机会。弱化阶段对于农村富余劳动力的流动，政府态度也在逐渐发生改变，制度供给出现了由"严格限制"到"弱支持"的态度转变，制度供给俨然有着归位的趋势，归位于如何归还农民进城流动的权利，归位于商品经济向市场经济过渡的前设基本条件和方式，归位于即使制度暂时无法解决自由流动问题，但对民间自发找寻的解决途径不再"穷追猛打"而是默许的状态（如农村户口通过购买"曲线"成为城市户口等）。据统计，1984—1988 年间，累计转移农业劳动力 5566 万人，平均每年转移 1113 万人，转移劳动力总量平均每年增长 23.11%。

（三）强化阶段：制度供给与市民化意愿需求匹配合位

强化阶段的农业转移人口主要指农民工（包括新生代农民工[①]），强化阶段"农民工"的概念已被广泛使用，而"农业转移人口"的概念还没有得到官方的认同。因此，强化农业转移人口市民化，实际

---

① 本研究中的第三代农业转移人口。

上就是政府对农民工的管制进一步"松绑",是农民工进城"就业化"兼顾"市民化"的叠加,并采取一系列措施促使农民工有序转移,促进"家庭迁移"。强化阶段制度供给体现在下述六个方面。第一,户籍政策方面:自1997年6月国务院颁行《关于小城镇户籍管理制度改革试点方案》后,中小城市户籍改革(1997—2008年)快速展开,放宽了中小城市落户条件,将在城镇稳定就业和居住的农民有序转变为城镇居民,城乡户籍铁壁般的外围屏障终于被市场经济冲开了口子。第二,就业制度方面:1993年劳动部的《农村劳动力跨地区流动有序化——"城乡协调就业计划"第一期工程》、1994年的《农村劳动力跨省流动就业管理暂行规定》、2003年的《关于做好农民进城务工就业管理和服务工作的通知》和《2003—2010年全国农民工培训规划》、2004年的《关于进一步做好改善农民进城就业环境工作的通知》、2005年国务院的《关于进一步做好就业再就业工作的通知》、2006年国务院的《关于解决农民工问题的若干意见》等一系列政策的颁布,表明国家对农民工政策逐渐由控制盲目流动到鼓励、引导、规范有序流动,由漠视、同情农民工不公遭遇到注重改善农民工在城市就业的工作环境和权益维护。第三,社会保障政策方面:1999年国务院实施的《失业保险条例》中规定对符合条件的失业农民工"支付一次性生活补助";2003年国务院实施的《工伤保险条例》首次将农民工纳入保险范围;2006年中央一号文件要求"探索适合务工农民特点的大病医疗保障和养老保险办法",并于当年提出了"优先解决工伤保险和大病医疗保障问题,逐步解决养老保障问题"。第四,子女义务教育政策方面:2003年国务院颁布了《关于进一步做好进城务工就业农民子女义务教育工作的意见》,规定农民工子女教育应以流入地为主,以公办学校为主;2008年国务院要求地方各级人民政府按照"两为主"原则,将"进城务工人员随迁子女义务教育纳入公共教育体系"。第五,住房政策方面:2006年国务院明确要求"多渠道改善农民工居住条件";2007年,国务院进一步明确要求，有条件的地方"可比照经济适用住房建设的相关优惠政策，政府引导、市场运作，建设符合农民工特点的住房，以农民工可承受的合理租金向农民工出租"。第六，公共服务管理政策方面：2003年中央要求"切实做好进城农民工的服务和管理工作"；2006年国务院明确要求"把农民工纳入城市公共服务体系，对农民工实行属地管理"；2008年要求将农民工服务管理工作实现组织化、常规化。

由上可见，党的十四大后对农民进城由"松堵"到"疏导"，逐渐加速开启了农业转移人口市民化的进程。与此同时，一大批新生代农民工陆续产生，政府在不断对市民化的约束制度进行松绑的同时，也使人口自由流动的目的得以实现，并逐渐努力将实现农业转移人口市民化的意愿做实，努力将"非户籍迁移"和"非家庭迁移"形式引导为"户籍迁移"和"家庭迁移"形式，提升户籍迁移水平（户籍城镇化率与常住人口城镇化率相差约16个百分点），因此，这一阶段称为强化阶段。如果说弱化阶段农民进城务工还只是少数现象或少部分农民的个体行为，但在强化阶段，数量众多、规模庞大、不断增长的农民进城务工却已是一种十分普遍的现象或大量农民的共同行为。强化阶段中的第一代农民工因年龄、身体、技能等原因逐渐退出在城镇打工行列，而逐渐被大量新生代农民工所代替，再加上城乡发展水平在收入、消费、教育、社会保障等方面的差距不断拉大，使得农业转移人口留城的意愿还是比较强烈的。国家制度供给重心也由"引导与有序推进流动"过渡到"加强流动人口管理、充分保障流动人口的合法权益"，政策支持力度与市民化意愿需求相向而行，中小城镇已满足了自由落户的要求。可以说，强化阶段农业转移人口市民化意愿需求与政府制度供给已逐渐对接，日趋合位。

（四）深化阶段：制度供给与市民化意愿需求匹配到位

农业转移人口市民化的制度供给与市民化意愿需求匹配到位是在深化阶段。政府为进一步推进农业转移人口市民化，适时转变政策理念，调整政策目标，出台了一系列举措，促成了农业转移人口制度供给历史性的变迁。

深化阶段制度供给体现在：2011年7月开始实施的《社会保险法》规定，国家依法将农业转移人口一并纳入社会保障制度建设范畴，并给予法律保障；2012年8月，国家出台了《关于做好进城务工人员随迁子女接受义务教育后在当地参加升学考试工作的意见》；2014年3月18日《国家新型城镇化规划（2014—2020年）》发布，并提出"把进城落户农民完全纳入城镇住房保障体系"；2014年7月30日《国务院关于进一步推进户籍制度改革的意见》（国发〔2014〕25号）的正式下发，标志着我国进一步推进户籍制度改革开始进入全面实施阶段；《国务院关于进一步做好为农业转移人口服务工作的意见》（国发〔2014〕40号）提出要提升农业转移人口的职业技能；2016年国务院办公厅印发《关于全面治理拖欠农业转移人口工资问题的意见》；2014—2017年中央一号文件都聚焦于农村土地制度改革，提出要"引导土地经营权规范有序流转，创新土地流转和规模经营方式，积极发展多种形式适度规模经营，提高农民组织化程度，加强对土地流转和规模经营的管理服务"等。

自2009年12月中央经济工作会议提出"农业转移人口"概念之后，尤其是党的十八大以来，农业转移人口市民化的推进速度进一步加快，促进农业转移人口市民化的各项制度设计不断完善，昭示着促进农业转移人口市民化的各项工作向纵深发展，故将此阶段称为深化阶段。党的十八大以来，党的建设日益加强，政府坚持务实、高效、富有远见的战略站位，在区域发展战略制定中非常重视新型城镇化建设，将乡村振兴战略提升至国家战略层面，对于农业转移人口市民化问题的认识实现了质的飞跃，认识到解决农业转移人口问题的根本出路在于推进农业转移人口市民化，认识到农业转移人口最终归属是市民，而不是在乡城之间"候鸟式"迁移，不断促成农业转移人口市民化呈现稳定性、定居式、家庭化特征，加强了新生代农业转移人口融入城镇的主观愿望和客观条件，农业转移人口市民化已经具备了相当坚实的基础。截至 2017 年底，农民工总量达到 28652 万人，比上年增加 481 万人，增长 1.7%，增速比上年提高 0.2 个百分点。在农民工总量中，外出农民工 17185 万人，比上年增加 251 万人，增长 1.5%，增速较上年提高 1.2 个百分点；本地农民工达 11467 万人，比上年增加 230 万人，增长了 2.0%，增速仍快于外出农民工增速。在外出农民工中，进城农民工 13710 万人，比上年增加了 125 万人，增长 0.9%。

总的来说，深化阶段农业转移人口市民化的意愿需求仍较为强烈，意愿实现已无形式上"户籍制度"的羁绊，社会保障制度、就业制度、住房制度、子女教育制度、公共服务均等化方面均有较大的完善，充分体现出制度的有效供给性，农业转移人口市民化的意愿需求与制度供给匹配基本到位。

二　政府推进农业转移人口市民化的对策建议

农业转移人口市民化既是一个具有空间属性、时间属性和社会属性的概念，也是一个动态演变的过程，不仅有户籍身份、生活空间与就业方式的转变，还包括城镇文明、环境意识、价值观念、社会权利和福利等多方面的转变。在政府部门大力推进农业转移人口市民化的过程中，却出现了另一种现象——逆市民化。这种逆市民化是相对农业转移人口市民化而言的，是指部分农业转移人口不愿放弃农村户籍而成为拥有城镇户口的居民，进而也就难以实现市民化，着重从"市民化意愿"和"户籍"角度进行界定。在此，需要注意的是不愿意放弃农村户籍并不意味着也并不影响其进入城镇生活和从事非农生产。在城镇生活却拥有农村户籍，形成了事实上从事的职业是工人，生活的地域更像是市民，社会身份仍还是农民的新二元结构状态。可以说，农业转移人口逆市民化在完全地融入城镇社会过程中，既有主观上的不愿，又有客观上的不能，反过来又将严重阻碍农业转移人口的市民化进程。同时，当农业转移人口坚定地拥有农村户籍，也将意味着农业转移人口的生活空间与就业方式存在最终还原为农村的本源生活状态的可能，这在一定程度上也将会影响新型城镇化和乡村振兴战略的推进。

农业转移人口市民化的有效推进路径应该是依据户籍新政的推进机理，充分尊重农业转移人口意愿，以农业转移人口为主体，从深化户籍地方配套制度改革、促进土地流转、完善住房供应体系、强化公共基础设施、提供公共服务、健全社会保障、建立合理科学的农业转移人口市民化成本分担机制等，因地制宜、规范有序、多举协同推进。

（一）政府主导，掌控好农业转移人口市民化推进方向

管理学家法约尔指出："责任是权力的孪生物，是权力的当然结果和必要补充，凡权力行使的地方就有责任。"因此，化解农业转移人口逆市民化难题是政府应尽责任。政府在市民化进程中扮演执行主体角色，随着新型城镇化加速推进，其对农业转移人口市民化的主导责任和引导功能日益凸显。政府应明晰有所为、有所不为的边界，既要做到简政放权，强化"放管服"改革，又要正确处理好与市场关系，不可越位、错位。农业转移人口成分较复杂，包括农民工、城郊村与城中村农业转移人口、偏远乡村农民，他们在迁入地城镇会遇到就业、社会保障和公共服务等问题。政府应建立农业转移人口市民化成本分担机制；保障农业转移人口市民化后的生活权益；主导农业转移人口市民化的制度创新与政策协同；在承担不同行政责任时作为主导力量，避免出现农业转移人口市民化后"失地、失业、失保"困境。

（二）提升素质，引导好农业转移人口市民化推进意识

农业转移人口市民化基础是实现其能力素质市民化。市民意识是市民在城镇文化潜移默化影响中形成的观念、思想、情感、价值取向、思维方式、行为方式的综合表征，是市民在社会活动中形成的心理定式和行为取向。基于血缘和地缘关系，特别是"整体市民化"

方式下的部分农业转移人口，往往缺乏从事非农劳动的职业技能和就业经验等。因此，这就需要政府一方面应将培训资金纳入财政预算，加大对农业转移人口的职业培训力度，引导其提高城镇生存能力；另一方面，对通过市民化而获得巨额经济补偿而易滋生不劳而获思想和丧失追求自我发展能力的农业转移人口，应予以教育引导，培育其可持续城镇生活能力。同时，农业转移人口长期在农村生活，刚转移到城镇时，会出现一定心理不适应问题。尤其是当原有心理预期与现有状况之间有明显差距时，正常心态会失去平衡。政府应通过心理素养、心理承受能力培训，提高其参与竞争意识，引导和帮助他们从心理、社会角色与生活理念上尽快融入迁入地城镇及社区居民中。农业转移人口市民意识培养具有渐进性和代际性特点，会经历认知—认同—融入三阶段，是一个长期过程，需以新生代和长期生活在城镇的农业转移人口为立足点，通过培养其市民意识，逐渐影响身边其他人。

（三）规范有序，把握好农业转移人口市民化推进节奏

依据我国经济发展现实，农业转移人口尚无法完全满足市民化条件，只能分阶段、分地区、分步骤有序推进。可将农业转移人口市民化推进节奏分成初级和高级阶段。初级阶段（阶段Ⅰ）是"身份转换"阶段，实现农业转移人口"城镇居民化"过程。农业转移人口能进城、愿意留在城镇，并逐渐享有市民化待遇是市民化发展初级目标。高级阶段（阶段Ⅱ）要实现农业转移人口完全市民化，完成市民化"身心转换"阶段。强化实现农业转移人口的价值观念、思维意念、生活理念和行为体念与市民一体化的市民化发展高级目标。

与农业转移人口市民化推进节奏相适应，设计出"个体—家庭化"推进与"整体化"推进相结合的农业转移人口市民化推进路径（见图8.2）。"个体—家庭化"推进模式基于个体化农业转移人口仍为主流事实，注重优先解决农业转移人口市民化存量问题。鼓励有经济实力和生活能力的个体，带动家属以"家庭"为单位落户城镇，实现由"个体化"向"家庭化"转移，推动农业转移人口全家享受

市民化待遇和保障的进程。解决农业转移人口市民化增量问题主要依靠规模效应,可采用"整体化"推进模式,结合棚户区、城中村改造需要、精准扶贫脱贫需要及新型城镇化、城市群建设需要,根据与城镇距离,依托经济发达城镇带动,尊重大多数农业转移人口市民化意愿,逐步以整村方式推进农业转移人口市民化。城中村及郊区村可优先采用此模式,动员偏远地区农村采用整村迁移方式,对离城镇较远的农村采用集中安置方式,在靠近小城镇地方就地建立农村新型社区或融入小城镇。整体推进成本较高,政府、市场及个人应建立合理成本分担机制,政府要统筹解决好农业转移人口落户、居住、就业、生活、社会保障等问题。"个体—家庭化"与"整体化"推进并非相互割裂,随着国家逐渐破除二元体制,可依据实际情况和农业转移人口需求,采取两阶段迁移与一阶段迁移协同共进的转移路径。

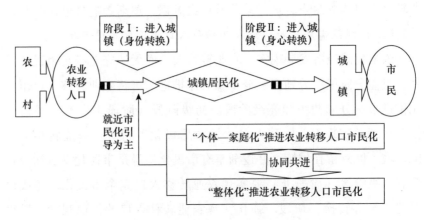

图8.2　农业转移人口市民化推进路径

(四) 以人为本,把守好农业转移人口市民化推进底线

在户籍新政下,农业转移人口进入城镇(除特大城镇外)基本上消除落户障碍,进得来,还要留得下、稳得住。如户籍改革仅停留在"户口"名称形式改变,显然毫无意义。目前,在城镇化进程中出现"逆市民化"现象,恰说明获得城镇户口名分远没有获得预期利益重

要。因此，在分阶段、分步骤、分情况推进农业转移人口市民化过程中，应充分尊重农业转移人口市民化的意愿。农业转移人口作为理性经济人，不仅会关注市民化后的城镇生活质量与社会权利，还会关注在农村的权利，特别是利用农业户口无形资产实现因转移土地而可能获得的补偿收益。户籍新政下应强化有市民化意愿的农业转移人口的城镇既得利益和农村既得利益，保证其既能继续拥有原有的农村利益，又可平等享受城镇市民同等公共产品和公共服务。固化好农业转移人口集体经济所有权衍生权益，主要包括农地相关的"三权"（农村土地（林地）承包权、经营权和所有权）、相关惠农补贴、空置未用或闲置未开发的集体公共资产如荒山（丘）、水面、滩涂、废弃工矿地、腾挪后宅基地等；固化好城乡对接政策，确保利益最大化；固化好市民化后农业转移人口住房保障；固化好农业转移人口体现自我价值、实现自我发展的拓展空间。这种利益固化为农业转移人口应得，是市民权的体现。

（五）分类施策，把控好农业转移人口市民化推进方式

农业转移人口市民化是一项不可一蹴而就、无模式可供复制的系统性工程，必须以地区经济发展水平及农业转移人口市民化意愿为基础，在有序推进中因地制宜，不断创新、不断完善。依据我国现有国情，不同语境下农业转移人口含义与分类也不同。如按照职业分类，可分为从事农业和非农业型农业转移人口；按照地域（与城镇距离）分类，可分为近郊区、远郊区与非郊区型农业转移人口；按照市民化意愿分类，可分为强市民化、弱市民化、排斥市民化型农业转移人口；按照是否离开常住地分类，可分为留守型和外出型农业转移人口。根据农业转移人口市民化的途径和方式，也会有多种分类法，如就地或失地农业转移人口市民化、主动或被动农业转移人口市民化、农民工或城郊农业转移人口市民化、城中村或居村（整个自然村）农业转移人口市民化等。对于具有分散性、个体化特点的农民工市民化，采用"个体—家庭化"模式，优先解决有强市民化意愿农业转移

人口的市民化问题，通过重点人群需求的搜寻、评估、满足，在重点人群发挥市民化的示范效应的同时，探索政府推动农业转移人口市民化的突破口，以点带面逐步解决好"半城镇化"问题和农业转移人口"半市民化"问题。对于具有同步性、整体化特点的失地、城郊村或城中村及脱贫迁移村的农业转移人口市民化，存在居村市民化因素，应围绕新型城镇化建设需要，通过自然村庄整体城镇化实现农业转移人口市民化，覆盖辖区内或扩展区内人口有序转移。总之，无论采取何种市民化路径均要有序有效推进，避免出现"城镇贫民窟"和"乡村病"后遗症，落实相关配套制度尤为重要。

（六）统筹配套，把握好农业转移人口市民化推进格局

户籍改革为农业转移人口市民化打通落户城镇"要道"，但并不意味着农业转移人口市民化可直达预期目标。在具体操作中，还需与其他制度配套，统筹配合，实现协同推进格局。配套制度主要包括土地、社会保障、公共服务、思想文化、财税、信息及社会支持网络制度等。

一要积极探索土地制度改革。党的十九大报告首次提出乡村振兴战略，在该战略中明确要求，"巩固和完善农村基本经营制度，深化农村土地制度改革，完善承包地三权分置制度。保持土地承包关系稳定并长久不变，第二轮土地承包到期后再延长三十年"。"承包期再延长 30 年"真正给农民吃了"定心丸"，但并不意味着农民一定要厮守土地而寸步不离。当下，要做好已经开始的"确权颁证"工作，完善承包地"三权"分置制度，一方面要充分发挥市场内生动力，完善土地互换、租赁、转让、抵押二级市场，做到"四个结合"，即确定地块等级与农田治理相结合、土地互换与宅田合一相结合、预留机动地与农村公益设施用地规划相结合、农户地块与农地确权颁证相结合；推进农村集体经营性建设用地与国有土地同价同权、同等入市及农村经济运作资本化、农业现代化，实现土地收益分配更均衡，推动农村"三变"（资源变资产、资金变股金、农民变股东）改革。另

一方面，在确保农民自愿的前提下，对于那些已在城镇立足，不再回乡务农的农业转移人口，要积极探讨土地经营权的退出补偿制，实现有偿退出土地集体所有权，这样既能盘活农村土地，有利于新型农业经营主体的规模经营、集约经营，又能推进新型城镇化和乡村振兴战略相得益彰地发展。

同时，创造条件加快农民宅基地改革步伐。有效探索宅基地"三权"分置是新时代背景下实施乡村振兴战略、着力解决"三农"问题的重要抓手。目前，农民的宅基地存在着"双重困境"，既存在着保障维稳功能的惯性，同时也存在财产功能的限制性。其解决的核心在于还权赋能，重点是着力放活宅基地使用权，探索建立农民房屋和宅基地流转市场，建立符合实际需要的规范的宅基地对外流转制度，流转形式可以包括转让、出租、入股等多种形式，流转对象不仅包括农民、城镇居民等自然人，还包括企业、集体和政府，推进宅基地制度改革创新，消除农村宅基地制度改革的"内卷化"现象及乡村衰败困局，不断促进农业转移人口市民化，推动城乡融合发展。

二要迫切建立农业转移人口与城镇市民同等的社会保障体系。党的十九大明确提出，"加强社会保障体系建设"，"按照兜底线、织密网、建机制的要求，全面建成覆盖全民、城乡统筹、权责清晰、保障适度、可持续的多层次社会保障体系"。由此，政府应充分发挥政策优势，加大社会保障的改革力度，强化分担社会保障成本的责任，在农业转移人口市民化过程中提供有力的社会保障政策。特别是农业转移人口市民化后，更需多层保障制度维护，促进农业转移人口逐步融入城镇居民的社会保障体系中，既要有临时性、应急性社会救济和社会救助，还要尽快建立各项社会保险间适应流动性的转移接续政策，搭建五险统一管理的大社保平台，推动平等享受城镇社会保险，实现"困有所解"。

三要完善公共服务体系。农业转移人口转变为市民，最核心的转变就应该是保证城镇中的各项权利和公共服务与本地市民一样可以无差别地享有，凸显社会公平性。公共服务体系主要涵盖公共住房、义务教育、就业培训、医疗卫生、社会安全、文化生活等。其一，加强住房制度改革。安居方可乐业，农业转移人口要能留在城镇，首先应解决住房问题。在住房制度改革方面，将农业转移人口纳入城镇住房保障体系，完善农业转移人口住房公积金制度。各级政府应给予更多财政资金支持保障性住房建设，将廉租房、经济适用房和公共租赁房的保障范围扩展至到城镇就业的农业转移人口。同时，建立农业转移人口住房公积金制度，按照"低水平、多层次、广覆盖"原则探索建立适合农业转移人口持续缴纳、转移和使用的住房公积金制度，农业转移人口可申请使用住房公积金购买房屋，也可用于支付租房租金。其二，改善农业转移人口基本医疗卫生条件。根据常住人口配置城镇基本医疗卫生服务资源，将市民化的农业转移人口及其随迁家属纳入社区卫生服务体系，免费提供健康教育、预防接种、妇幼保健、传染病防控、心理健康教育、计划生育等公共卫生服务，并纳入当地医疗救助服务范围。其三，完善农业转移人口的就业服务体系。对职业技能培训服务政府全面提供补贴，以强化对农业转移人口的职业技能培训，将市民化的农业转移人口纳入终生职业培训体系，提高就业创业能力和职业素质，健全农业转移人口劳动权益保护机制。其四，保障随迁子女平等享有受教育权利。将市民化后的农业转移人口的随迁子女义务教育和学前教育纳入公共教育服务体系。随迁子女接受义务教育要以公办学校为主，与城镇户籍学生混合编班，实现"四个一样"（一样就读、一样升学、一样免费、一样管理）。另外，政府还应加强其聚居地社区居委会和公益性文化体育设施建设，引导农业转移人口学习文化知识的自觉性，帮助其提升思想和社会参与意识，使农业转移人口与原市民融合为一体，完成进城农业转移人口与原城镇居民生活方式、经济生活和价值观念等同质化，充分享受公共服务均等化权利，实现农业转移人口市民化待遇。

农业转移人口市民化协同配套制度还包括：（1）信息管理制度。

建立健全常住人口登记制度，力争全面、准确、动态地掌握了解人口规模、人口结构、人口流动等具体情况，逐渐完善人口信息库档案。建议以居民身份证号作为用户名，推动将身份证作为信息查询、信用商务、婚姻民族、社保接续、财产买卖、资金结算等活动的唯一标识，统一专属个人的户口账号、社会保障账号、金融账号、房屋登记账号、农地确权证书号等，全国数据联网；在农村土地承包经营权确权登记颁证时，建立并完善中央与地方互联互通的土地承包经营权信息应用平台。（2）财税金融制度。改革财税体制，理顺事权关系及公共财政责任，逐步建立与常住人口规模匹配的公共资源配置和财政转移支付制度，加大对公共设施、国民教育、公共卫生、科普等事业的财政投入力度，采取贷款贴息、收益补贴等措施，在税收、金融、土地出让金等方面给予一定优惠和便利，加快改善城镇基础条件。

农业转移人口市民化将贯穿于新型城镇化建设的整个过程，在推进农业转移人口市民化过程中正确对待农业转移人口"逆市民化"现象，尊重他们的职业选择，尊重农业转移人口的意愿，通过创造条件满足农民市民化的意愿需求来稳步推进农业转移人口市民化进程。同时，农业转移人口市民化的实施涉及整个制度体系，各个制度之间是相互关联的，市民化要想取得预期的效果，实现制度供给与农业转移人口市民化的意愿需求匹配完全到位，各个制度的改革必须相互协调，注重系统性、协同性和创新性，以实现农业转移人口市民化意愿需求与制度有效供给相得益彰的共进格局和效果。

第三节　企业主体责任与社会责任并举，做好保障工作

在我国农业转移人口市民化进程中，企业作为吸纳农村富余劳动力的载体，为农业转移人口提供工作岗位、提供生活资源、提供进入城镇的缓冲空间、提高生产技能、提高城镇生存技能，在农业转移人口市民化中发挥极其重要的作用。只有企业积极响应政府制定的各项

政策、法规，将农业转移人口的就业、医疗、培训、工伤及社会保障等落到实处，才能进一步提高农业转移人口的市民化能力，充分激发农业转移人口市民化的意愿，从而推进农业转移人口真正意义上融入城镇。现代企业应该在遵循现有相关法律政策的前提下，充分发挥企业自主权，在农业转移人口市民化过程中积极承担企业的社会责任，给予农业转移人口获得感，从而提高他们在企业和城镇的归属感。

按照农业转移人口市民化退出农村、进入城镇、融入城镇、与城镇融合四个阶段来看，退出农村确实因城镇企业高于农业生产收入的工资以及较低入职门槛的吸引。但是工资给予主要依据政策规定与市场整体价格调整，较低门槛的用工由企业所在行业及企业发展阶段所决定，因此，企业在农村富余劳动力退出农村阶段并没有作用于单个农业转移人口的主动行为。故在本研究中，将企业推动农业转移人口市民化意愿主要集中在进入城镇、融入城镇以及与城镇融合三个阶段。

一　进入阶段

（一）进入阶段企业影响农业转移人口市民化意愿的着力点

农业转移人口市民化是农业转移人口进入城镇后的继续社会化过程，在城镇确立经济地位，适应城镇的互动规范，并获取市民身份，享受市民待遇，最终在城镇舒适生活的融入过程。农业转移人口离开农村进入城镇的初期阶段，社会交往网络主要是基于地缘关系建立起来的。农业转移人口接触的人群主要是原有的同乡和居住场所的密切相关的人群。对于刚刚从农村来到城镇的群体来说，无论是居住空间、生产关系还是就业环境，都发生了较大的改变，这给他们在城镇生存和发展带来了挑战，他们需要快速找到一份工作以保障生活，同时需要一个栖身之地。因此在农业转移人口进入城镇就业的初期阶段，企业可从以下几个方面对其市民化意愿产生影响：

1. 充分的就业

在国家经济和社会发展的过程中，传统农业部门提供的就业机会和收入都大大少于城镇中的工业部门。为了寻求更多的就业机会和更高的就业报酬，农业转移人口不得不选择向城镇转移。而农业转移人口大多受教育程度较低，参与社会竞争的综合能力不强。根据前期课题组对农业转移人口开展的问卷调查结果可知，大多数农业转移人口拥有的专业技能较少。从"曾经从事过的行业看"，从事建筑业、餐饮娱乐服务业、制造业者占多数，达86.2%；从"您从事的工作"来看，建筑工人排首位，占32.2%，排在第二位的是一线生产人员，占22.6%，中层管理人员只占1.4%。这说明，农业转移人口在城镇只能从事一些门槛较低、技能要求低和层次低的行业。

在访谈中可以发现，从业层次低有农业转移人口自身学历水平不高、生产能力较低的原因，但是也有"不知道从哪里去寻找更好的工作"的信息不对称的问题。对于初到城镇的农业转移人口来说，他们来到城镇的首要目标是拥有一份相对稳定且收入合理的工作，就业信息对其至关重要。

在农业转移人口刚刚进入城镇这个阶段，他们获取工作的主要途径是通过亲戚或同乡介绍，同时亲戚或同乡也是他们最重要的社交群体。依靠"亲缘"或"地缘"关系获取就业岗位，具有成功率高和成本低的特点，初到城镇的农民能够在短期内实现就业。但是，仅仅依靠亲戚或同乡提供的有限就业信息，就业面相对狭窄，就业机会相对较少。

2. 合理稳定的收入

农业转移人口进入城镇后，不仅仅需要一个就业岗位，更多考虑的是该就业岗位所能带来的收入。较高的收入水平是农业转移人口市民化首要的物质基础。

农业转移人口进入城镇的初级阶段，大多数追求比在农村更多的收入。农业转移人口收入水平越高，经济生活压力越小，融入城镇的意愿就越强烈。随着我国经济高速发展，近几年农业转移人口的收入水平总体有较大幅度提升，但农业转移人口就业受歧视问题一定程度存在。主要表现在：一是一些行业工资增长缓慢，同工不同酬现象一定程度存在。一些企业为了减少成本、增加利润，一定程度上压低其工资，或是在社会保险费用上少缴不缴。二是克扣拖欠工资问题一定程度存在。课题组从调研中发现，以建筑行业为例，在工程建设中转包、层层分包的现象十分普遍，因建筑商、劳务公司、包工头互相扯皮，或其他原因导致其不能按时拿到报酬，血汗钱迟迟不能兑现的情况时有发生。尽管多数地方政府可以为他们免费提供司法援助，但大多数农业转移人口法律意识淡薄，遇到类似问题时并不知道还可以申请法律援助，更不知道申请法律援助的具体程序。

3. 实现住有所居

住房问题是农业转移人口进入城镇面临的首要问题，也是影响其市民化的重要因素。定居城镇需要一个稳定的住所，只有住所稳定，农业转移人口才有"家"的观念，才会有完全市民化的动力。与居住在集体宿舍的农业转移人口相比较，居住在出租房或自购房的农民市民化的意愿可能会更强烈，但房租或贷款也会给农业转移人口带来经济上的压力。另外，人均住房面积越大，住房质量越高，农业转移人口在城镇就会有更多的愉快体验。

（二）进入阶段企业影响农业转移人口市民化意愿的策略

1. 住房对策：解决后顾之忧，提供住房保障

2007 年，我国出台了《关于改善农民工居住条件的指导意见》，明确指出"用工单位是改善农民工居住条件的责任主体"。企业应该以人为本，首先考虑给农业转移人口提供最基本的住房保障，实现住有所居。

（1）为农业转移人口提供免费的标准化集体宿舍。企业应考虑为农业转移人口建造合格的集体宿舍，也可以利用旧厂房进行改造，或者购置二手房加以改造，提供必备的生活设施，如食堂、澡堂、洗衣房等，在提供生活便利的同时，保障宿舍的安全、卫生达标。

（2）提供符合农业转移人口流动特点的生活设施。夫妻都在企业

工作的，可以通过婚姻关系证明、夫妻申请为农业转移人口提供夫妻住房。夫妻在同一个城镇工作的，根据在企业工作中一方的工作表现，可通过员工申请，采取适当付费的方式，提供夫妻住房。人性化的住宿安排有利于他们在企业中长期稳定地工作，进一步增强农民工市民化的动力。

（3）在住宿安排与生活设施提供的过程中兼顾农业转移人口的社会支持网络，有意识地在生活区域增加非亲缘、非地缘工友，拓宽其社交圈子。但在大区域中要提供随时能使农业转移人口快速稳定获得支持的社会资源，如企业安排的楼栋生活管理员、高校的社会工作自愿组织，使农业转移人口在富有安全感的生活空间中迅速接纳城镇。

2. 就业对策：稳定经济收入来源

（1）通过产业转移和产业承接创造更多的就业岗位。改革开放以来，我国东部地区经济发展迅速，尤其是东部沿海地区的出口导向型产业，在快速发展中吸纳了来自全国各地的众多农业转移人口。进入21世纪以来，随着国内外经济环境的发展变化，尤其是全球性金融危机的猛烈冲击，东部地区的产业发展失去空间，大量产业向中西部地区转移，农业转移人口的流动方向也随之发生了转变。目前，前往中西部地区务工的农业转移人口人数不断上升，比例不断增大，而在东部地区务工的农业转移人口呈下降趋势。可见，产业的转移和集聚会吸引农业转移人口的转移和流动；而农业转移人口的转移和流动，又会促进产业的转移和集聚。因此，对于中西部地区，有选择地根据地区特点和产业发展规划承接东部转移的劳动密集型产业，有利于就近消化返乡农村农业转移人口，吸引农村富余劳动力进入城镇。

（2）加快产业转型升级提供更多发展机会。农业转移人口就业人数较多的重体力行业存在流动性大、老龄化严重、技能素质低、合法权益得不到有效保障等问题，严重制约了行业的持续健康发展。从代际状况来看，一代、二代农业转移人口居多，三代较少，随着一代、二代年龄的增加，"40 岁现象"在重体力劳动行业如建筑领域较为普遍，一线产业工人正面临断层的危险，人口红利消失。因此企业要加快产业转型升级，在企业提高机械化、智能化的同时，将产业转型升级与农业转移人口的就业能力提升结合起来，加大对农民的扶志、扶持、扶资力度，让农业转移人口在产业升级的过程中完成自身的升级，让他们在转型升级的产业中，有能力胜任新的工作岗位，适应转型升级后新的工作要求，有更多的发展机会。

3. 营造包容激励的企业氛围

（1）通过感情关怀对农业转移人口进行激励。农业转移人口刚进入城镇，对周围环境较为敏感，内心非常渴望得到企业的人文关怀，希望能够有融入城镇的机会。企业在管理中要始终贯彻"以人为本"的理念，深入了解农业转移人口的个性特征、家庭情况、社交状态和思想动态等，真正理解关心农业转移人口，尽量满足他们的基本生活需求，增强农业转移人口对企业的认同感与归属感。

（2）通过公平的人力资源管理制度对农业转移人口进行激励。企业要完善薪酬、用工、培训、奖惩等规章制度建设，确保农业转移人口在企业受到公正公平的待遇。企业管理者还要注意注重农业转移人口与城镇职工之间的交流情况，帮助农业转移人口更好地融入城镇。

二　融入阶段

这个阶段的农业转移人口已经在城镇解决了生存所需的基本温饱问题，从经济层面基本适应城镇生活，开始试图追求社会层面的融合。此阶段企业可以作用于农业转移人口市民化意愿的因素：

（一）融入阶段企业影响农业转移人口市民化意愿的着力点

1. 社会保障的完善

农业转移人口进入城镇后，参加城镇职工社会保险的期盼非常强烈，同时，让农业转移人口参加城镇职工社会保险体系、享受更高的待遇保障，也是时代发展的必然要求。但现实中一些企业从降低生产成本、减少经济负担的角度考虑，没有积极地为农业转移人口缴纳社保。另外，农业转移人口流动性比较强，没有意识参加社保。遵照国家规定按照人头足额为农业转移人口缴纳社保，不仅是对农业转移人口权益的保障，也是对企业的未来负责。只有解决农业转移人口的后顾之忧，他们才会对企业产生认同感和归属感，从而为企业发展作更大贡献，他们才会对城镇生活不再畏惧，有底气在城镇凭借自身在企业中的劳动，像城镇居民一样生活下去。

2. 社会网络的扩展

从农业转移人口刚刚进入城镇来看，大多数人是通过亲戚或者同乡的介绍获取就业机会的，由于在城镇工作时间短暂，他们的社交网络主要集中于亲戚、老乡互动或共同居住的室友等。课题组成员曾对安徽合肥某火锅店5位工作人员进行访谈，结果显示，访谈对象均来自同一地方，均为亲戚关系。他们大多在城镇的生活主要集中于工作和居住场所，休息日基本不出门，生活较为单调。工作的性质与工作的场所局限了他们可能拓展的社交圈子。

而在访谈中，相对比较年轻的受访者，因在城镇工作时间较长，就不仅仅局限于血缘、亲缘、地缘为纽带的社交网络，已经开始重新构建自己的社会交际圈。或者因为某一爱好，或者因为追求学历的提升或技能的提高，一些农业转移人口的社交范围进一步扩大。因此，在农业转移人口融入城镇这个阶段，社会交往网络明显比上一阶段要丰富，他们的交往圈逐渐扩大，开始以居住场所为中心向外扩展。

3. 就业环境的改善

农业转移人口在城镇就业，一般主要集中于劳动密集型产业，这些行业往往工作环境差、设备落后，存在严重的安全隐患。以煤矿行业为例，农业转移人口受教育水平总体较低，安全意识淡薄，安全事故时有发生。另外，农业转移人口易受职业伤害，职业病占比较高。这个阶段，农业转移人口更关注的是劳动环境的改善与劳动权益的保护。与进入城镇初期相比，农业转移人口不单单追求工资收入的增加，对工作和生活环境的关注度明显提高。

4. 就业质量的提高

企业中的农业转移人口多数文化水平较低。前文显示，调研对象中学历为初中以下的占半数以上，因此他们就业竞争力不强，在城镇自主择业的机会较少。农业转移人口完全融入城镇，需要物质支撑。农业转移人口有了一定的经济基础后，要融入城镇，需要提高竞争力，提升个人价值，从而提高就业质量，有效增加收入。拥有一技之长是农业转移人口在城镇工作的核心竞争力，拥有一技之长的农业转移人口的工资收入相对较高，因此，提高专业技能是农业转移人口增加工资收入的重要途径。

（二）融入阶段企业影响农业转移人口市民化意愿的策略

1. 加强职业培训，提高职业素养

农业转移人口总体上文化水平不高，缺乏相应的技能，竞争力不强，这些直接阻碍了农业转移人口在城镇立足。目前，政府对农业转移人口培训制定了相关政策并通过不同的渠道付诸实施，给农业转移人口提高自身素质提供了机会。但企业是农业转移人口工作生活的重要场所，企业有针对性地对农业转移人口进行职业培训，能增强员工素质，提高企业的生产效率。

在企业的培训中，首先应对农业转移人口职业培训树立正确的观念，充分认识农业转移人口通过培训所提升的能力也是企业发展的生产能力。专业性较强的职业能力的提升增加了农业转移人口与企业的黏连性，而非流动性，企业与农业转移人口在此过程中达到双赢。其次，企业运用内部资源对农业转移人口的培训可以采用定期举办讲座、顶岗、轮岗、师傅带徒弟等方式。对于内部有职工技校与职工大学的企业，可适当将有发展潜力且对组织贡献较大的农业转移人口纳入其中。通过培训使农业转移人口增加技能、提升能力，了解并认同组织文化，适应企业与城镇的生产生活规则。最后，企业运用外部资源提升农业转移人口能力。通过校企结合，加大农业转移人口技能培训力度。企业可以与有实力、有资质的社会培训设计机构分担培训任务，通过校企结合，培养和使用人才。为激发农业转移人口参训积极性，企业可以考虑将技能水平高低、持证情况与薪酬挂钩，充分调动农业转移人口参与培训的积极性。

2. 健全工会作用，加强权益保障

农业转移人口进入城镇工作，会遇到各种合法权益遭到侵害的情况，如拖欠工资、劳动生产安全问题、劳动合同问题及社会保险问题等。农业转移人口在权益受到损害时可以说是实实在在的弱势群体，并不能有效维护自身权益，这固然与农业转移人口自身素质不高密切相关，但缺少一个集体组织作为依托也是一个重要原因。农业转移人口在城镇强烈渴望能有一个集体组织为自己说话，虽然《中华人民共和国工会法》指出"农业转移人口是企业中以工资收入为主要来源的劳动者，有权依法参加工会组织"，各级总工会就工会如何维护进城务工人员的合法权益做出相关规定，但仍然有相当一部分农业转移人口游离于工会组织之外。

企业要依法完善工会组织，最大范围地组织农业转移人口入会。积极鼓励企业做好农业转移人口的维权工作，主要从以下几点出发：

（1）企业要依照《工会法》精神，积极发展农业转移人口进入工会。由于农业转移人口流动性强、不确定性大，企业对农业转移人口管理有难度，并导致工会经费的增加，一些企业认为建立工会组织是瞎折腾。企业要明确，不能以户籍和工作的时间长短，限制农业转移人口加入工会。对于经费问题，企业应打消顾虑，工会的经费是按照职工总数而不是按会员人数缴纳的，且工会经费60%以上是返还给企业用来开展工作，并不会带来企业成本的增加。积极建立工会组织，有利于建立和谐的劳动关系，促进企业发展。

（2）以农业转移人口现实需求为导向，让农民真实感受到加入工会的好处。企业要从农业转移人口群体的需求出发，探索有效的入会方式，不断扩大工会组织对农业转移人口的覆盖面，提升农业转移人口的入会率。通过与政府联合，围绕劳动就业、工资报酬、社会保障、安全生产、困难帮扶等方面为农业转移人口提供多项服务，使其在城镇实现"劳者有其得、工者有其安、弱者有其尊"，促进农业转移人口积极融入城镇。

3. 改善工作、生活环境

工作、生活环境是影响农业转移人口工作心态的最基本要素，不仅是农业转移人口就业所考虑的因素，更会对农业转移人口市民化意愿有直接影响。

（1）工作环境。我国企业环境存在的最大问题就是安全隐患，企业作为在安全生产中的主要责任方，要加大安全生产管理。一要建立健全规章制度，构建农业转移人口安全生产工作长效制度。制定企业安全生产管理制度，加大对农业转移人口的宣传力度，提高农业转移人口安全生产意识。二是加大对农业转移人口的安全生产培训。加强对企业负责人、安全生产管理人员及特种作业人员的培训，根据农业转移人口特点编制安全培训教材，组织农业转移人口观看安全事故警示教育片，提升其安全意识。

（2）生活环境。用工企业要针对这个阶段农业转移人口的特点，落实企业社会责任，大力改善农业转移人口生活环境。农业转移人口在城镇就业流动性强，企业应在充分调查农业转移人口特点和意愿的基础上，根据收入水平高低及市民化意愿程度不同，给予农业转移人口积极的住房支持。

一是对于农民自行安排居住场所的，企业可以给予适当的租金补偿。二是完善农业转移人口住房公积金制度。针对农业转移人口工资水平低、流动性强的特点，企业可以遵循"低水平、多层次、广覆盖"的原则完善住房公积金制度。公积金的缴纳要降低起征点，可根据农业转移人口收入水平灵活设计几个档次。三是企业要加强与政府对接，申请政府的廉租房。为在城镇稳定就业达到一定年限以上的、住房困难的农业转移人口（家庭）申请廉租房，廉租房租金应考虑农业转移人口的收入水平，可以通过农业转移人口缴纳住房公积金和企业提供适当房租来补充，在不大幅提高农业转移人口住房成本的条件下大大改善住房环境。企业通过多种途径满足农业转移人口在城镇的住房需求，可以缓解农业转移人口的压力，使其在城镇住有所居，能大大加强农业转移人口对企业的归属感，增加其留城的意愿。根据农业转移人口的特点和需求提供住房支持。从总体上看，农业转移人口在城镇就业具有较强的流动性，而且收入不高，所以在提供住房支持时，应尽量符合农业转移人口的特点和意愿，为其提供住房补贴、廉租房及单位建造住房。

4. 健全社会保障体系

遵守法律法规章程，自觉落实。企业要严格遵守《劳动法》等相关法律和法规，要与农业转移人口签订正规的书面劳动合同，对于工作时间、工作内容和工作报酬等问题予以明确告知。严格根据当地最低工资标准，制定适当的工资标准。不随意延长工作时间，如有延长，按合同给予相应的工资补助。对农业转移人口工资要足额按时发放。

完善农业转移人口社会保险制度。农业转移人口收入水平不高、流动性大，对社会保险知识不了解，参保能力有限，参保率比较低。因此，企业可以根据农业转移人口的工作性质、面临的风险及危害程度，针对农业转移人口的自身需求，有计划、分步骤推进农业转移人口参加社会保险。调研结果显示，目前企业基本上为农业转移人口购买了工伤保险。工伤保险不需要个人缴费，并且工伤对农业转移人口个人和家庭影响大，企业尤其是农业转移人口普遍接受。医疗保险也是农业转移人口普遍关注的，但农业转移人口基本上在当地已经参加了居民社会医疗保险，因需要个人再缴纳一部分，故参保率较低。企业应在解决农业转移人口迫切需要的保障需求后，进一步完善保险制度。严格遵守国家的政策规定，主动为在职的农业转移人口足额缴纳基本社会保险。宣传医疗保险重要性，积极促进全面保障体系的构建。

三　融合阶段

随着市民化程度的不断提高，农业转移人口在满足了经济及社会层面的需求后，极大地追求以文化、精神生活为主的城镇需求，强调归属感与城镇身份认同，追求从心理上与城镇居民真正融合在一起。企业要利用自身条件，加速农业转移人口的身份认同，使他们从心理上融入城镇。

（一）融合阶段企业影响农业转移人口市民化意愿的着力点

权利意识的增强。由于在城镇的生活更加稳定，这一阶段农业转移人口的生活理念和生活方式已渐渐接近于城镇居民，他们开始有长久居住在城镇的意愿，并强烈渴望与城镇居民享有同等的权利，这种日益增强的权利诉求也对用工单位提出了新的要求。因此，在此阶段，仅仅提供无差别的城镇居民待遇只会使他们产生"我们与城里人一样"而非"我就是城里人"的认识。要实现这一认识的飞跃，必须从文化的角度来着手，潜移默化地使农业转移人口转变对自己身份的认知。

（二）融合阶段企业影响农业转移人口市民化意愿的策略

1. 健全企业文体设施。有条件的企业应不断完善基础的文体设施，如建成运动场、乒乓球场、篮球场、职工书屋、职工俱乐部等。采取兴趣激励措施，根据农业转移人口的兴趣成立兴趣团，通过开展活动将具有相同兴趣的农业转移人口聚集在一起，加强农业转移人口之间的交往。

2. 重视文化建设，增加农业转移人口的认同感。企业文化的核心是价值观，体现在农业转移人口对企业的忠诚度、责任感和自豪感等方面。企业要在农业转移人口群体中注重文化建设的整体推进，开展文化攻坚活动，对农业转移人口群体进行集中宣讲，让工友们了解并认同企业文化，更多地参与到企业文化建设中来，并成为企业文化的主角。

3. 定期举办各种文化活动。虽然农业转移人口的文化水平高低不同，但是他们对精神生活有着共同的追求。企业可在传统节日举办一系列文化活动，如诗歌朗诵会及乒乓球、羽毛球比赛等活动，既丰富职工的业余生活，又缓解他们的思乡之情，增加企业和谐氛围。

4. 注重员工人文关怀工作。主要体现在关注农业转移人口的生活和思想动态，基层领导加强与农业转移人口的沟通与交流，了解农业转移人口工作和生活的需求与困难。对于生活困难或遭遇重大疾病的农业转移人口，企业动员职工齐心协力帮助其渡过难关。在农业转移人口生日当天可以考虑发放生日礼物，让农业转移人口感受企业的人文关怀，增强农业转移人口的归属感。

5. 强化农业转移人口主人翁精神，通过细致入微的思想工作，克服农业转移人口的过客心态。企业要加强对农业转移人口的"主人翁精神"的思想教育，在企业关键事件决策中无差别赋予农业转移人口决策权力。在同工、同酬、同权基础上，农业转移人口也需要承担与城镇职工一致的社会责任。不是过客，而是以企业中的一分子的身份，对自己的行为负责，通过无差别的权责对等，实现农业转移人口完全的市民化。

第四节　社区、社会组织与社会工作者联动做好服务工作

"三社联动"即社区、社会组织以及社会工作者三者联合行动，是社会事务处理、社会关系维系、社会氛围营造、社会结构稳定的场域、组织与主体的集合。在农业转移人口市民化的过程中，"三社"在国家与市场力量无法深入的领域发挥不同程度的作用。

无论农业转移人口是否退出农村，必然生活在农村或城镇社区场域中。在国家权力退出基层社区，乡规民约、准行政规则、法律规则共同维系基层社会稳定的情况下，社会组织作为独立于政府组织与市场组织的服务提供主体，具有其他组织所不具备的"亲民"特质。通过

社会工作者的专业工作将"助人自助"的理念融入为农业转移人口提供的社会服务中,帮助有意愿的农业转移人口实现市民化的最终目标。

本研究中所指的社区包含农村社区与城镇社区内设的基础建设,也包含社区内所容纳的居民、联结人与人的各种关系以及社会支持。社会组织既包含在农村的社会组织也包含在城镇的社会组织,社会组织既包含两个不同场域中农村富余劳动力或农业转移人口自发组织的社会组织,也包含农村与城镇社区为农村富余劳动力或农业转移人口提供服务的社会组织。社会工作人员包含农村与城镇的专业社会工作者,也包含在社会工作者指导下为农村富余劳动力或农业转移人口提供服务的志愿者,这些志愿者可以是农村与城镇的居民,也可以是先期进入城镇的农业转移人口。

一 农业转移人口居住于不同社区的管理

法国社会学家布迪厄认为,共同场域形塑共同习惯,共同习惯形塑共同场域。通过在农村社区的生活状态以及与市民在城镇社区这一场域内长久互动、交流,农业转移人口将积累更多"市民特质",城镇居民也会改变对农业转移人口群体的看法和态度,逐步走向和谐共融。

(一) 农业转移人口在社区的生活类型

通过分析调研资料发现,农业转移人口在社区的生活模式大致可分五种:

表 8.1   农业转移人口在社区的生活类型

类别	融入社区状态	主要生活状态	与城镇居民的融入程度
第一类	农村社区	在原住地从事农业生产	没有交集
第二类	进入城镇但没进入社区	聚居在工地,主要从事建筑、装修类工作	和城镇居民几乎没有交集

续表

类别	融入社区状态	主要生活状态	与城镇居民的融入程度
第三类	进入"准社区"	聚居于"城中村"或拆迁还原的农业转移人口从事非农劳动	与城镇居民没有实质性的交集
第四类	进入城镇社区	租住或购买城镇商品住房，与城镇居民共居，从事非农劳动	生活空间上融入社区但没有从心理上认同城镇
第五类	融入城镇社区	定居成为城镇居民，从事非农生产	完全融入城镇，有城镇居民的责任感与荣誉感

第一类农村富余劳动力居住在原生的农村社区，丰富的信息渠道来源使其对城镇生活有了解，且随生活水平的提升，日常生活逐渐有城镇生活方式偏好，但是农业转移人口生产、生活场域远离城镇的事实，决定了他们与城镇居民在生活中没有交集。第二类农业转移人口由于所从事工作的性质，几乎都集中居住在生产现场或用工单位统一提供的居住地，社交圈就是工作圈，虽生活在城镇，他们的社交圈几乎与城镇居民没有交集。第三类农业转移人口虽然居住在城镇，生活空间与当地居民较为接近，但和当地居民社区实质性的交集几乎没有，生活圈子仍然是以"地缘"为特征的社交圈，有社区雏形无社区实质，生活中与城镇居民有交换行为，但没有实质性的交集。第四类农业转移人口和当地居民居住在同一社区，但因为工作性质和生活习惯的差异，他们中的大多数并没有从心理上认同城镇。第五类农业转移人口具有两种类型，一是"转型"成功的一代农业转移人口，在城镇有户籍、稳定职业、稳定生活，本身已经成为市民；一是新生代农业转移人口，所受教育的经历使其更容易融入城镇成为市民，这类农业转移人口是城镇居民的自然组成部分。

通过实地调研以及资料分析可以发现：城乡二元分割，长期单向资源非农化流出，使农村社区的公共服务基础设施建设水平远低于城镇。对农村人口与城镇化人口的二元化管理是农业转移人口对城镇产生隔离感的主要原因。在过去管控思想的指导下，城镇社区往往会将农业转移人口住户视为重点防范的对象，通过办理暂住证等方式把他们和本地居民区分开来；社区开展的文化活动内容和方式与农业转移人口过往熟悉的文化娱乐对接不够，导致他们无法参与其中。同一城镇因来源不同而采取的相对割裂的管理，无形中使农业转移人口和社区城镇居民之间产生隔阂和矛盾，让农业转移人口难以认同社区、难以融入城镇，无形中也加剧了城镇居民对农业转移人口的排斥。

（二）对三类重点人群所在居住区的分类管理思路

城镇社区是农业转移人口市民化的"过渡场"和"转化场"。这一过程从本质上说是农业转移人口开始真正融入城镇社会生活的过程，也是农业转移人口在城镇再社会化的过程。从人口社会学的视角来说，社会融入是处于弱势地位的农业转移人口主动与城镇社区中的个体和群体进行反思性、持续性互动的社会行动过程。农业转移人口再社会化过程离不开一个特定的空间：城镇社区。社区管理者与社区居民形成了一套城镇社区成员公认的行为规范和秩序，一定程度上需要农业转移人口改变原有的文化价值取向，其城镇生活习惯与生活方式得以重塑。在城镇社区"转化场"中，农业转移人口通过积极参与社区活动，有效参与社区决策与治理，充分享有社区服务，逐步增强对城镇社区的归属感和责任感，融入该社区。在此基础上，农业转移人口通过跨社区融入，横向拓宽社会资本，通过参与街道与社区之间的互动，自下而上，逐步影响决策层，实现社会资本纵向拓展。通过城镇居民角色融入，最终融入城镇社会生活，农业转移人口顺利完成了再社会化，实现了自身角色和身份的同步转变。

基于近期必须完成一亿农业转移人口市民化的艰巨任务，在推进这一工作的过程中，需要有重点地对最具"推动价值"的人群居住区着力，依据农业转移人口融入城镇程度的不同，对不同人群实施分类管理，在此重点对第二、第三、第四类城镇社区提出管理思路：

1. 进入城镇但没有进入社区的类型：这一类型的农业转移人口

由于工作性质和地点的原因，大多集体居住、集体生活，没有进入城镇社区，与城镇居民几乎没有直接交往。同时他们会集体复制农村的生活习惯，居住地没有设立社区管理机构，其社会交往和城镇融入问题最大。对于这类随生产空间集体流动、集体居住的聚居区，城镇街道或社区管理部门可在集体居住地设立社区居委会等社区管理服务组织，引导其与当地居民的联系，注重提供丰富的社会服务内容和灵活的服务形式，方便这类群体享受社会服务、参与社区活动并提供条件，增强其与市民的互动频率，可以达到浅融入社区的目的。

2. 进入"准社区"的类型：此类农业转移人口以同乡、工友等关系为纽带形成一个聚居区域，复制了原有生活文化模式，居住地具有完备的生活服务体系，在生活空间、人际交往距离等方面开始具备城镇社区的基本特征，使建立真正的城镇社区、实行社区管理方式成为可能。对此类人群所在社区的管理思路是：通过实施社区管理，借助社会工作者的服务，将城镇生产、生活规则导入农业转移人口的日常生活，跨越文化、体制、观念等诸多因素，促进这一类型农业转移人口融入城镇社会。

3. 进入城镇社区的类型：此类农业转移人口已经入住城镇社区，他们面临的主要问题是如何跨越城镇社会适应的浅层性，社会交往更多地倾向于同乡或是从其他乡村来到城镇的工人，在与城镇居民交往过程中，更多涉及业缘和同学关系，情感交流较少。对此类人群的管理思路是将其纳入城镇社区管理体制，通过日常的生活管理和社区服务，增加他们与城镇居民的互动频率，涵养社区内部良好的人际关系，增强他们被城镇接纳的感觉，培养其对城镇社区的归属感。

二 退出阶段

农村社区的建设与推进农业转移人口市民化并不相悖。乡村不仅提供食物保障，还是每一个个体与家庭的文化源头与精神家园，由对乡村价值的重新审视可知，后顾无忧的乡村是农业转移人口安心市民化的保障。

退出阶段是指农村富余劳动力场域和职业的转变。不仅是农村富余劳动力生活与工作区域从农村转移到城镇，还包括从农业从业人员转变成非农从业人员或兼业人员的执业与生活心态转变的过程。在此阶段"三社联动"的重点在于农村权益保障以及未来风险规避，以激发农村富余劳动力进城意愿。

（一）推动农村富余劳动力退出的基础建设

1. 保障农户承包地与宅基地权益，探索流转机制

传统城镇化以低价征地、粗放型建设使用、土地征收提供地方政府财政收入为特点，这些显著特点造成了发展的不可持续性。在新型城镇化不断推进的背景下，土地需求不断扩大，新形势要求加快土地制度改革，在增加城镇土地供给的基础上，确保通过对土地所有权、收益权等制度的改革，保障农民在土地上的各项权益和收益，让新型城镇化建设的丰硕成果能真正惠及农民。在新型城镇化背景下，以家庭联产承包责任制为主的农村土地产权制度一定程度上造成了农村土地规模化经营难以实现的问题，一家一户分散经营的方式与现代市场经济和现代农业的发展要求不相适应，甚至存在一定的冲突。可以说，以往的农村土地产权的自身缺陷阻碍了新型城镇化发展。因此，以市场配置为主，建立"多方参与、政府引导"的土地制度改革成为发展的趋势。

建立和实施农业转移人口承包土地和宅基地有效流转体制机制，切实保护农业转移人口的土地权益和收益。首先，必须坚持承包土地集体所有制下所有权、承包权、经营权"三权分置"的原则，逐步落实宅基地集体所有权、保障农户宅基地资格权、放活宅基地使用权"三权分置"，循序渐进地盘活农业转移人口在农村的承包地、宅基地等农村资产，尽量减少他们市民化转化的成本。农业转移人口市民化的有效推进，绝不能把放弃承包地和宅基地作为农业转移人口进城镇落户的前提条件，强制要求农业转移人口退地更不可取。要在符合

城乡土地整体规划的前提下，建立一套完善农业转移人口土地使用权转让、出租、抵押、入股的制度安排和切实可行的实施细则。明确农村资产的产权归属，赋予农民更多的财产自主权，切实做到"还权赋能"。其次，要盘活农村土地存量资源，搭建土地流转交易平台，提升农村资产要素的流动水平和资本化水平，让农业转移人口的农村土地收益权得到切实保障。农业转移人口进城镇落户定居后，是否放弃农村承包地和宅基地的权益，应当由他们自身的意愿去决定。农业转移人口以土地为核心的财产权利得到充分的尊重和保护，既可以让农业转移人口进退有路、更有底气，也利于更加规范有效地发展农村的土地承包经营权流转市场，促进农村土地规模经营效益和农民现代化发展需要。最后，积极创新对接转换路径和农村退出机制，探索农村土地与城镇社保之间灵活有效的转换方式，探索出一条切实可行的宅基地复垦置换的新模式。坚决杜绝私自变更土地用途、借机侵害农民权益、使失地农业转移人口城镇边缘化的问题。

2. 大力发展公共基础设施配套，缩小城乡差距

由实证研究结论可知，城镇公共基础设施对影响农业转移人口市民化意愿不明显，所以，进一步完善农村公共基础设施的修建并不会对他们的市民化意愿产生反向影响。但是农村与城镇较为一致的公共基础设施的提供，不仅有利于缩小城乡差距，还有利于人口在城镇与农村的自由流动。一方面使城镇居民愿意进入农村，通过集约化、规模化的农业生产，将大量农村劳动力从土地中解放出来。另一方面，帮助农业转移人口减小进入城镇的阻力，尽快适应城镇的生活方式。

因此，在农村实施公共基础设施建设工程，以项目为载体，以农民为主体，以政府投入为主导，实行山水林田路和供水、供气、电网、物流、信息、电视广播工程、村村通硬质道路工程、改水改厕改厨改圈工程、饮水安全工程、村庄文化娱乐设施工程、适合农村实际的健身设施工程、养老及医疗基础设施工程，整治村容村貌，加强数字乡村建设。通过土地高效集中、规模经营，公共资源向社区集中、

精准使用，尽可能地将美好乡村建设纳入城乡一体化发展中。通过美好乡村建设，促进农村建设与发展，促使居住在农村的富余劳动力向城镇社区转移。

3. 完善基层群众自治组织，近距离化解权益之争

当前，涉及土地与集体经济产权的利益日益增加，作为集体组织成员的农业转移人口，他们的利益除了由官方的村民委员会与村党支部来维护以外，很多地方尝试通过采取基层群众自治组织（如村民理事会、乡贤会）的参与和监督，来切实保障农业转移人口自身的各项利益。农村相关自治组织是农村社区建设中社会协同治理的基础力量，是自我发起、自我管理、自我负责的非政府组织。基层群众组织的存在能够最大程度保障离开农村到城镇就业的村集体成员的权益。

在城镇化进程加快的背景下，农村社会成员逐渐由"家族人"向"社会人"过渡，越来越多的农村人在城镇工作、在城镇生活，农村基层社区组织就成为农业转移人口在农村的主要依托和服务的综合平台。农村基层社区组织，特别是基层自治组织直接面对群众的生活服务和社区治理，很好地满足了农民生活中所需要的多数公共服务。农村社区建设过程中，这些基层组织就成为政府和市场之外的重要补充主体，弥补了政府和市场无法发挥的所有功能，发挥了农村社会治理中最现实最基础的作用。农村基层自治组织要在农村社区建设中以"民主选举、民主决策、民主管理、民主监督"为核心，近距离了解农民在生产生活中的困难，农村富余劳动力在进城务工中存在的顾虑、被损害的利益，通过乡规民约加以调解或自下而上地将诉求传递到公共管理部门，推进政府公共管理与自我管理相结合的农村社区管理体制的形成。

4. 促使村务管理公开透明化，保障农村富余劳动力的村庄利益

保障农村富余劳动力在农村的各方面利益，村务公开透明是前提。若在农村集体经济收益分配、土地调整、国家下放资源分配以及农村集体项目收益分配中，不能排除农村富余劳动力失去或减少获得

该利益的隐忧，基于理性经济人的本性，多数农民，尤其是村社集体经济发展较好的村庄的农民会缺乏进城动力。然而，若在公开透明的村委会这一村民自治组织的规范管理下，进入城镇赚取非农收入并不妨碍其同等享有农村居民的收益和福利，则农村富余劳动力会有较强烈的进城意愿。这就需要将基层生产小组、乡贤会、村民理事会、村民监事会、村民大会、村民代表大会这些带有基层民主性质的自治组织充分组织、发动起来，在村庄事务管理过程中发挥参与、监督作用，增加村庄管理透明度。如基层生产小组可以在具体村务上组织讨论，监督实施；如乡贤会、村民大会、村民代表大会可以加强特殊群体在参与村庄管理方面的作用；如村民理事会、村民监事会可以更准确了解日益原子化的个人利益诉求，促使农村事务决策的制定更加平衡、全面、公平，保障其利益无差别实现。

（一）推动农村富余劳动力退出农村社区的社会支持

1. 力促农民专业合作社开展互助合作

在农村，乡村熟人红利的逐渐消失，使得原有用于维系乡村社会的伦理规则逐渐为经济规则、行政规则所替代，基于经济、政治角度所产生的社会组织在农业转移人口市民化过程中具有稳定、保障和救济的功能。农民专业合作社是以"公司＋农户"的经营方式，同类农产品的生产经营者和生产经营服务的提供者，按照一定章程自愿联合、民主管理的互助性经济组织，是以某一产业或农产品为纽带，以增加社员收入为目的，实行资源、产销等互助合作。农民专业合作社的存在能够在有形农村社区中形成基于农业生产、加工与销售的实践社群。其组织基础是共同的业务流、共同的利益。农民专业合作社能够帮助农民解决生产、加工、销售中的技术难题，形成规模经济，降低成本。同时，在有的地方的专业合作社，农民可以通过土地入股的方式，自身不用从事实际的生产与销售，在获得协议中的米、粮、茶等实物的同时，还能获得分红收益。这种模式的农业合作，将农村富余劳动力从土地中解放了出来，为农村富余劳动力离开农村、进入城镇创造了条件。

首先，农民专业合作社必须坚守罗虚代尔原则，自我管理、自我监督、自我约束。做实合作社的功能，而非将其视作套取财政资金的手段。对于政府部门而言，应加强对农民专业合作组织在政策、资金等方面的支持力度，营造宽松但又不失监督力度的环境。通过设立专项支农资金、提供银行系统无息贷款等金融支持方式，支持农民专业合作组织的发展。通过规模化的生产与经营，使专业合作社产生个体生产所不能产生的额外盈余。其次，必须科学引导，规范运作。政府必须循序渐进，科学有序地推动农民专业合作组织的发展壮大。加强对社员的科技专业培训、经营管理培训，提高社员整体素质，积极扶持合作社发展。特别是在农民合作社组织成立初期，实力较弱，政府必须从场地、经费、政策等方面予以扶持以提高其影响力。另外，需要帮助合作社健全和完善监事会职能，通过对专业合作社的运行进行适时监控，保证其合作运行真实性，通过真实的合作生产与经营，使入股农村富余劳动力切实获得入股红利，保障参与合作的农村富余劳动力的利益。

2. 固化原有社会关系网络

不同于专业合作社，农村社会关系网络对于个体的链接是基于亲缘与地缘而形成，人际联系紧密，社会信任程度高。农村社会关系网络的存在往往能够减少成本，化解冲突，在反复多次的社会交换中增加个体的社会资本存量，进而通过社会网络保障网络中各个体的利益。

社会关系网络在农村富余劳动力退出农村中的作用可以体现在：首先，社会关系网络能促进农民利益表达，避免因农村富余劳动力进入城镇，远离乡村使信息不对称导致利益受损。农村社会关系网络为农民表达自身利益诉求、维护自身权益提供了有效途径；加速各种信息在农村内部合作组织中的流动，通过内部信息共享机制的建立，促使信息流动速度加快、流动效果增强，让农民以最小的成本获取自身想了解的信息，实现农业转移人口自身利益的合法表达。其次，社会关系网络有助于政府与农村富余劳动力之间的良性互动。社区环境中社会关系网络内的小道消息传播速度会快于官方渠道的信息传播速度，且以人际交往为基础建立的关系网络在平衡和协调农村社区事务中的矛盾时具有正式组织所不能比拟的作用。农村富余劳动力借助新的社会关系网络实现农业转移人口个人与个人、个人与群体间的协调和沟通，从而解决公共事务集体行动困境，保障自身利益得以实现。同时，政府为了更好地帮助农民及时了解相关政策，进一步增进政府、社会组织、村民间的彼此信任与合作的关系，可将国家的方针政策通过社会关系网络这一平台传达给农村社区中的各个参与主体。社会关系网络的维系主要在于固化原有的地缘、亲缘关系。至于具体维系方式，首先可以通过开展乡村内部共同参与的活动凝聚乡村内部合力。如开展千人回乡庆典、乡村春晚等活动，修建宗祠、乡村建设功德碑等，通过特定的节日与宗族活动将集体仪式感作为联结村民与离乡农业转移人口的纽带。其次，乡村社区可以主动作为，通过建立"接你回家"、乡村联络卡、乡村信息平台等方式使农村富余劳动力即使离开乡村也仍然和乡村保持联系，及时了解乡村事务并参与乡村事务管理。最后，通过乡党总支、村党支部将农业转移人口聚居区的流动党小组纳入乡村的党建范围，将离乡农村富余劳动力借由党员活动的形式，嵌入乡村社会网络。

3. 修复与运用内生社会准则

农村社会关系网络的维系不在于政策，而在于关系网络内的个体对于共同规则的认同与遵循。改革开放后，随着国家力量在农村的逐渐退出，集体经济的削弱使得农村社区发生种种变化：社会结构变化、居民角色的多元、行政规则与准行政规则运行乏力，农民自治能力不足，必须通过社会组织将农村社区的农民重新组织起来以保障其在农村的利益，激发农村富余劳动力的进城意愿。组织农村社区居民的过程中的组织原则即社会准则。

（1）完善村规民约

"村规民约"是介于政府行政管理与村民自治之间的一种民间规范。通过村规民约实现了村民自我管理、自我约束、自我服务，维护农民民主政治参与，约束村民个体行为，有利于农村事务民主管理、民主决策的实现。"村规民约"的实施一定程度上使农村的各项工作开展得更加有序，使农民各项基本的生活走上了有序化、正常化的轨道。在村规民约的规范和约束下，村民能够有效地参与各项事务，对村干部进行监督，促进了干群关系的和谐，维护了农村社会正常的生产生活秩序。

村规民约的执行是处理村民内部矛盾的一种有效的手段，甚至在某些领域，村规民约对农民的约束力大于法律的效力。因此，在推进农业转移人口市民化的过程中，应努力提升村民的自治水平，更好地促进社会的有效治理，应不断修订完善村规民约，从而提高农村社会资本的存量，实现社会资本有效整合。在村规民约执行过程中，一定要强化村民参与，确保村规民约在执行中的合法、公平、有效和教育性。只有这样，在法律与村规民约、硬约束与软规制共同作用下，农村社区中农民的利益才能够得到有效保障，免除进城的后顾之忧，增强农村富余劳动力的进城意愿。

（2）重塑乡村文化

有效利用农村居民特定的价值观念、农村社会舆论等遏制农村社会存在的赌博、浪费等不良风气，规范村民的个体行为，从而提高农民的道德修养和文明程度。诚实、信任、责任、互惠为核心的社会价值体系在农村社区建设过程中，需有效结合农村的风俗习惯、伦理道德来重塑农村社区良好的社会风气，推动美好乡村和乡村文明建设。这有利于农村治理成本的节约，从而提高农村社会治理效果。特定的乡村文化对农村社区居民来说具有认同感和亲切感，他们对乡村文化具有一种与生俱来的服从，农村一些良好的风俗习惯与伦理道德为主要内容的乡村文化一旦形成，在这一地区就成为一种具有强大的社会制约性、共识性、标准性并被村民共同遵守的惯例，能够保证村民之间信息传递的准确性。在农村社区建设中，一方面需要挖掘和强化原有的有益乡村文化，另一方面，通过引入城镇志愿者、社会组织的文化服务活动，如送戏下乡等文化活动、妇女权益培训等法律服务活动、网络进乡等现代生活服务活动，不断完善与重塑社会文化，调动村民接触新理念、了解新领域的积极性与主动性，在移风易俗的同时，更贴近城镇生活习俗。

4. 分类提供农村社区服务

当下城镇化快速发展，农业人口大量外流，农村空心化严重、农业边缘化明显，村庄社区服务需要根据村庄空间调整和重新部署。村庄社区服务主要是提供社区服务，正视农业富余劳动力外流的现实，收拾好村民离村后的残局，稳定村庄现有格局，接纳新进"村民"。因此，村庄社区服务必须切合实际地发展，分类提供社区服务。

对于流出人员较多的村庄，村庄社区或者是自治组织应重点提供帮助他们流转承包地服务。确保农业转移人口的宅基地使用权和集体收益分配权不受侵蚀，解决他们在城镇打工的后顾之忧。村庄社区服务最主要的内容是留守人员的民生问题。对于留守老年人，需要在加强农村"五保户"兜底养老的基础上，对农村居家养老服务大力推广，在初期引入非营利组织介入养老产业的基础上，逐渐将市场组织引入农村居家养老市场，丰富养老服务提供主体。对于妇女群体，在提供充足就业机会的前提下丰富其文化生活是关键。对于儿童，尤其是农村留守儿童，在保障其物质利益的同时，保障其精神利益是关键。加大对受教育权利的保障，通过"三支一扶"政策的不断贯彻和落实，安排较好的师资，广泛吸纳各类支教志愿者加入乡村教育队伍，使留在农村的儿童有条件接受较好的初级教育。加大对心理健康的关注，农村儿童尤其是农村留守儿童的心理健康问题是关系到未来社会全面健康发展的问题。总结在调研中多地的实践经验以推广：其一，将就近就业作为农业转移人口市民化的重点，以加强父母与子女的联系，帮助农业转移人口更好扮演家庭角色。其二，通过政府购买服务，为农村留守儿童购买社会融入、心理咨询服务。其三，社会组织组织社会工作者定期下乡指导和监督农村社区寄养家庭的教育与看护，通过开展分享阅读、小小绘画师、小型运动会等文体活动近距离了解留守儿童心理状况，帮助他们克服与父母分离的不安全感，解决离乡农村富余劳动力的后顾之忧。

对于"工业村""旅游村"，村庄社区服务在保障原有村民应有权利的基础上，也要保障外来人员的利益：如在房屋租赁管理、生活设施改建、生产资源的获取、人员关系的协调、村规民约的宣传等方面主动作为，帮助到农村创业的城镇市民和外来农业生产大户在农村社区安定下来，在和谐稳定的环境中积极开展农业生产，为离乡的农村富余劳动力提供稳定的收益。

对于农业社区，社区应该组织村民自助、互助力量，满足村民农业生产不同阶段的服务需求。同时，从组织层面出发，联结政府、社会团体、企业的资源，提供职业培训、农产品销售服务到社区，从生产与生活两个方面稳定农业社区。

三　进入阶段

大量外来农业转移人口涌入城镇，在城镇中工作、生活和居住。他们在为城镇带来生活便利、给城镇社区带来丰厚的房租收入的同时，也会因生活方式、价值观念不同给城镇社区的治理带来秩序的混乱。在此过程中，本地城镇居民对外来农业转移人口的不满情绪开始发酵，对农业转移人口的态度也由漠视到歧视再到敌视。同时，农业转移人口也不满于本地居民的优越感，两大群体之间的对立与冲突一旦形成，将使整个社区陷入混乱。在此阶段，"三社"联动的重点在于保障权益、解决困难、丰富生活、适应城镇。突破点在于农业转移人口的生存困难与生活困难的解决。

（一）推动农业转移人口进入城镇的基础建设

1. 加强单位房、廉租房的取得与管理

在全国房价相对较高的当下，住房问题仍是制约农业转移人口定居城镇的重要瓶颈。通过安徽合肥市、芜湖市及浙江调研后发现，针对农业转移人口的保障性住房数量多、涉及面广，建设土地指标涉及规模庞大，需要的资金多，很多地方政府难以承受。由前面研究可知，住房恰恰是农业转移人口定居城镇的基础条件之一，问卷调查显示有18.2%在城镇工作的农业转移人口最希望政府提供保障性住房和廉租房。通过政府主导，企业与社会共同参与到保障性住房的建设中，有效采取保障房、企业宿舍、公共租赁房等多种形式，有计划、有步骤地让更多的农业转移人口享受到保障性住房，改善农业转移人口的城镇居住条件，实现住有所居。在特大型城镇可设置一定的条件，把在城镇中工作稳定、技能突出、生活时间较长条件较成熟的群体逐步纳入城镇公积金和住房保障体系。在中等以及中等以下的城镇，应将所有农业转移人口纳入城镇保障性住房计划中。

2. 夯实城镇社区对农业转移人口的服务与保障

进入城镇后，原子化的农业转移人口可以在所居住的社区成为"社区人"。城镇社区作为农业转移人口现在工作和生活的重要空间，也因与农业转移人口之间的联系更加频繁和密切，能够将原子化的农业转移人口组织起来，将城镇社区打造成为农业转移人口服务的职业培训、就业服务、劳动维权"三位一体"的公共就业服务平台。将就业培训、就业招聘信息引入社区，设置就业信息专栏，定期举办免费的就业技能培训，让农业转移人口有能力在居住的社区附近找到一份工作，对于农业转移人口更快、更好地融入社区尤为重要和关键。同时，在农业转移人口享受城镇社区服务的同时，社区也可以通过教育引导，让农业转移人口有时间、有能力、有意愿成为社区特定服务的提供者，在社区从事家政保洁、餐饮服务、快递物流等活动，这样既解决了一部分就业，有效地保障了农业转移人口的生存问题，又让他们为社区服务作了贡献，使农业转移人口既享受社区服务又提供社区服务，在此过程中加强农业转移人口与城镇社区居民交往互动的频率，有利于增强农业转移人口和城镇居民的认同感。

城镇社区以国家社会保障制度为基础，不断完善以社区作为落脚点、以社区居民作为社会保障对象的社区保障功能。城镇社区功能不断完善和齐全，社区保障功能的作用就体现得尤为明显，社区社会保障的范围也越来越大，比如特殊人口社会救助、失业保险和再就业政策等都需要社区具体落实和实施。同时，社区还必须积极向农业转移人口解读政府的有关政策和措施，一方面要帮助他们了解政府的政策，协助困难群体申请政府和企业的福利救助，另一方面还要做好社会福利和社会救助的宣传、管理工作。

3. 与职业身份、社会层级相关联社群的形成

社会组织作为独立于政府部门的第三方力量，能减少社会不稳定因素。社会组织在农业转移人口市民化的过程中具有信任、参与、规范和支持的功能。社会工作者以农村社区与城镇社区为平台为农业转移人口解决问题、提供服务，给予发展空间，促进其融入城镇，实现社会主义公平正义的价值理念。

农业转移人口进入城镇后，会直接或间接地与城镇社区发生一定的联系，依据此前研究可发现，他们融入城镇社区的难度主要可以分为三种类型。

第一类在工作空间与生活空间完全没有分开或者是高度重叠的工区集体居住。这类农业转移人口与城镇居民在工作上、生活中的联系不多，一般由用人单位或雇主来进行管理，居住地多数没有设立社区管理机构，将农业转移人口纳入城镇社区管理难度较大。优点是相对稳定的"类农村"的生活环境会给农业转移人口带来安全感，使其有一个缓冲带，接受进入城镇的差异。对于此类社区的管理主要依靠企业自有的文化和依靠工作关系建立起来的联系来协调群体内的关

系，使农业转移人口在生活习俗、生活观念及行为方面与城镇接轨。

可采取的具体方案，一是规模大的企业可通过工会将企业内的农业转移人口组织起来，通过主动开展内部活动与外部的联合活动加大与外界的联系（企业作为模块已详述）。二是街道及社会工作者的介入。街道主动作为，以不打破原有农业转移人口工区聚居区的社会网络结构及规则为前提购买社会组织的服务，通过社会组织人员或者社区志愿者流动人口管理服务、随迁儿童城镇适应性服务、法律援助服务等方式渗透到农业转移人口工区聚居区，为农业转移人口打开了解城镇生活窗口。

第二类居住于"农业转移人口社区"。主要是以同类行业企业或者是以地缘、亲缘为基础形成的所谓的农业转移人口聚居地。他们多数是在城乡接合部居住，集体集中租用当地人房子，与当地居民混居在一起，居住空间与城镇居民联系密切，但工作上交集较少。比如北京的"浙江村""安徽村"等。这一类"农业转移人口社区"实际上复制了农村社区的一些特征，他们以某种地缘或业缘关系为联系纽带而形成了一个聚居区，保留并重建了原有的生活习惯和方式，城镇社区的特征初步呈现。同时"农业转移人口社区"已具有完备的自我生活服务体系和服务功能，能基本满足农业转移人口对城镇生活日常公共服务的需求。但是，正是这种自成体系的服务框架的构建，在一定程度上又形成农业转移人口与城镇社会交往的障碍。"农业转移人口社区"没有设立相应的社区管理体制，与当地居委会和社区仅仅产生居住地关系，游离于城镇的街道与社区管理之外，他们与城镇居民的交往更多体现在居住空间上的接近，社会交往和联系并不是特别密切，城镇归属感不强。对于此类社区，应该根据属地管理的原则，由街道出面协调，将其划归已有的社区，而不是单独为其成立社区，使其在与其他社区居民互动、业务交涉、活动开展的过程中逐渐消除隔阂，从而对社区和城镇产生归属感。

第三类散居于他们生活居住的城镇社区。这一类农业转移人口在城镇居住了很长一段时间、有技能特长、有稳定的工作、有稳定的收入、有固定住所,散居于城镇社区,生活上已经进入城镇社区管理体制。但因经济收入、房价、上班地点等因素以及价值观、生活方式等方面差异,事实上形成"大杂居小聚居"状态。这类农业转移人口在城镇社区中属于边缘化群体,并未真正平等地融入社区。

对此类社区,应引入为农业转移人口服务的社会组织,针对农业转移人口的特点和需求,举办丰富多彩的社区文化活动,让他们有意愿、有时间,积极主动地参与其中。建立一种公平机制与融入机制,将社会组织搭建成为农业转移人口提供社区服务的平台,拓宽其利益表达渠道,借由社会工作者的引导主张自我利益、保障自身权益。

(一)帮助农业转移人口适应城镇的社会支持

1. 发挥工友互助与草根社会组织的作用

培育社区农业转移人口社会组织,有效组织农业转移人口更积极、更规范地参与到维护自身利益的社区治理中去,有的农业转移人口参与社区公共事务的意愿比较强烈,但原有社区制度的缺陷使其了解和参与活动的渠道不畅,甚至还会遭受排斥和歧视,参与意愿无法有效地转化为实际行动。组建农业转移人口互助协会、维权会、工会等自己的社会组织,反映农业转移人口的利益诉求,协调各方利益关系、化解各方矛盾,可以有效帮助农业转移人口解决实际生活和工作上的困难。同时,将处于分散状态的农业转移人口更有效地组织起来,调动他们的积极性,使其积极有效地参与社区活动,通过参与活动与城镇居民更直接、频繁地互动,消除农业转移人口群体中普遍存在的"外来客"心理,扩大农业转移人口自身的社会支持网络,提升他们的社会资本存量。

同时,社会工作人员不仅要关注受助者生存层面的需求,更要关注受助者的精神需求和人生理想。社工组织专业人员运用专业手段对农业转移人口的不良情绪及时干预和矫正,防止其犯罪。借助社区社会工作的及时有效介入,通过调解,化解矛盾。利用社区社会工作者的帮扶，帮助他们树立自强、自立、互助合作和主动参与等积极向上的精神，不断提高他们自我发展的信心和驾驭生活的能力，使他们尽快适应城镇生活。

2. 开展有针对性的社区教育培训

城镇社区在提高农业转移人口素质上应充分发挥自身作用，利用社区平台，有效整合政府和社区资源，对农业转移人口进行职业技能培训、心理健康疏导、城镇生活融入能力等的教育培训。社区管理部门重点做好以下工作：一是梳理所在区域农业转移人口中有较强市民化意愿的群体，将这一群体作为重点人群开展社区教育培训，通过身边人的转变、现实能力的提升、福利的增加，来激发其他较弱市民化意愿群体的意愿。二是积极与政府有关部门沟通协调、争取政策支持和资金支持，同时调动本社区具有技术、知识优势的人员，对农业转移人口进行技能培训，增强他们在就业方面的竞争力。三是利用社区社会组织开展提高农业转移人口城镇生活能力的培训，帮助农业转移人口了解和掌握城镇生活的基本知识，利用媒体宣传和社区设施定期公布各类就业信息，宣传城镇公共管理服务体系等基本知识。四是通过"法律宣传进社区"等活动强化法制公德的宣传教育，组织公益性的律师服务团，为农业转移人口提供法律援助，处理用工合同、拖欠工资等问题。五是，确保培训的有效性与针对性。农业转移人口因工作等原因流动性强，社区教育培训必须在培训内容、培训方法、培训场地、培训时间安排等方面具有针对性和时效性。只有这样，才能满足农业转移人口的需求，帮助他们更好更快地融入城镇社区生活。

3. 关心农业转移人口的精神生活

一方面，整合企业、民间公益组织等多种资源，形成全社会关注、关心农业转移人口精神文化生活的氛围。社区借助社会组织和爱心企业资源，充分发挥社区内有此知识特长的人员，如心理医生、心理学专业学生、热心大妈成立志愿服务小组，利用有效时间和合适场合定期为农业转移人口开展心理健康知识讲座和专业心理咨询疏导服务，缓解他们的心理压力；社区及时公布社区公益活动的安排计划，有效组织农业转移人口积极参加社区公益和互助活动，鼓励他们成为志愿者，引导他们为和谐社区的建设作出自己的贡献，在帮助他人的过程中实现自我价值。

另一方面，利用社区和社区社会组织为农业转移人口提供才艺展示的舞台。农业转移人口中很多人身怀绝技，应鼓励他们积极参加各类演出活动，在舞台上展示他们的精神风貌。社区指导成立农业转移人口社团，帮助社团积极组织活动，并尽力帮助其协调活动场地，让社团可以持续不断地发挥作用，吸引更多的农业转移人口参与到社团组织中来，充分发挥其辐射带动作用。

4. 建立完善透明的信息回应机制

不断完善政策信息发布渠道媒介的多样化，确保渠道的畅通有效，同时建立农业转移人口服务诉求的回应机制，畅通信息发布和回应的渠道。目前，农业转移人口在城镇的政治参与度不高、积极性不够，但这并不代表他们没有参政的意愿和诉求。通过访谈资料显示：很多农业转移人口迫切期望参与社区活动，也想参与到社区选举、投票等活动中，期望能通过有效方式，改善城镇生活和享受公共服务的待遇，让自身的合法权益得到有效保障。社区应有效发挥社会组织的积极融合剂作用，通过各种渠道对农业转移人口的具体需求进行分类、整理分析，通过有效渠道把这些信息系统地、有条理地传递给政府有关部门和相关组织，使政府部门能够及时、有效地了解农业转移人口群体的具体需求，为制定政策提供科学的依据。

四　社区融入阶段

社区融入是农业转移人口社会融入的基础，社区需要为农业转移人口这一群体提供更多融入社区、融入社会的机会和更有效的资源。融入与排斥主要取决于参与程度，对社区事务愿意参与、积极参与和有效参与是农业转移人口社会融入的核心问题。从某种程度上来说，社区发展是对抗社会排斥、促进农业转移人口社会融入的重要策略。在此阶段，社区工作人员应该加强对农业转移人口需求的了解和理解，提高与他们沟通的技巧，使农业转移人口能够更主动、更有效地参与社区活动。

（一）帮助农业转移人口融入城镇的基础建设

1. 以解决民生问题为突破口实现城镇均等权益

在研究中发现，农业转移人口最为关注的问题是子女教育、医疗和就业问题。虽然我们一直强调户籍城镇化率，但是需要明确的是常住人口的户籍变化才是实现户籍城镇化率目标的可靠来源。因此，应将公共资源由户籍人口向常住人口推开，实现城镇居住者全覆盖，让常住社区的农业转移人口和城镇户籍人口平等地享有公共资源。

在子女教育方面，由于当前公办学前教育的供给不足和异地高考的限制，特别是优质九年义务教育的资源配置不均衡，导致农业转移人口不能真正和城镇居民均等享用教育资源，严重阻碍农业转移人口市民化。为此，政府有关部门要抓紧制定义务教育阶段租住同权和"就近入学"的教育政策，稳步推进切实可行的农业转移人口子女异地参加高考租住同权的义务教育入学的办法和实施细则。尽快实现农业转移人口子女与城镇居民子女学前教育相同的待遇。在异地高考和九年义务教育的政策方面，既要考虑到公共优质教育资源的稀缺性特点，又要考虑到城镇居民的切身利益，更要照顾到农业转移人口的需求。

在医疗服务方面，要坚持以农业转移人口需求为导向，合理配置优质卫生资源。重点加强对城中村、农业转移人口聚居区的社区卫生机构的配置与监管，尝试将农业转移人口纳入家庭医生签约计划中，按照公平、公正的原则，将农业转移人口纳入当地公共卫生服务体系。打通新农合与城镇医疗保障之间的关隘，确保农业转移人口与其他居民享受基本一致的基本医疗卫生服务。

2. 以提供社区服务为抓手解决融入的实际问题

社区服务的本质特征是福利性、普惠性和低成本，当下公益性社会服务的主要对象是社区城镇居民，外延是社区所有成员，当然也包括居住或租住在此地的农业转移人口。社区服务主要对象和内容有三类：一是面向特殊人群或困难人群提供社会福利服务；二是面向社区居民提供便民利民公共服务；三是面向社区企事业单位和机关团体开展双向服务。农业转移人口作为城镇社区的一类特殊群体，相对城镇居民来说，他们的基本生活条件匮乏，在享受公共服务方面受到的限制较多，享受的服务较少。依托社区的相关机构和组织将公共服务落实到包括农业转移人口在内的每一个社区成员。将农业转移人口能够胜任的社区服务如保洁家政、保安物业等服务有倾向性地交由农业转移人口提供，充分发挥他们的作用。这既解决了农业转移人口的就业和生活问题，又利于社区生活服务水平的提高，更有利于他们更好地融入城镇社区。

3. 以社群管理为依托增加农业转移人口在社区事务中的卷入度

农业转移人口的社会融入是一个循序渐进的过程，社区服务作用的体现也需要一个持续、灵活与稳定的基础，而不是短期的"特定项目"。对农业转移人口的管理方式应从单项管制向双向提供优质服务转变，努力实现社区公共服务均等化。作为农业转移人口流入地的社区，在社区管理上要"以疏代堵""变防范为引导"，鼓励农业转移人口成立自组织的社群。依据农业转移人口的职业场所和居住场所，建立以职业或以居住场所为特征的群团组织，如外来人员党支部、团支部、工会、妇联、社会志愿者队伍、计生服务等组织，与体制内的群团组织对接，开展多层次的联合性活动，主动把农业转移人口中意愿强的精英吸纳进组织管理队伍中，逐步培养起农业转移人口的"城镇认同"意识，促成社区的和谐与稳定。

（二）帮助农业转移人口融入城镇的社会支持

1. 以文化交流平台为载体，形成工作关系和居住地关系的新社会网络

一是根据辖区内城镇居民和农业转移人口的数量对比情况和人员特点，搭建城镇社区与乡村文化的交流平台，提供一定数量的公共文

化服务设施、场地、设备和配套资金为交流平台作保障。二是注重文化交流平台资金支持的持续性、政策扶持的稳定性、日常管理的精细化，通过举办形式多样的文化交流活动，努力提高农业转移人口的文化活动参与热情，同时赋予他们同等的文化事务管理权和使用权，在互动交流中消除"本土"和"外来"居民之间的文化隔阂。三是利用文化交流平台做好农业转移人口的文化学习和技能培训工作，提高农业转移人口的个人文化素养和职业技能水平，使他们有机会、有能力、有平台与本地城镇居民一起提升。

2. 加大城镇生活吸引力，增加农业转移人口社区活动的参与度

农业转移人口参与社区公共事务管理与公益活动实施的行为及过程，不仅体现了和谐社区建设中共建、共治、共享的理念，还很好地平衡了社区中农业转移人口和城镇居民对社区发展责任的分担及社区发展成果的真正共享。农业转移人口的责任感和归属感正是在和谐社区、幸福社区活动的参与过程中慢慢形成的。

农业转移人口参与社区管理事务。很多地区尝试允许入住半年以上的农业转移人口作为选民，在社区居委会主任、委员的民主选举中，既有选举权也有被选举权。安徽铜陵阳光社区农业转移人口被初选为社区居委会主任候选人就是有益的尝试，是非常值得肯定的社会进步。许多二代、三代农业转移人口参与公益事业和社区发展事务的频率越来越高，形式也越来越多种多样。但也应该看到，还有较多地方因户籍、社保等因素将农业转移人口排除在社区事务之外。社会组织与社会工作者应该利用社区项目开展之机，通过强化社区居民自治意识的活动，有意识地将农业转移人口纳入活动范围内，培养农业转移人口社区事务参与意识。通过构建多元、包容性的社区文化，使农业转移人口参与社区活动，共享社区发展成果。

3. 推广城镇社区行为准则，促使其与农村社区行为准则无缝对接

农业转移人口和城镇居民不仅存在身份、职业的差异，最主要还

有思想意识层面的差异，这一差异导致城镇居民在农业转移人口进入初期会比较排斥，需要调整思维方式、生活习惯等。一是了解城镇对就业者的要求标准和岗位需求，了解从业应该具备的综合素质和能力要求，对照自身条件与城镇发展之间的差距，树立竞争意识。增强再学习、再提高的意识，努力提高技能水平，增强自身接受继续教育的积极性、自觉性和主动性。二是树立遵纪守法依法办事的观念，有意识地矫正不良行为，只有树立与城镇文明行为习惯相适应的文明、健康、绿色、环保的生活方式，才能有效改善农业转移人口"经济接纳、社会排斥"的尴尬局面。三是加强城镇生活导入。城镇居民与农业转移人口间展开相互交往，开展"家庭结对子"活动，帮助农业转移人口更好地接触到城镇的不同文化、行为准则和生活习惯等。通过和城镇家庭的交往与接触，农业转移人口能改变以前的一些不文明生活习惯，主动调整自己的生活方式，如文明出行、礼貌交流、诚信交往的相关规则，积极采取健康的生活方式、娱乐方式，尽快适应城镇标准的文明生活。只有这样，才能得到城镇居民的认可与接纳，两者才能真正和谐相处。

4. 搭建信息获取平台，扩展农业转移人口参与民主活动的广度和深度

民主意味着公众积极主动的政治参与，对于农业转移人口来说，政治参与的前提是：他们能及时有效获得相应的政治参与的活动信息。获取信息的渠道越畅通，获取信息的量就越大，他们政治参与的热情就越高。所以说，信息渠道畅通、快捷、便利是现代民主社会的最基本保障和基本条件。尤其政治相关信息的获取、接受和表达，更是受到宪法的直接保障。需要严格按照宪法和法律的规定，依法确保广大公民特别是充分调动农业转移人口政治参与的积极性和主动性。

5. 整合资源，提供"精准"的社区服务

社区的社会组织可以利用社区的平台和人员特点整合社会资源，引入社会志愿者，从农业转移人口的子女学前教育和九年义务教育服

务切入，以孩子的教育服务为突破口，以家庭为落脚点，有效切入农业转移人口家庭的社区服务工作。切实解决农业转移人口的实际生活困难，促进农业转移人口真正融入城镇社会。在农业转移人口服务组织的基础上，进一步加强社区服务中心的专业化建设，以现有社区组织为依托，发展专业化的社区服务中心，将社区工作与社会工作、心理健康服务与经济咨询、物质需求和精神需求紧密结合起来。

五　融合阶段

支持以社区为核心，以产生文化认同感为基础，让农业转移人口以合法的主体身份参与城镇的政治、经济和文化生活，提高他们的文化认同感和社区融合度，消除其"局外人"心理和内卷化倾向，使他们忠诚于共同体的利益与需求，从而获得集体感、归属感和身份感。社区既是一种权利共同体，也是一种义务共同体。农业转移人口在这个阶段，已经作为城镇社区的一分子，在享受城镇社区居民同等公权力的同时，承担起与城镇居民同等的照顾其他弱势群体的社会责任和义务。

（一）加强文化认同，为农民转移人口城镇融合建立价值认同

建立农业转移人口对城镇工作和生活的价值认同，是市民化的一个最核心的问题，也是其真正与城镇融合的重要标志。有别于农村文化的城镇文化，使农业转移人口的城镇社会生活有了系统性的标准，行动有了规范，心灵有了归宿。这些城镇的精神文化塑造了社会的人，为在城镇的农业转移人口保留了一块心灵的栖息地，有利于增进农业转移人口对所在城镇的认同感。通过一系列既符合城镇文明标准又符合农业转移人口特点的文化活动，增强他们对社区生活和城镇文化的认同，引导农业转移人口尽快完成融入、实现与社区的融合。通过积极向上的精神文化活动重塑他们的思想观念和行为方式，树立市民意识；通过思想文化和价值观的认同，推动他们在其他领域市民化的融入进程，促进他们全方位地融入城镇。

（二）提供稳定的社会支持网络，夯实城镇融合的起点

社区融合是城镇融合的起点，是农业转移人口对整个城镇认识和感知的起跑线，为农业转移人口的城镇融合提供了基础性的社会支持网络平台。社区作为当前农业转移人口工作或居住的基本单元，社会支持网络是他们在日常社区交往过程中形成的，是他们立足于社会的重要保障，也是他们日常生活中一种不可或缺的重要资源，影响着他们对城镇融入的意向和进程。市民化这一身份转变的过程，是农业转移人口全方位融入城镇的有效实现途径。农业转移人口市民化包括生存职业、社会身份、自身素质以及意识行为四个层面。实现从非正规就业的农业转移人口转变成正规就业的非农产业工人，社会身份由农民转变成市民，农业转移人口自身的素质提高，其意识行为、生活方式也是一个连续的城镇化动态过程。在此过程中，社区的社会支持网络的构建及其功能的发挥对农业转移人口的连续动态转换有着至关重要的作用。只有真正实现市民化的农业转移人口，才能较为容易并最终融入城镇生活中。

第九章　研究总结与展望

第一节　研究总结

　　课题在对前期文献梳理的基础上，通过深度访谈、初试问卷调查、大规模问卷调查、李克特五点量表问卷调查、政府官员问卷调查以及座谈会的方式，分别对西部（四川、贵州）、中部（安徽、河南、江西）以及东部（浙江、江苏、山东、福建、北京、广东）三大区域展开调查，安徽省内重点对合肥、六安、亳州、池州、宣城、芜湖、马鞍山、宿州、淮北、滁州等地进行走访调研，开展深度访谈40次。合计发放问卷两批各2000份，分别获取有效问卷1460份和1263份。基于大量的数据，重点调查当前农业转移人口个人统计特征情况、社会支持网络状况、市民化的成本与收益状况、城市生活状态以及市民化意愿。根据时代的变迁将农业转移人口分为三代，对农业转移人口的社会支持网络规模及构成进行分析并指出代际差异。对影响农业转移人口市民化的诱因进行排序，剖析隐含于显著影响因素后的社会支持归因。在此基础上，对农业转移人口社会支持网络各构成主体之间的博弈占优策略选择进行分析，明确政府、企业与个人在农业转移人口市民化过程中应分担的成本，提出集政府部门、企业、社区、社会组织与社会工作者力量于一体，分别从退出农村、进入城市、融入城市、与城市融合四个阶段着力的相关对策。经过研究，本课题得出以下结论。

一　农业转移人口社会支持网络规模与构成约束其市民化意愿

当前，在城镇的农业转移人口中已婚、男性占主体，以家庭为单位的迁移不到三成，多数家庭处于分离状态。农业转移人口多数家庭规模较大，经济负担较重，农业生产收入无法养家。城镇中的农业转移人口年龄趋于年轻化，进城时间具有较为明显的时代特征。农业转移人口受教育程度较低，参与社会竞争的综合能力不强，就业主要集中于劳动密集型行业。

被调查农业转移人口的物质支持网络规模较小，主要依赖亲缘关系。就业支持网络规模较大，中间性关系力量成为就业支持网络的主要构成主体，亲缘关系成为重要补充且通过非正式途径寻找工作的成本低于正式途径。被调查农业转移人口的情感支持网络规模较小且相对封闭，朋友关系与亲属关系成为情感支持网络主体，其他城市社会资源几乎没有发挥作用。社交支持网络规模小且呈内卷化，主动融入城镇的动机较弱，城市社会资源几乎没有发挥作用。不同代际农业转移人口对后生的社会支持网络利用程度不同，但总体偏弱。

二　农业转移人口获取的城镇社会支持不足引致市民化意愿低

农业转移人口家庭拥有的承包地数量不多且源于承包土地的收入不高，在城镇的收入优于农业生产收入，绝大多数收入呈稳定或增长趋势。进城打工在一定程度上改变了他们的经济状况，但是仅能获得较满意结余的不到三分之二。

农业转移人口的居住成本是市民化成本的重要构成部分。城市日常生活开支多集中于吃饭和孩子教育方面，多数农业转移人口的子女在城镇受教育的权利得到了保障，但教育不平等现象仍然存在。农业转移人口缺乏社会保障，企业为农业转移人口购买保险意愿低，在农业转移人口市民化过程中分担的成本有限。农业转移人口能获得社会各种补贴的人数少、金额小，不能解决市民化高成本的问题。农业转移人口进城工作的动力源于更高的经济收入与更好的教育，影响农业转移人口落户意愿的重要因素是就业、收入与住房。农业转移人口期望政府加大民生保障力度。

农业转移人口在打工地的社会融入还存在问题。农业转移人口就地就近就业人数逐渐增加，经济发达地区仍是主要流入地，多数人没有创业经历。农业转移人口有城镇购房意愿，但能力较弱。城市户口对农业转移人口吸引力不够，农业转移人口仍然在农村留有退路，愿意留城生活的人数与不愿意留城生活的人数持平。但从户籍上成为市民的意愿均不强烈，部分农业转移人口处于观望状态。

三　社会保障与公共服务的提供是影响农业转移人口市民化意愿的最大诱因

正向影响农业转移人口市民化意愿的因素中，社会保障排名第一，其后分别为：家人的赞同、户籍制度、对子女教育的重视、自我价值实现、更高经济收入、风险承担能力、农村生存压力、对自身能力的判断以及经济发展水平差异。负向影响农业转移人口市民化意愿因素中排名第一的为住房制度，第二为离城镇的距离，排在第三位的为家庭人均年收入。

通过强意愿人群的市民化来推动整体的农业转移人口市民化。不同年龄、性别、婚姻状况以及不同文化程度的农业转移人口，其市民化意愿存在差异。针对每一类人群制定的政策必须一以贯之地盯牢这一群体。在政策制定时强调精细化，过于宽泛的普适性政策可能存在无效或反作用的危险。因此，在制定相应的促进农业转移人口市民化政策时，政策的目标指向必须与农业转移人口的个人统计特征相吻合。将有更强市民化意愿的女性、未婚、35岁以下、高中以上学历的人群作为服务重点。通过推进重点人群的市民化推进的成功，来带动其他意愿较弱人群的市民化。

农业转移人口文化程度不高，要满足其增加经济收入及就近就业的需要，只有通过合理的城镇产业安排来切实增加农业转移人口的收入。充分融合一二三产业，将农民自有的一产、劳动密集型的二产以及对文化和技能要求不高的三产结合起来，为农业转移人口在城镇生产搭建一个立体的就业框架，增加就业机会。政府部门成立的就业指导中心负责对农业转移人口进行测评，对其就业需求所需知识和能力进行评估，根据评估结果有针对性地在职业培训框架内选择课程对其进行培训。职业培训的框架应该涵盖不同行业不同阶段所需要的知识和能力。

通过建立完善的城乡统筹的社会保障和公共服务制度，帮助农业转移人口解决现实困难。要将与户籍相关联的教育、医疗、社保、住房及公共服务无差别地向农业转移人口开放。为解决城乡居民心理不平衡问题，使进城的农业转移人口切实享有无差别的社会保障和公共服务，可尝试将农村承包地承包权与经营权、宅基地使用权、集体资产收益权等进行合理折算，置换为与城市户籍人口同等的社会保障和公共服务。

建立良好的社会支持系统，拓宽农业转移人口亲缘、地缘的原生社会支持网络，将企业、社会、政府部门纳入其中，通过客观因素与主观因素的兼顾考虑、经济因素与非经济因素的同步满足，在制度设计、政策支持、就业服务、法律援助、文化教育、心理疏导、社区融入等方面完善社会支持措施，强化农业转移人口市民化意愿。

四　农业转移人口社会支持网络多主体间博弈的最优策略是分担共治

农业转移人口市民化意愿的产生是在市民化过程中多方支持主体之间博弈的结果，体现为地方政府与农业转移人口之间的博弈、中央政府与地方政府之间的博弈、地方政府与企业之间的博弈、农业转移人口与企业之间的博弈、农业转移人口与城镇居民之间的博弈、农业转移人口维权组织与企业之间的博弈。基于理性经济人的选择，除农业转移人口自身外，其他主体对农业转移人口市民化过程中的占优选择均为不扶持、阻碍、不支持、不给予、不接受。因此，有必要通过一系列制度安排调动多方主体在推动农业转移人口市民化工作中的积极性。

中央政府通过顶层设计以强化对地方政府的约束，规范地方政府行为，建立合理的成本分担机制。地方政府需积极配合中央政策，对农业转移人口在农村享有的承包地、宅基地、林地等权益，积极进行制度创新。在民生服务与社会保障方面加大政策扶持力度，在户籍制度改革的基础上深化土地、教育、医疗、养老保障等制度改革。通过教育、技能培训提升农业转移人口整体素质，为市民化创造条件。

地方政府部门可通过出台税收减免、信贷支持、金融服务等优惠政策，鼓励企业主动承担农业转移人口市民化成本。企业承担的成本可以通过多渠道进行资金的筹集。同时，地方政府为引入社会资本参与推进市民化进程的工作，可尝试与社会资本合作。农业转移人口应寻求工会或政府监管机构的帮助，政府更要主动加大对企业的监管力度，以保障他们的基本劳动福利。

社区可通过建立服务平台，完善服务机制，建立维权机制，遏制歧视现象做好农业转移人口服务工作。政府及民间团体可发挥组织平台优势，组织形式多样的社会活动，拓宽优质社会资本获取、积累通道，为农业转移人口搭建社会资本积累的良好平台，从而有力推动农业转移人口融入城市。进一步完善农民维权组织，加大工会维权力度，鼓励农业转移人口入会。针对农业转移人口流动性大、文化水平不高、维权意识不强的特点，政府要主动作为，大力开展宣传，加大法律援助力度，提高农业转移人口法律意识，加大异地维权力度。

五　可测的农业转移人口市民化成本在各主体之间分担有利于市民化

市民化意愿与市民化成本和收益综合平衡结果相关。在无约束情况下，农业转移人口市民化社会支持网络构成主体基于理性经济人的选择不作为与不推进。因此，在对农业转移人口市民化意愿影响敏感的市民化成本方面，必须建立多方主体的成本分担机制。

农业转移人口市民化成本涉及政府部门在基础设施、公共服务配套、社会保障、教育和住房等方面的财政投入，涉及企业实现农业转移人口和市民"同工同酬、同工同权、同工同时"的市场成本，涉及农业转移人口承担城市的生活、住房费用等方面的消费支出，共同构成了市民化的总成本。

成本因地、因人不同而会产生一定的差异，因而，不能一刀切式地进行市民化成本的核算。成本测度在实践中需要不断修正和完善。在进行市民化成本测度时，以对市民化存在预期的农业转移人口为测度对象，可将城市公共成本平均投入量作为市民化的公共成本，城镇居民人均消费支出作为个体成本。

成本分担中，涉及公共基础及兜底性质的公共服务等纯公共产品，均由政府公共财政分担；涉及农业转移人口个体生活消费支出方面，应由市民化个体承担；对于半公共产品性质的如高等教育、医疗等，由政府和私人共同承担。社会保障支出方面，"四险一金"社会保障成本的各方缴存比例基本固定，政策设计已经较为完善，充分体现出国家、企业、个人三方负担机制。

六 社会支持网络多主体共治方能有效引导农业转移人口市民化意愿

农业转移人口市民化是一个动态演变的过程，是具有空间属性、时间属性和社会属性的调整和变迁过程。市民化意愿的产生是农村富余劳动力作为经济人的理性自选择，市民化意愿由弱变强的演进贯穿了退出农村、进入城市、融入城市、与城市融合四个阶段。不仅有户籍身份、生活空间与就业方式的转变，还包括城市文明、环境意识、价值观念、社会权利和福利等多方面的转变。农业转移人口市民化也是一种"结果",是一种意愿需求和能力实现的结果。这种结果的具体体现和外在表现就是空间上发生的"乡→城"迁移,职业选择上"农民→非农职业"的转移,身与心融洽地融入城市才是农业转移人口市民化的内在要求和基本目标。

在引导农业转移人口市民化意愿的过程中需要构建一个包含政府部门、企业、社区、社会组织以及社会工作者自身在内的多主体社会支持网络,根据不同阶段农业转移人口的意愿引导的需要,匹配相应的制度与服务。

政府部门应依据农业转移人口市民化意愿的强弱变化供给制度,随着市民化意愿由"虚化阶段→弱化阶段→强化阶段→深化阶段"渐进演化,制度供给也按照"匹配错位→匹配归位→匹配合位→匹配到位"的层级匹配机理演进。政府部门将守好农业转移人口市民化推进底线,分类施策,优先解决有强市民化意愿的农业转移人口市民化问题。

企业作为吸纳农村富余劳动力的载体,在不同阶段可发挥的作用也有差异。进入城镇阶段主要着力于物质保障与内部包容;在融入城镇阶段主要着力于职业能力提升与内外适应拓展;在融合阶段主要着力于企业文化建立与主人翁精神锻造。

社区、社会组织与社会工作者联动,是社会事务处理、社会关系维系、社会氛围营造、社会结构稳定的场域、组织与主体的集合。在退出阶段,重点着力于农村权益保障以及未来风险规避,以激发农村富余劳动力进城意愿。在进入城镇阶段,重点着力于保障权益、解决困难、丰富生活、适应城市,突破点在于农业转移人口的生存困难与生活困难的解决。在融入阶段,重点着力于需求满足与自主参与意识培养。在融合阶段,重点着力于支撑其享受城镇社区居民同等公权力的同时,促使其承担起与城镇居民同等的照顾其他弱势群体的社会责任和义务。

第二节　研究展望

农业转移人口市民化问题不仅关系到新型城镇化的建设，还关系到乡村振兴战略的推进。因此，纵使在实践中，推进农业转移人口市民化的工作存在多种制约因素，但是"人的城镇化"的确是现代化社会发展的大势所趋。[①] 找准原因、摸清规律、提出对策，就是当下引导农业转移人口市民化意愿研究的应有之义。

一　对市民化意愿的动态把控

意愿具有随时间与场景变化而强弱的动态性。最为科学的方法是反复对调查对象进行同类问卷调查，但是在实际操作中因农业转移人口具有较大流动性，且受研究周期所限，难以做到跟踪了解意愿动态变化的诱发因素。在后续研究中可尝试采取两种方式深化研究：一是选取农业转移人口相对集中且岗位相对稳定的企业，定点研究群体市民化意愿的变化。但是需要将国际态势、经济变化、行业竞争、产业调整等宏观因素纳入考量范围。二是以家庭为单位，通过质性研究的方法长期跟踪个案，见微知著，了解农业转移人口市民化意愿的变化情况。

二　对可能同源误差的控制

此次李克特问卷调查中为获取足够多的数据，部分问卷采用在同一企业发放，且农业转移人口自陈答卷，数据或会出现同源误差，增加变量之间的路径系数，放大变量之间的相关性，所幸，就实证结果来看并无超出常识的特殊异常结论。为保证研究的严谨性，在后续研

---

① 2018 年 12 月 21 日经济工作会议上明确提出：2019 年重点工作中"要推动城镇化发展，抓好已经在城镇就业的农业转移人口的落户工作，督促落实 2020 年 1 亿人落户目标，提高大城市精细化管理水平"，"重点解决好高校毕业生、农民工、退役军人等群体就业"。

究中，可尝试采取两种方式来深化研究：一是选取小样本，做自变量与因变量的二次自陈。二是在问卷中增加一个模块，由企业主管或家人填写，通过多主体自陈控制同源误差。

三　对理论模型的再思考

课题基于理性行为理论与认知理论构建理论模型对农业转移人口问题进行分析，尽量将外部刺激与内在意愿相结合，系统全面地思考问题，但在研究中仍存在部分因素考虑不足的问题。如在后续对策访谈中发现不同年龄段的女性，其进城意愿的强烈程度不同；其他社会资本对农业转移人口市民化意愿影响不显著等结论在现有框架内还很难作出合理的解释，在后续研究中还有待从性别社会学、社会资本形成及分类的角度对上述问题进行深化研究。

四　对现实问题的回应

课题是以农业转移人口市民化个体作为研究对象，了解并引导不同个体市民化意愿。但在研究中可以发现，家人赞同对农业转移人口市民化意愿影响显著，且留守儿童问题，农村分离的核心家庭、农村隔代家庭问题，城镇临时夫妻等问题的出现使以家庭为单位的农业转移人口市民化变得更为迫切。因此在后续研究中，需在个人实证研究基础上增加以家庭为单位的质性研究，按照不同代际、不同结构选择家庭样本跟踪研究，围绕当前以家庭为单位的农业转移人口市民化的政策要求，提出相应对策。

参考文献

蔡禾、王进：《农民工永久迁移意愿研究》，《社会学研究》2007 年第 6 期。

曹兵、郭玉辉：《论农民工市民化的社会成本构成》，《经济论坛》2012 年第 8 期。

陈辉、熊春文：《关于农民工代际划分问题的讨论——基于曼海姆代的社会学理论》，《中国农业大学学报（社会科学版）》2011 年第 12 期。

陈映芳：《征地农民的市民化——上海市的调查》，《华东师范大学学报（哲学社会科学版）》2003 年第 5 期。

陈昭玖、胡雯：《人力资本、地缘特征与农民工市民化意愿——基于结构方程模型的实证分析》，《农业技术经济》2016 年第 1 期。

丁静：《农业转移人口市民化政策运行的逻辑起点与理性回归》，《求实》2018 年第 6 期。

杜巍、牛静坤、车蕾：《农业转移人口市民化意愿：生计恢复力与土地政策的双重影响》，《公共管理学报》2018 年第 3 期。

段晋苑、朱守银：《农民工市民化政策变迁概览》，《农村工作通讯》2013 年第 7 期。

冯奎：《农民工城市融入：实践分析与政策选择》，《首都经济贸易大学学报》2011 年第 2 期。

高贯中：《影响农民工迁移城市意愿的综合因素分析》，《理论与现代化》2008 年第 6 期。

龚紫钰：《就业质量、社会公平感与农民工的市民化意愿》，《福建论坛》（人文社会科学版）2017 年第 11 期。

国家发展和改革委员会：《国家新型城镇化报告 2015》，中国计划出版社 2016 年版。

洪银兴：《准确认识供给侧结构性改革的目标和任务》，《中国工业经济》2016 年第 6 期。

侯新烁：《户籍门槛是否阻碍了城市化？——基于空间异质效应模型的分析》，《人口与发展》2018 年第 11 期。

胡军辉：《相对剥夺感对农民工市民化意愿的影响》，《农业经济问题》2015 第 11 期。

黄勇、周世锋、张旭亮、王琳：《浙江农业转移人口市民化的现状和意愿调查》，《浙江社会科学》2014 年第 3 期。

黄祖辉：《论农户家庭承包制与土地适度规模经营》，《浙江社会科学》1999 年第 4 期。

纪秋发：《中国新生代农民工市民化意愿与障碍研究综述》，《北京青年研究》2018 年第 1 期。

贾康、苏京春：《供给侧改革》，中信出版社 2016 年版。

类平：《农民工市民化路径分析——制度》，《理论探讨》2011 年第 3 期。

李乐军：《习近平的农业转移人口市民化思想探析》，《广西师范科技学院学报》2018 年第 4 版。

李强：《当代中国社会分层与流动》，中国经济出版社 1993 年版。

李树苗、任义科、靳小怡、菲尔德曼：《中国农民工的社会融合及其影响因素研究》，《人口与经济》2008 年第 2 期。

李佑静：《新型城镇化进程的农民工市民化意愿》，《重庆社会科学》2016 年第 8 期。

刘传江：《中国农民工市民化研究》，《理论月刊》2006 年第 10 期。

刘奇:《"末代农民"梦何圆》,《中国发展观察》2010 年第 8 期。

刘小年:《论农民工市民化的政策支持:主体的视角》,《农村经济》
　　2012 年第 2 期。

刘小年:《农民工市民化的影响因素:文献述评、理论建构与政策建
　　议》,《农业经济问题》2017 年第 1 期。

刘新年:《推进以人为核心的湖南新型城镇化建设对策思考》,《改革
　　与开放》2017 年第 9 期。

罗竖元:《农民工市民化意愿的模式选择:基于返乡创业的分析视
　　角》,《南京农业大学学报(社会科学版)》2017 年第 2 期。

罗云开:《建立农业转移人口市民化成本分担机制》,《财经问题研
　　究》2015 第 6 期。

马雪松:《从"盲流"到产业工人——农民工的三十年》,《企业经
　　济》2008 年第 5 期。

钱正武、孔祥振:《社会政策:农民工市民化的路径选择》,《理论导
　　刊》2011 第 10 期。

秦立建、童莹、王震:《农地收益、社会保障与农民工市民化意愿》,
　　《农村经济》2017 年第 1 期。

盛亦男:《流动人口居留意愿的影响效应及政策评价》,《城市规划》
　　2016 第 9 期。

孙友然、彭泽宇、韩紫蕾:《流动动因对农民工市民化意愿影响的机
　　理模型与实证研究》,《学习与实践》2017 年第 10 期。

谭崇台、马绵远:《意愿与能力阻碍农民工市民化》,《党政视野》
　　2016 年第 6 期。

王桂新、胡健:《城市农民工社会保障与市民化意愿》,《人口学刊》
　　2015 年第 6 期。

王海宁、陈媛媛:《京津沪外来人口迁移行为影响因素对比分析》,
　　《人口与发展》2010 年第 2 期。

王华:《广州城市化进程中郊区农民迁移意愿分析》,《地理与地理信

息科学》2009 年第 2 期。

王荣：《制度变迁对新生代农民工市民化意愿和能力影响的理论探讨》，《商业经济研究》2016 年第 9 期。

王守智：《农业转移人口市民化公共成本问题研究述评》，《岭南师范学院学报》2018 年第 5 期。

王伟同：《农业转移人口市民化的政策逻辑——基于民生、经济与改革的视角》，《财政研究》2015 年第 5 期。

王毅杰、童星：《流动农民社会支持网探析》，《社会学研究》2004 年第 2 期。

王跃：《中国加快农业转移人口市民化的实践、难题与对策》，《学习与探索》2018 年第 3 期。

文军：《农民市民化：从农民到市民的角色转型》，《华东师范大学学报（哲学社会科学版）》2004 年第 3 期。

吴波、张超、陈春香：《农业转移人口市民化意愿需求与制度供给：匹配机理与层进演化》，《北京行政学院学报》2018 年第 1 期。

吴波：《农业转移人口逆市民化：现象辨析、潜在影响及扭转路径》，《东北农业大学学报》2017 年第 6 期。

吴波：《农业转移人口市民化成本研究综述：分省测度》，《山东财经大学学报》2018 年第 1 期。

吴越菲、文军：《农业转移人口市民化的系统构成及其潜在风险》，《南京农业大学学报（社会科学版）》2016 年第 5 期。

夏显力、张华：《新生代农民工市民化意愿及其影响因素分析》，《西北人口》2011 年第 2 期。

徐美银：《人力资本、社会资本与农民工市民化意愿》，《华南农业大学学报（社会科学版）》2018 年第 4 期。

许光：《农业转移人口市民化公共成本测算及分担机制优化建议——基于江浙沪省域面板数据的横向比较》，《农村经济》2018 年第 9 期。

杨菊华：《农业转移人口市民化的维度建构与模式探讨》，《江苏行政学院学报》2018 年第 4 期。

杨勇、陈丽娜、许雪亚、蒋钊：《站在三农发展的历史新起点上》，《农村工作通讯》2017 年第 11 期。

叶俊焘、钱文荣：《不同规模城市农民工市民化意愿及新型城镇化的路径选择》，《浙江社会科学》2016 年第 5 期。

俞林、印建兵、孙明贵：《政策需求、意愿驱动与新生代农民工市民转化效应》，《农村经济》2018 年第 8 期。

张北平：《农业转移人口市民化的成本研究》，《山西财经大学学报》2013 年第 4 期。

张超、毕道君：《农业转移人口市民化意愿激发诱因研究》，《江淮论坛》2017 年第 4 期。

张国胜：《基于社会成本考虑的农民工市民化：一个转轨中发展大国的视角与政策选择》，《中国软科学》2009 年第 4 期。

张华、夏显力：《西北地区新生代农民工市民化影响因素分析》，《内蒙古农业大学学报（社会科学版）》2011 年第 1 期。

张龙：《农民工市民化意愿的影响因素研究》，《调研世界》2014 年第 9 期。

张文宏、阮丹青、潘允康：《天津农村居民的社会网》，《社会学研究》1999 年第 2 期。

张笑秋：《心理因素对新生代农民工市民化意愿的影响》，《调研世界》2016 年第 4 期。

张勇：《农村宅基地制度改革的内在逻辑、现实困境与路径选择——基于农民市民化与乡村振兴协同视角》，《南京农业大学学报（社会科学版）》2018 年第 11 期。

章惠萍：《供给侧结构性改革视角下劳动者权益的配套性保护》，《河南财经政法大学学报》2018 年第 1 期。

赵洁：《我国户籍制度改革政策的执行问题探究——以史密斯政策执

行过程模型为视角》，《改革与开放》2018 年第 9 期。

赵燕、解运亮：《城镇化进程中农业剩余劳动力转移方式研究——一
个马克思主义的分析思路》，《经济问题探索》2014 年第 4 期。

郑永兰、王宝荣：《政策满意度对新生代农民工市民化意愿影响的研
究》，《山东农业大学学报（社会科学版）》2017 年第 3 期。

周筠婷、张超：《推进影响农业转移人口市民化的社会支持网络建
构——以安徽省为例》，《湖北经济学院学报》2017 年第 7 期。

［美］费景汉、拉尼斯：《增长和发展：演进观点》，洪银兴、郑江淮
等译，商务印书馆 2004 年版。

［美］刘易斯：《二元经济论》，施巧等译，北京经济学院出版社（第
二版）1989 年版。

［美］托达罗：《经济发展与第二世界》，印金强等译，中国经济出版
社 1992 年版。

Ajzen I. , Theory of Planned Behavior, *Organizational Behavior and Human Decision Process*, No. 5, 1991.

Ajzen I. , Madden J. T. , Prediction of goal-related behavior: attitudes, intensions, and perceived behavioral control, *Journal of Experimental Psychology*, Vol. 22, No. 5, 1986.

Alan de Brauw, Huang Jikun, Scott Rozelle, Zhang Linxiu, Zhang Yigang, The Evolution of China's Rural Labor Markets During the Reforms, *Journal of Comparative Economics*, Vol. 30, No. 2, 2002.

Bandura A, The Self System in Reciprocal Determinism, *American Psychologist*, Vol. 33, No. 4, 1978.

Bandura A, Social Cognitive Theory of Self-regulation, *Organizational Behavior and Human Decision Processes*, Vol. 50, No. 2, 1991.

Becker, Gary S & Murphy, Kevin M & Tamura, Robert, Human Capital, Fertility, and Economic Growth, Journal of Political Economy, *University of Chicago Press*, Vol. 98, No. 5, 1990.

Dale W. Jorgenson, Surplus Agricultural Labor and the Development of a Dual Economy, *Oxford Economic Papers*, Vol. 19, No. 3, 1967.

Dale W. Jorgenson, The Development of a Dual Economy, *The Economic Journal*, Vol. 71, No. 2, 1961.

Denise Hare, "Push" versus "pull" factors in migration outflows and returns: Determinants of migration status and spell duration among China's rural population, *Journal of Development Studies*, Vol. 35, No. 3, 1999.

Diane J. Macunoxich. A, Conversation with Richard Easterlin, *Journal of Population Economics*, No. 10, 1997.

Dwayne Benjamin, Loren Brandt, Paul Glewwe, Li Guo, Markets, Human Capital, and Inequality: Evidence from Rural China, *Unpublished Paper*, No. 3, 2003.

Fishbein M, An investigation of the relationships between beliefs about an object and the attitude toward that object, *Human Relations*, No. 16, 1963.

Gustav Rains, John C. H. Fei, A theory of economic Development, *American Economic Review*, No. 51, 1961.

Harris, John R. & Todaro, Michael P., Migration, Unemployment and Development: A Two-Sector Analysis, *The American Economic Review*, No. 70, 1970.

Hazlett J. D., Generational Theory and Collective Autobiography, *American Literary History*, No. 1, 1992.

John Knight, Lina Song, Towards a Labor Market in China, *Oxford Review of Economic Policy*, No. 11, 1996.

Johnson, D. Gale, Provincial Migration in China, *China Economic Review*, No. 14, 2003.

Kertzer D. I., Generation as a Sociological Problem, *Annual Review of Sociology*, No. 9, 1983.

Lin Nan. *Social Structure and Network Analysis*, Beverly Hills, Sage Publications, Inc, 1982.

Mannheim K. , *The Problem of Generations*, *Essays on The Sociology of Knowledge*, London, Routledge, 1997.

Ravenstein, The Laws of Migration, *Journal of the statistics society of London*, Vol. 48, No. 2, 1885.

Savage L. J. , *The Foundations of Statistics*. New York, Wiley, 1954.

附录 1 国家社科规划课题半结构化访谈要求及提纲

一、访谈目的及目标人群确定

为了了解农业转移人口的市民化意愿，印证文献综述获取的观点，挖掘尚未被发现的情况，完成课题前期问卷设计需要，请大家就近对身边的农业转移人口、家乡的农村富余劳动力和返乡的农业转移人口开展深度访谈。为避免理结上的偏误，建议在调查中尽可能少直接问及本人"意愿""影响因素""社会支持网络"等书面词汇，而是用能够被访谈对象理解的口头语进行访谈。

二、访谈规模、对象选取、方法和进度

1. 规模：访谈 40 位农业转移人口，每位老师至少做 5 份访谈。

2. 进入：访谈对象选取遵循可进入性和随机性原则。以每个调查者能够从相关部门或自我关系网络接触并实际进行访谈为基本要求。一般来说，调查对象越熟悉、越有信任感，也就越容易获得完整准确真实的信息。尽量避免在同一个企业做完所有访谈，防止同质性。

3. 访谈方式：采取一对一方式，也可带上学生作为记录助手。建议带上录音笔，以方便访谈后补充整理。但由于录音可能引起访谈对象反感或非真实性表达，请慎重处理好访谈过程和与被访者的关系。总之，一切以获得完整准确真实的信息为导向。每份访谈都要记录整理，一份访谈记录原则上不少于 6000 字（大约需要有效访谈时

间 2 小时)，访谈要深入、有细节。

3. 时间安排：5 月 15 日以前将所有访谈记录的文本做完。建议访谈完一个就做一次整理，避免信息遗漏。

三、访谈安排

1. 访谈对象要尽可能具有典型性。可以通过熟人介绍，采取滚雪球确定访谈对象的方式。

2. 参与访谈人员要熟悉访谈提纲，访谈中可以灵活处理不同内容之间的关系。要及时追问，获得深入的信息，但不可漏掉主要内容。如果有必要，有些对象建议二次回访。

3. 可以不按顺序提问，可依照被访谈者的话题将后面的问题追问出来。因此对访谈提纲必须特别熟悉。

4. 请明确告知访谈对象，会对调查了解到的相关信息保密。最终提供的访谈稿也可以不提供被访谈人的姓名。

5. 对于反复访谈无法获得的材料，可以通过观察法或通过向其他人求证来加以补充。

四、半结构化访谈提纲

(一) 个人基本情况

1. 姓名：请问能否告知您的姓名？

2. 性别：目测

3. 年龄：请问您的出生年月？

4. 受教育程度：请问您的学历是什么？曾在什么地方读书？

5. 婚否：请问您的婚姻状况是？

6. 子女人数：请问您现在有几个孩子，是男孩还是女孩？

7. 家庭人口状况：请问您家里有几口人，父母兄弟姐妹都和您生活在一起吗？和您一起进城的有哪些人？

(二) 社会支持网络情况

1. 在城市打工是由家人或邻居、朋友介绍的吗？

2. 是和家人、同乡一起去的还是自己独自去的？

3. 打工地离家近不近？

4. 在城市打过几份工？

5. 是通过什么渠道获得的新工作？

6. 您曾经干过哪些工作？

7. 年底能否准时拿到工资？

8. 在城市时有没有感觉手头紧的时候？一般都是什么事情？

9. 在城市钱周转不开时一般您会找谁借钱？

10. 你们每周有休息时间吗？大概几天？

11. 你们打工之余会有什么消遣？

12. 在城市会不会有心情不好的时候？一般会找谁倒苦水？

（三）城市工作诱因

1. 您到城市打工主要是为了什么？

2. 您在城市打工觉得最难的是什么？

3. 您觉得城市比农村好的地方是什么？您觉得哪些地方城市不如家乡？

4. 您已经在城市生活了几年？分别到过哪些地方？为什么要换地方？

5. 您在城镇有没有购房？为什么要买？家里的房子还在吗？挣钱了有没有回老家盖房？

6. 您是否准备在城市长期待下去？

7. 现在在农村家里还有什么人？

8. 当初和您一起出来的人有没有回农村的？现在他们都在干什么？

（四）城市生活状况

1. 您平时休息会去哪些地方玩？有没有去过公园或图书馆？

2. 您跟小区其他人认识吗？你们怎么认识的？

3. 小区的工作人员有没有上门找过您为你登记服务？

4. 有没有参加过小区组织的文娱活动？

5. 您希望你的孩子将来留在城市还是回农村？

（五）社会保障状况

1. 您参加新农合了吗？

2. 您买商业养老保险了吗？

3. 您和您打工的企业有没有签正式用工合同？企业帮您买五险一金了吗？企业是否为您购买了工伤险？

4. 有没有工友在工作时出现意外？怎么处理的？

（六）对市民化的基本态度

1. 您觉得您在城市里生活自在吗？

2. 您认为城市居民对你们友好吗？

3. 您认为现在的生活与过去相比怎么样？

4. 您觉得您现在已经是"城里人"了吗？您想不想成为城里人？

5. 您认为国家对你们关心吗？体现在哪些方面？

6. 您觉得国家出台一些什么样的政策会让您安心留在城市？

附录 2　农业转移人口市民化意愿调查初试问卷

您好：

　　为进一步了解农业转移人口市民化意愿的准确信息，更好地为政府制定农业转移人口相关的政策提供科学依据，为您的工作和生活提供更好的帮助，我们设计了此问卷，希望得到您的支持配合。本调查仅用于科学研究，您提供的资料我们将绝对保密。请您在填写时反映自己的真实想法。我们对您的合作表示衷心的感谢！

国家社科基金 安徽行政学院课题组

2015 年 10 月

一、基本情况

1. 性别为_____。

A. 男　　　　　　　　　　　B. 女

2. 您第一次出门打工的时间

A. 1978—1988 年　　　　　　B. 1989—1999 年

C. 2000—2012 年　　　　　　D. 2012 年以后

3. 您的婚姻状况为_____。

A. 已婚　　　　　　　　　　B. 未婚

C. 其他_____

如果已婚，您有几个孩子_____?

A. 0 个　　　　　　　　　　B. 1 个

C. 2 个   D. 2 个以上

4. 您的受教育程度是_____。

A. 小学及以下   B. 初中

C. 高中   D. 中专

E. 大专   F. 本科及以上

5. 您的月收入是_____。

A. 1500 元以下   B. 1500—3000 元

C. 3000—6000 元   D. 6000 元以上

*6. 您曾经从事过的行业是_____。

A. 制造业   B. 建筑业

C. 家政服务业   D. 餐饮娱乐服务业

E. 交通物流业   F. 纺织服装业

G. 装修装潢   H. 其他_____

*7. 您曾经从事过的工作是_____。

A. 建筑工地工人   B. 公司文员

C. 销售人员   D. 技术人员

E. 一线服务人员   F. 一线生产人员

G. 中层管理人员   H. 私营企业主

I. 装修装潢工人   J. 其他_____

8. 您的家庭拥有的承包土地数量_____。

A. 无地   B. 0.5 亩/人以下

C. 0.5—1.0 亩/人   D. 1.0—2.0 亩/人

E. 2.0 亩/人以上

9. 您的家庭供养的 60 岁以上老人数是_____。

A. 0 位   B. 1 位

C. 2 位   D. 2 位以上

10. 您是否有农业生产的经验？_____

A. 有   B. 无

二、社会支持网络

*1. 当您在城市手头紧，缺钱的时候，您可以向几个人借钱？

_____ 他们分别是_____。

A. 父母   B. 兄弟姐妹

C. 子女   D. 配偶或恋人

E. 其他亲戚   F. 同学

G. 朋友   H. 网友

I. 工友或同事   J. 同乡

K. 工作单位   L. 宗教或社会组织人员

M. 其他_____

*2. 如果您在城市要换一份工作，您可以从哪些地方获得信息

_____？大约几人？_____

A. 父母   B. 兄弟姐妹

C. 子女   D. 配偶或恋人

E. 其他亲戚   F. 同学

G. 朋友   H. 网友

I. 工友或同事   J. 同乡

K. 报纸   L. 人才市场

M. 政府部门的信息   N. 网络

P. 社区   Q. 其他_____

*3. 当您在城市工作心情烦闷时，您会找谁诉说？_____大约

有几人？_____

A. 父母   B. 兄弟姐妹

C. 子女   D. 配偶或恋人

E. 其他亲戚   F. 同学

G. 朋友   H. 网友

I. 工友或同事   J. 同乡

K. 网络   L. 社区工作人员

M. 单位领导　　　　　　　　　N. 宗教或社会组织的人员

P. 其他_____

*4. 周末或工作之余，您会选择_____来打发时间，可以一起玩的大约有几人？_____

A. 哪都不去，就在宿舍睡觉

B. 自己出门去玩

C. 去找同学、老乡或网友玩

D. 上网

D. 参加社区的活动

E. 参加各种培训班

F. 参加各种宗教或社会组织的活动

*5. 您和您的家人享受过政府提供的哪些服务？_____

A. 免费的公园

B. 免费的文化站或图书馆

C. 开放社区的公共设施

D. 免费的体育馆

E. 技能培训和就业服务

F. 农民工子弟学校服务

G. 社区免费养老服务

H. 其他_____

*6. 您在城市人群交往的圈子主要是_____。

A. 家人　　　　　　　　　　　B. 亲戚

C. 同乡　　　　　　　　　　　D. 同事

E. 社区的邻居　　　　　　　　F. 孩子同学的家长

G. 社会团体活动中认识的人　　H. 其他_____

三、市民化过程中的成本与收益

1. 您每月的房租要交_____钱。

A. 200 元及以下　　　　　　　B. 201—500 元

C. 501—800 元　　　　　　　　D. 801—1000 元

E. 1000 元以上

2. 您在城市日常生活支出费用排在前三位的是_____。

A. 吃饭支出　　　　　　　　　B. 通信支出

C. 人情往来　　　　　　　　　D. 交通支出

E. 水电气支出　　　　　　　　F. 穿衣支出

G. 培训学习、教育支出

H. 社会保障支出（个人缴纳的五险一金）

I. 休闲娱乐支出　　　　　　　L. 其他_____

3. 您打工期间平均每人每月的日常生活支出费用（不含住房支出）约为_____。

A. 100 元及以下　　　　　　　B. 101—300 元

C. 301—500 元　　　　　　　　D. 501—800 元

E. 801—1000 元

4. 您在求职过程中，是否支付了一定费用？如是，请选择支付了_____。

A. 200 元及以下　　　　　　　B. 201—500 元

C. 501—800 元　　　　　　　　D. 801—1000 元

E. 1000 元以上

5. 您在企业打工，企业是否按照规定给您购买了一定的社会保险？如是，企业为您购买了_____。

A. 养老保险　　　　　　　　　B. 工伤保险

C. 失业保险　　　　　　　　　D. 医疗保险

E. 生育保险　　　　　　　　　F. 住房公积金

6. 如您有孩子在您打工的城市接受义务教育，您是否要缴赞助费？如是，缴纳了_____。

A. 1000 元及以下　　　　　　　B. 1001—3000 元

C. 3001—5000 元　　　　　　　D. 5001—10000 元

E. 10000 元以上

您的孩子是否参加社会补习班学习？如是，每年约花费_____。

A. 1000 元及以下 　　　　B. 1001—3000 元

C. 3001—5000 元 　　　　D. 5001—10000 元

E. 10000 元以上

四、城市生存状态与留城意愿

1. 您的家庭生活状态是_____。

A. 自己在城市 　　　　B. 和配偶在城市

C. 和孩子在城市 　　　　D. 和配偶、孩子在城市

E. 和配偶、孩子、老人都在城市

2. 您对未来的打算是_____。

A. 不愿意留在城市

B. 愿意留在城市继续工作

C. 有了积累之后愿意选择在城市买房定居

D. 有了积累后回农村发展

E. 年纪大了回老家务农

F. 愿意成为城市居民

G. 不确定

*3. 您愿意到城市工作的原因是_____。

A. 为了养活自己 　　　　B. 能有更多的收入

C. 能过上比老家更好的生活 　　　　D. 社会地位更高

E. 能有更多机会见世面 　　　　F. 能让孩子接受更好的教育

G. 别人都出来了，受别人影响

H. 农村收入低 　　　　I. 待在家里没事干

J. 到城市学点经验和技术

K. 在城市业余生活丰富

L. 喜欢城市的生活

M. 习惯城市的生活

P. 其他_____

＊4. 您愿意在城市安家落户的条件是_____。

A. 有了稳定的工作　　　　　B. 有了自己的住房

C. 有了自己的城市朋友圈子　D. 农村没有亲人了

E. 随时可以退回去当农民　　F. 允许同时保有农村土地

G. 允许同时拥有集体经济收益分配权

H. 可以近距离地享受城市文教卫的优质资源

I. 家庭收入能保证家庭生活

J. 其他_____

＊5. 您不愿意在城市落户安家的原因是_____。

A. 难找工作　　　　　　　　B. 生活成本高、开销大

C. 房子贵，买不起　　　　　D. 小孩上学困难或上学成本高

E. 户口安置困难　　　　　　F. 没有社会保障和医疗保险

G. 人地生疏，人际关系冷漠　H. 朋友同伴都在农村

I. 农村生活更自在，压力小　J. 城里人瞧不起我们

K. 本地城市环境质量不好　　L. 其他_____

6. 您对打工所在地的方言掌握如何？_____

　A. 会说　　　　　　　　　　B. 能听懂，但不会说

　C. 能听懂一点儿　　　　　　D. 听不懂

7. 外出打工后，农村的房子（或宅基地）是_____。

　A. 空置　　　　　　　　　　B. 租给他人

　C. 父母照看　　　　　　　　D. 卖给他人

　E. 其他_____

8. 您的家庭承包地目前状况是_____。

　A. 自己耕种　　　　　　　　B. 抛荒

　C. 无偿给别人耕种，等回乡时再收回

　D. 交给父母打理　　　　　E. 土地流转了

F. 已出卖　　　　　　　　　G. 其他_____

*9. 您希望政府在城镇化过程中对宅基地或农村房产的政策为_____。

A. 保留农村宅基地和房产　　　B. 保留，有偿流转

C. 入股分红　　　　　　　　　D. 给城镇户口，有偿放弃

E. 给城镇户口，无偿放弃　　　F. 置换城里的住房

H. 其他

*10. 您最期望政府提供的政策措施是_____。

A. 提高工资待遇　　　　　　　B. 子女享受与市民同等教育

C. 加强社会保障　　　　　　　E. 提供保障房

F. 加强权益保护　　　　　　　G. 改善工作环境

H. 提供就业培训　　　　　　　I. 其他_____

11. 您认为城市户口对您在城市的生活影响_____。

A. 非常大　　　　　　　　　　B. 较大

C. 一般　　　　　　　　　　　D. 较小

E. 非常小

12. 您目前工作中签订劳动合同情况_____。

A. 已签订劳动合同　　　　　　B. 未签订劳动合同

C. 自谋职业　　　　　　　　　D. 没有固定工作

13. 外出打工前您的居住地为_____市_____县_____乡_____村。

14. 您现在的务工所在地为_____。

15. 除农村外，您还愿意在什么地方买房定居？_____

16. 在城市您或您的单位为您买了哪些保险？

_____

_____

_____

附录3 农业转移人口市民化意愿调查问卷
（农业转移人口版）

您好：

　　为进一步了解农业转移人口市民化意愿的准确信息，更好地为政府制定农业转移人口相关的政策提供科学依据，为您的工作和生活提供更好的帮助，我们设计了此问卷，希望得到您的支持配合。本调查仅仅用于科学研究，您提供的资料我们将绝对保密。请您在填写时反映自己的真实想法。我们对您的合作表示衷心的感谢！

国家社科基金 安徽行政学院课题组

2016 年 1 月

一、基本情况

1. 性别为_____。

A. 男　　　　　　　　　　B. 女

2. 您第一次出门打工的时间为_____。

A. 1978—1988 年　　　　　　B. 1989—1999 年

C. 2000—2012 年　　　　　　D. 2012 年以后

3. 您的婚姻状况为_____。

A. 已婚　　　　　　　　　　B. 未婚

C. 其他_____

如果已婚，您有几个孩子？＿＿＿＿＿＿＿

A. 0 个　　　　　　　　　　B. 1 个

C. 2 个　　　　　　　　　　D. 2 个以上

4. 您的受教育程度是＿＿＿＿＿＿＿。

A. 小学及以下　　　　　　　B. 初中

C. 高中　　　　　　　　　　D. 中专

E. 大专　　　　　　　　　　F. 本科及以上

5. 您的月收入为＿＿＿＿＿＿＿。

A. 1500 元以下　　　　　　 B. 1501—3000 元

C. 3001—6000 元　　　　　 D. 6001 元以上

6. 如您连续几年在外打工，每年的总收入呈＿＿＿＿＿＿＿ 趋势。

A. 增长　　　　　　　　　　B. 下降

C. 稳定

如有较大变化，变化幅度大约为＿＿＿＿＿＿元。

＊7. 您曾经从事过的行业是 ＿＿＿＿＿＿＿。

A. 制造业　　　　　　　　　B. 建筑业

C. 家政服务业　　　　　　　D. 餐饮娱乐服务业

E. 交通物流业　　　　　　　F. 纺织服装业

G. 装修装潢　　　　　　　　H. 其他＿＿＿＿＿＿

＊8. 您曾经从事过的工作是＿＿＿＿＿＿＿。

A. 建筑工地工人　　　　　　B. 公司文员

C. 销售人员　　　　　　　　D. 技术人员

E. 一线服务人员　　　　　　F. 一线生产人员

G. 中层管理人员　　　　　　H. 私营企业主

I. 装修装潢工人　　　　　　J. 其他＿＿＿＿＿＿

9. 你的家庭拥有的承包土地数量为＿＿＿＿＿＿＿。

A. 无地　　　　　　　　　　B. 0.5 亩／人以下

C. 0.5—1.0 亩／人　　　　　D. 1.0—2.0 亩／人

E. 2.0 亩/人以上

10. 出来打工之前，每年来源于承包土地的收入（含土地方面的补贴）是_____。

A. 1500 元及以下　　　　　　　B. 1501—3000 元

C. 3001—6000 元　　　　　　　D. 6001—10000 元

E. 10000 元以上

11. 出来打工之前，每年来源于非承包土地的收入（包括在农村副业、在农村零星打工、贩卖收入等）是_____。

A. 1500 元及以下　　　　　　　B. 1501—3000 元

C. 3001—6000 元　　　　　　　D. 6001—10000 元

E. 10000 元以上

12. 您的家庭供养的 60 岁以上老人数是_____。

A. 0 位　　　　　　　　　　　　B. 1 位

C. 2 位　　　　　　　　　　　　D. 2 位以上

13. 您是否有农业生产的经验_____。

A. 有　　　　　　　　　　　　　B. 无

二、社会支持网络

*1. 当您在城市手头紧，缺钱的时候，您可以向几个人借钱？_____ 他们分别是_____。

A. 父母　　　　　　　　　　　　B. 兄弟姐妹

C. 子女　　　　　　　　　　　　D. 配偶或恋人

E. 其他亲戚　　　　　　　　　　F. 同学

G. 朋友　　　　　　　　　　　　H. 网友

I. 工友或同事　　　　　　　　　J. 同乡

K. 工作单位　　　　　　　　　　L. 宗教或社会组织人员

M. 其他_____

*2. 如果您在城市要换一份工作，您可以从哪些地方获得信息？_____ 大约几人？_____

A. 父母　　　　　　　　　　　　B. 兄弟姐妹

C. 子女　　　　　　　　　　　　D. 配偶或恋人

E. 其他亲戚　　　　　　　　　　F. 同学

G. 朋友　　　　　　　　　　　　H. 网友

I. 工友或同事　　　　　　　　　J. 同乡

K. 报纸　　　　　　　　　　　　L. 人才市场

M. 政府部门的信息　　　　　　　N. 网络

P. 社区　　　　　　　　　　　　Q. 其他_____

*3. 当您在城市工作心情烦闷时，您会找谁诉说？_____大约有几人？_____

A. 父母　　　　　　　　　　　　B. 兄弟姐妹

C. 子女　　　　　　　　　　　　D. 配偶或恋人

E. 其他亲戚　　　　　　　　　　F. 同学

G. 朋友　　　　　　　　　　　　H. 网友

I. 工友或同事　　　　　　　　　J. 同乡

K. 网络　　　　　　　　　　　　L. 社区工作人员

M. 单位领导　　　　　　　　　　N. 宗教或社会组织的人员

P. 其他_____

*4. 周末或工作之余，您会选择_____来打发时间，可以一起玩的大约有几人？_____

A. 哪都不去，就在宿舍睡觉　　　B. 自己出门去玩

C. 去找同学、老乡或网友玩　　　D. 上网

D. 参加社区的活动　　　　　　　E. 参加各种培训班

F. 参加各种宗教或社会组织的活动

*5. 您和您的家人享受过政府提供的哪些服务？_____

A. 免费的公园　　　　　　　　　B. 免费的文化站或图书馆

C. 开放社区的公共设施　　　　　D. 免费的体育馆

E. 技能培训和就业服务　　　　　F. 农民工子弟学校服务

G. 社区免费养老服务　　　　　H. 其他_____

＊6. 您在城市人群交往的圈子主要是_____。

A. 家人　　　　　　　　　　B. 亲戚

C. 同乡　　　　　　　　　　D. 同事

E. 社区的邻居　　　　　　　F. 孩子同学的家长

G. 社会团体活动中认识的人

H. 其他_____

三、市民化过程中的成本与收益

1. 您在城市每月花在住房上的费用是_____。

A. 0 元　　　　　　　　　　B. 400 元及以下

C. 401—800 元　　　　　　　D. 801—1200 元

E. 1201—2000 元　　　　　　F. 2000 元以上

＊2. 您在城市日常生活支出费用排在前三位的是_____。

A. 吃饭支出　　　　　　　　B. 通信支出

C. 人情往来　　　　　　　　D. 交通支出

E. 水电气支出　　　　　　　F. 穿衣支出

G. 培训学习　　　　　　　　H. 孩子的教育支出

I. 社会保障支出（个人缴纳的"五险一金"）

J. 看病吃药支出　　　　　　K. 休闲娱乐支出

L. 其他_____

3. 您打工期间平均每人每月的日常生活支出费用（不含住房支出）约为_____

A. 100 元及以下　　　　　　B. 100—300 元

C. 300—500 元　　　　　　　D. 500—800 元

E. 800—1000 元

4. 您从家里出来到找到工作，是否发生了一定费用？如是，请选择支付了_____。

A. 200 元及以下　　　　　　B. 201—500 元

C. 501—800 元　　　　　　　　　D. 801—1000 元

E. 1000 元以上_____

＊5. 您在企业打工，企业是否按照规定给您购买了一定的社会保险？如是，企业为您购买了_____。

A. 养老保险　　　　　　　　　B. 工伤保险

C. 失业保险　　　　　　　　　D. 医疗保险

E. 生育保险　　　　　　　　　F. 住房公积金

6. 如您有孩子在您打工的城市接受义务教育，您缴纳了多少赞助费_____。

A. 0 元　　　　　　　　　　　B. 5000—10000 元

C. 10001—15000 元　　　　　D. 15001—20000 元

E. 20000 元以上

7. 您的孩子在城市的社会补习班学习，每年花费约_____。

A. 1000 元及以下　　　　　　B. 1001—3000 元

C. 3001—5000 元　　　　　　D. 5001—10000 元

E. 10000 元以上

＊8. 您在打工期间，能够领到相关公共补贴排在前三位的是_____。

A. 技能培训补贴　　　　　　B. 失业补贴

C. 高危工种补贴　　　　　　D. 各种困难救助

E. 扶贫补贴　　　　　　　　F. 住房补贴

G. 其他_____

9. 您在打工期间，可否领到相关公共补贴（如技能培训补贴、失业补贴、高危工种补贴、各种困难救助、扶贫补贴等）？如有，每年约领到了_____。

A. 1000 元及以下　　　　　　B. 1001—3000 元

C. 3001—5000 元　　　　　　D. 5001—10000 元

E. 10000 元以上

10. 您在打工期间，每年除去全部花销，可以结余_____。

A. 2000 元及以下 　　　　　B. 2001—5000 元

C. 5001—10000 元 　　　　　D. 1 万—3 万元

E. 3 万—5 万元 　　　　　　F. 5 万—10 万元

G. 10 万元以上

11. 您有创业经历吗？_____

A. 曾经有，但现在不再坚持了

B. 无 　　　　　　　　　　C. 正在创业

具体是_____。

四、城市生存状态与留城意愿

1. 您的家庭生活状态是_____是否都在同一城市_____

A. 自己在城市 　　　　　　B. 和配偶在城市

C. 和孩子在城市 　　　　　D. 和配偶、孩子在城市

E. 和配偶、孩子、老人都在城市

2. 您对未来的打算是_____。

A. 不愿意留在城市 　　　　B. 愿意留在城市继续工作

C. 有了积累之后愿意选择在城市买房定居

D. 有了积累后回农村发展 　E. 年纪大了回老家务农

F. 愿意成为城市居民 　　　G. 不确定

＊3. 您愿意到城市工作的原因是_____。

A. 为了养活自己 　　　　　B. 能有更多的收入

C. 能过上比老家更好的生活 　D. 社会地位更高

E. 能有更多机会见世面 　　F. 能让孩子接受更好的教育

G. 别人都出来了，受别人影响 　H. 农村收入低

I. 待在家里没事干 　　　　J. 到城市学点经验和技术

K. 在城市业余生活丰富 　　L. 喜欢城市的生活

M. 习惯城市的生活 　　　　P. 其他_____

＊4. 您愿意在城市安家落户的条件是_____。

A. 有了稳定的工作　　　　　B. 有了自己的住房

C. 有了自己的城市朋友圈子　　D. 农村没有亲人了

E. 随时可以退回去当农民　　F. 允许同时保有农村土地

G. 允许同时拥有集体经济收益分配权

H. 可以近距离地享受城市文教卫的优质资源

I. 家庭收入能保证家庭生活

J. 其他_____

＊5. 您不愿意在城市落户安家的原因是_____。

A. 难找工作　　　　　　　　B. 生活成本高、开销大

C. 房子贵，买不起　　　　　D. 小孩上学困难或上学成本高

E. 户口安置困难　　　　　　F. 没有社会保障和医疗保险

G. 人地生疏，人际关系冷漠　H. 朋友同伴都在农村

I. 农村生活更自在，压力小　J. 城里人瞧不起我们

K. 本地城市环境质量不好　　L. 其他_____

6. 您对打工所在地的方言掌握如何？_____

A. 会说　　　　　　　　　　B. 能听懂，但不会说

C. 能听懂一点儿　　　　　　D. 听不懂

7. 外出打工后，农村的房子（或宅基地）是_____。

A. 空置　　　　　　　　　　B. 租给他人

C. 父母照看　　　　　　　　D. 卖给他人

E. 其他_____

8. 您的家庭承包地目前状况是_____。

A. 自己耕种　　　　　　　　B. 抛荒

C. 无偿给别人耕种，等回乡时再收回

D. 交给父母打理　　　　　　E. 土地流转了

F. 已出卖　　　　　　　　　F. 其他_____

*9. 您希望政府在城镇化过程中对宅基地或农村房产的政策为_____。

A. 保留农村宅基地和房产　　　B. 保留，有偿流转

C. 入股分红　　　　　　　　　D. 给城镇户口，有偿放弃

E. 给城镇户口，无偿放弃　　　F. 置换城里的住房

H. 其他

*10. 您最期望政府提供的政策措施是_____。

A. 提高工资待遇　　　　　　　B. 子女享受与市民同等教育

C. 加强社会保障　　　　　　　E. 提供保障房

F. 加强权益保护　　　　　　　G. 改善工作环境

H. 提供就业培训　　　　　　　I. 其他_____

11. 您认为城市户口对您在城市的生活影响_____。

A. 非常大　　　　　　　　　　B. 较大

C. 一般　　　　　　　　　　　D. 较小

E. 非常小

12. 您目前工作中签订劳动合同情况_____。

A. 已签订劳动合同　　　　　　B. 未签订劳动合同

C. 自谋职业　　　　　　　　　D. 没有固定工作

13. 外出打工前您的居住地为_____市_____县_____乡_____村。

14. 您现在的务工所在地为_____。

15. 除农村外，您还愿意在什么地方买房定居? _____

16. 在城市您为自己或家人购买了哪些保险?

———————————————————————————

再次感谢您对我们课题研究的支持，请留下您的联系方式_____。

附录 4　农业转移人口市民化意愿调查问卷
（李克特五点量表版）

您好：

　　为进一步了解农业转移人口市民化意愿的准确信息，更好地为政府制定农业转移人口相关的政策提供科学依据，为您的工作和生活提供更好的帮助，我们设计了此问卷，希望得到您的支持配合。本调查仅仅用于科学研究，您提供的资料我们将绝对保密。请您在填写时反映自己的真实想法。我们对您的合作表示衷心的感谢！

国家社科基金 安徽行政学院课题组

2016 年 1 月

一、激发农业转移人口市民化的客观诱因

（一）个体因素

1. 您的性别是_____。

A. 男　　　　　　　　　　B. 女

2. 您的年龄为_____。

A. 15—25 岁　　　　　　　B. 25—35 岁

C. 35—45 岁　　　　　　　D. 45 以上岁

3. 您的婚姻状况是_____。

A. 已婚　　　　　　　　　B. 未婚

4. 您的受教育程度是_____。

A. 小学及以下　　　　　　　B. 初中

C. 高中　　　　　　　　　　D. 大专及以上

（二）家庭因素

1. 家庭人均收入对您进城决定的影响_____。

A. 很小　　　　　　　　　　B. 较小

C. 一般　　　　　　　　　　D. 较大

E. 很大

2. 家庭承包土地的多少对您进城决定的影响_____。

A. 很小　　　　　　　　　　B. 较小

C. 一般　　　　　　　　　　D. 较大

E. 很大

（三）社区因素

1. 您认为离城镇越近就越不愿意进城落户的说法有道理吗？_____

A. 没有道理　　　　　　　　B. 有一点儿道理

C. 差不多　　　　　　　　　D. 比较有道理

E. 很有道理

2. 您认为城市居民收入差距越大就越愿意进城落户的说法有道理吗？_____

A. 没有道理　　　　　　　　B. 有一点儿道理

C. 差不多　　　　　　　　　D. 比较有道理

E. 很有道理

3. 您认为城市完善的公共设施对您进城决定的影响_____。

A. 很小　　　　　　　　　　B. 较小

C. 一般　　　　　　　　　　D. 较大

E. 很大

（四）制度因素

1. 您认为您进城后会比在农村更有保障吗？＿＿＿＿＿＿＿＿

A. 没有　　　　　　　　　　B. 较小

C. 一般　　　　　　　　　　D. 很大

E. 有

2. 您觉得城市户口对您进城决定的影响＿＿＿＿＿＿＿＿。

A. 很小　　　　　　　　　　B. 较小

C. 一般　　　　　　　　　　D. 较大

E. 很大

3. 如果在城市拥有住房您愿意进城落户吗？＿＿＿＿＿＿＿＿

A. 不愿意　　　　　　　　　B. 有点儿愿意

C. 无所谓　　　　　　　　　D. 比较愿意

E. 非常愿意

二、激发农业转移人口市民化的主观诱因

（一）态度倾向

1. 您认为农村生活压力越大就越想进城的说法有道理吗？＿＿＿＿＿＿＿＿

A. 没有道理　　　　　　　　B. 有一点儿道理

C. 差不多　　　　　　　　　D. 比较有道理

E. 很有道理

2. 您认为城市生活越便利就越想进城的说法有道理吗？＿＿＿＿＿＿＿＿

A. 没有道理　　　　　　　　B. 有一点儿道理

C. 差不多　　　　　　　　　D. 比较有道理

E. 很有道理

3. 您认为城市收入越高就越想进城的说法有道理吗？＿＿＿＿＿＿＿＿

A. 没有道理　　　　　　　　B. 有一点儿道理

C. 差不多　　　　　　　　　D. 比较有道理

E. 很有道理

4. 您认为子女能够在城市接受的教育越好就越想进城的说法有道理吗？_____

　　A. 没有道理　　　　　　　B. 有一点儿道理

　　C. 差不多　　　　　　　　D. 比较有道理

　　E. 很有道理

5. 您认为"我想进城就是为了得到一个城里人身份"的说法有道理吗？_____

　　A. 没有道理　　　　　　　B. 有一点儿道理

　　C. 差不多　　　　　　　　D. 比较有道理

　　E. 很有道理

6. 您认为"在农村不能发挥我的才能所以我想进城"的说法有道理吗？_____

　　A. 没有道理　　　　　　　B. 有一点儿道理

　　C. 差不多　　　　　　　　D. 比较有道理

　　E. 很有道理

（二）主观规范

1. 家里人的意见对您进城决定的影响_____。

　　A. 很小　　　　　　　　　B. 较小

　　C. 一般　　　　　　　　　D. 较大

　　E. 很大

2. 朋友的意见对您进城决定的影响_____。

　　A. 很小　　　　　　　　　B. 较小

　　C. 一般　　　　　　　　　D. 较大

　　E. 很大

（三）行为控制感知

1. 您认为"我不怕进城的风险所以我愿意进城"的说法有道理吗？_____

　　A. 没有道理　　　　　　　B. 有一点儿道理

C. 差不多 　　　　　　　　　　D. 比较有道理

E. 很有道理

2. 您认为"我很清楚自己的能力所以我愿意进城"的说法有道理吗？_____

A. 没有道理 　　　　　　　　　B. 有一点儿道理

C. 差不多 　　　　　　　　　　D. 比较有道理

E. 很有道理

3. 您认为"我能及时掌握对我有利的政策所以我愿意进城"的说法有道理吗？_____

A. 没有道理 　　　　　　　　　B. 有一点儿道理

C. 差不多 　　　　　　　　　　D. 比较有道理

E. 很有道理

附录 5　农业转移人口市民化意愿调查问卷
（政府工作人员版）

您好：

　　为进一步了解引导农业转移人口市民化意愿的准确信息，更好地为后期制定农业转移人口相关政策提供科学依据，我们设计了此问卷，希望得到您的支持配合。本调查仅仅用于科学研究，您提供的资料我们将绝对保密。请您在填写时反映自己的真实想法。我们对您的合作表示衷心的感谢！

国家社科基金 安徽行政学院课题组

2016 年 6 月

1. 你的单位_____。

2. 您的职务是_____。

A. 处级　　　　　　　　　　B. 科级

C. 科级以下

3. 农业转移人口是否影响了城市居民对城市文教卫优质资源的享用？_____

A. 非常影响　　　　　　　　B. 影响

C. 还好　　　　　　　　　　D. 不太影响

E. 根本不影响

4. 您身边的城市居民愿意和农民工做邻居吗？_____

A. 非常愿意　　　　　　　B. 愿意

C. 无所谓　　　　　　　　D. 不愿意

E. 非常不愿意

5. 您认为农业转移人口市民化的成本应由谁来承担？_____

A. 由政府、企业和个人共同承担

B. 由政府来承担

C. 由农民工个人来承担

D. 由政府和用工单位共同来承担

6. 您认为应由政府承担的农业转移人口市民化成本，在各级政府部门间应该如何分配？_____

A. 中央、省级和城市政府共同承担

B. 城市政府（地级市）政府承担

C. 省级政府承担

D. 中央政府承担

E. 其他_____

7. 您认为农业转移人口的孩子在城市接受义务教育应缴纳多少赞助费？_____

A. 0 元　　　　　　　　　B. 5000—10000 元

C. 10000—15000 元　　　 D. 15000—20000 元

E. 20000 元以上

8. 您的单位每年是否会对农业转移人口进行相关公共补贴（如技能培训补贴、失业补贴、高危工种补贴、各种困难救助、扶贫补贴等）？如有，每个农民工每年有_____

A. 1000 元以下　　　　　 B. 1000—3000 元

C. 3000—5000 元　　　　 D. 5000—10000 元

E. 10000 元以上

9. 您认为应如何推进农业转移人口市民化？_____

A. 主要取决于中央政府的决心、相关体制的突破和配套政策的出台

B. 需要巨大的资金支持，依赖于国家财政能力的大幅提升及财政资金的合理分配

C. 需要在各地政府大范围、全方位试点

D. 关键在于农民工素质的提升

E. 其他_____

10. 您认为为鼓励农民工流入地政府吸纳农民工落户，是否有必要设置专项资金？_____

A. 非常有必要　　　　　　　B. 有必要

C. 没必要　　　　　　　　　D. 说不清

多选题

*11. 您或您的单位给农业转移人口提供过哪些帮助？_____

A. 无　　　　　　　　　　　B. 技能培训

C. 就业信息　　　　　　　　D. 费用补贴

E. 讨薪　　　　　　　　　　F. 廉租房

G. 法律援助　　　　　　　　H. 其他_____

*12. 您所在的单位为农业转移人口提供了哪些公共服务？_____

A. 免费开放公园　　　　　　B. 免费开放文化站或图书馆

C. 免费开放社区的公共设施　D. 免费开放体育馆

E. 技能培训和就业服务　　　F. 农民工子弟学校服务

G. 社区免费养老服务　　　　H. 其他_____

*13. 您认为用工单位应该给农业转移人口购买的社会保险是_____。

A. 养老保险　　　　　　　　B. 工伤保险

C. 失业保险　　　　　　　　D. 医疗保险

E. 生育保险　　　　　　　　F. 住房公积金

*14. 政府部门给农业转移人口发放相关公共补贴排在前三位的是_____。

　　B. 技能培训补贴　　　　　　B. 失业补贴

　　C. 高危工种补贴　　　　　　D. 各种困难救助

　　E. 扶贫补贴　　　　　　　　F. 住房补贴

　　G. 其他_____

*15. 为推进农民工市民化，您认为政府对农业转移人口宅基地或农村房产的政策应该为_____。

　　A. 保留农村宅基地和房产　　B. 保留，有偿流转

　　C. 入股分红　　　　　　　　D. 给城镇户口，有偿放弃

　　E. 给城镇户口，无偿放弃　　F. 置换城里的住房

　　H. 其他_____

*16. 您认为政府应该给农业转移人口提供的优惠政策措施是_____。

　　A. 提高工资待遇　　　　　　B. 子女享受与市民同等教育

　　C. 加强社会保障　　　　　　E. 提供保障房

　　F. 加强权益保护　　　　　　G. 改善工作环境

　　H. 提供就业培训　　　　　　I. 提供法律帮助

　　J. 强制用工单位购买保险　　H. 其他_____

*17. 您认为农业转移人口市民化的主要障碍是_____。

　　A. 土地改革制度裹足不前

　　B. 户籍制度改革难以破冰

　　C. 城市对农民工市民化门槛过高

　　D. 地方政府财力不足

　　E. 其他_____

*18. 您认为户籍制度改革的主要障碍是什么？_____

　　A. 先行户籍制度承载太多的社会福利分配功能，财政难以承担户籍制度改革的成本

B. 各城市之间、城乡之间发展不平衡，导致户籍制度难以统一

C. 中央政府的决心有待加强，相关体制没有突破

D. 其他_____

*19. 您认为农业转移人口市民化过程中急需解决的问题是哪些？_____

A. 户籍制度   B. 农业转移人口能力和素质

C. 社会保障体系   D. 土地制度

E. 中央政府财政投入   F. 地方政府支持力度

G. 本地居民的理解和支持   F. 农民工子女义务教育

G. 本地住房保障   H. 完善社会保障

I. 户籍问题   J. 基本医疗服务

K. 就业服务   L. 其他_____

20. 您的单位在农业转移人口市民化过程中所做的重点工作有哪些？未来还有哪些提升空间？

_____

致　　谢

自 2015 年获国家社科基金资助至 2019 年结项，再到今天研究报告以专著形式出版，已近 6 年，心中颇多感慨。

整个课题研究的情形仿佛还在昨天，历历在目：春节期间深入农村与返乡农民工访谈，大雪行车 8 小时到返乡农民工创业园调研，到建筑工地、农民工聚集的企业实地考察农民工困境，在 40 摄氏度的高温下和团队成员到杭州、无锡等城市的老旧小区、城中村观察农民工的城市生活融入情况，到农民工子弟校近距离了解城镇资源公平配置情况。在此过程中，团队成员克服了家庭困难，虽是酷寒和酷暑，仍激情昂扬地奔波在现场，大家激烈讨论各抒己见，通力协作彼此成就，我们共同战斗、共同成长。在书稿中也有相关老师的阶段性研究成果的体现，在此，对团队成员中安徽省委党校的吴波教授、周筠婷老师、陈春香副教授、姚玫玫副教授、毕道君老师、董楠教授以及安徽省民政厅张振粤处长、安徽省扶贫办靳贞来处长表示深切的感谢。

同时，还需要感谢在调研中为我们提供各类调研资源的企业、社会组织、社区以及相关政府部门，因涉及部门和人数太多，在此不一一列出他们的单位和姓名。

研究报告出版的过程也是颇多周折，好在最终顺利走完所有流程，得以出版。在此要感谢安徽省委党校胡忠明副校长，胡校长对我的勉励和鞭策，对书稿细节精益求精的要求都是我最终能够下决心出版书稿，并在交付初稿前反复修改审慎交稿的动力。

感谢安徽省委党校科研处潘理权处长，潘教授将自己的出版资源无私地提供给我，并将自己出版专著中的经验毫无保留地分享给我，让我少走了很多弯路。

感谢安徽省委党校在书稿出版可行性评审中提出意见的所有专家，所有意见都在书稿中得到合理吸纳。

感谢中国社会科学出版社的王斌老师和杨晓芳老师。杨老师的专业、细致与耐心，使得我的研究报告能够较快地转型为规范的书稿。

要特别感谢我的父母、姐姐、先生和女儿，你们是我人生前进过程中最大的动力，你们在我的研究过程中给予我支持，使我能够没有后顾之忧，专注地投入自己热爱的研究工作中。

最后，我特别要感谢在我研究中所面对的所有到城镇打拼的农村兄弟姐妹。他们即使啃着馒头喝着凉水，眼睛里仍然闪烁着对未来的期盼；纵使受到种种委屈，但仍然笑着跟家人说"我在城里挺好的，你们不要挂着我"。他们的坚忍，他们的朴实，他们的勤劳，他们的忍辱负重，他们的乐天知命都感动着我，鞭策着我要为这个群体更多发声，做出真正有价值的研究，向政府部门提出更多有价值、可落地的建议，帮助他们摆脱困境，更好地以一个公民的姿态在城镇获得全面的发展。

2020 年 12 月 25 日于合肥